本丛书得到何东先生独资赞助

This series of books is financially supported only by Mr. Eric Hotung .

20世纪中国文物考古发现与研究丛书

楚 文 化

杨权喜 ／著

文 物 出 版 社

一 楚纪南城松柏 97 号台基

二 纪南城暴露的陶圈井

三　铜樽（望山 M2）

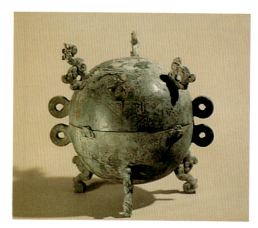

四　铜敦（蔡坡 M4）

五　漆耳杯（沙冢 M1）

六　虎座凤架鼓（望山 M2）

七　漆衣陶盖豆（珍珠坡 M1）

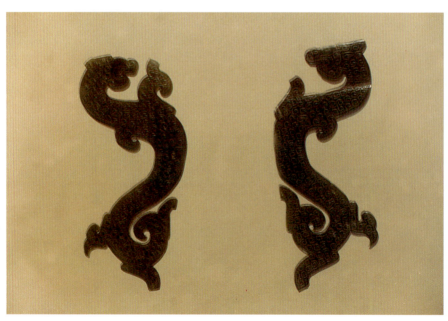

八　玉佩（望山 M3）

20世纪中国文物考古发现与研究丛书

序 / 张文彬

俗称"锄头考古学"的田野考古学的诞生以及中国考古学学科体系的基本完善，由此而引起的古物鉴玩观赏著录向科学的文物学的转变，是20世纪中国学术与文化界的大事。它从材料与方法两个方面彻底刷新了持续了数千年之久的中国古代史学传统，不但为中国学术界和文化界开拓出更加广阔的研究天地，也为一切关心中华民族悠久历史和灿烂文明的人们不断地提供了可贵的精神滋养和力量源泉。

仰古、述古、探古，进而考古，向来为我国传统文化中一个明显的学术特点。先秦时期诸子百家发其端，汉代司马迁撰写《史记》，北魏郦道元作注《水经》。他们对相关的遗迹遗物，尽可能地做到亲自考察和调查，既能辨史又可补史。这种寻根追源的治学态度，为后世学术上的探古、考古树立了榜样。此后，山河间的访古和书斋式的究古相继开展，特别是对古器物的研究，成了唐、宋时期的文化时尚。不少学者热衷于青铜铭文、碑刻、陶文、印章等古文字的考释，进而有了对器物的辨伪鉴定、时代判断、分类命名等，逐渐兴起了一门新的学问——金石学，涌现出许多著名的古器物鉴赏家和收藏家。只是囿于当时的历史条件，金石学家们无法了解所见文物的出土地点和情况，也难以涉及史前时代漫长的演进历程，因而长期以来始终脱离不了考证文字和证经补史的窠臼。即使如此，他们的艰辛努力和取得的成绩，还是为推动我国传统文化的发展起到了积极作用，并且在事实上也为中国考古学和中国文物学的起步铺设了最早的一段道路。

20世纪初，近代考古学由西方传入。中国学者继承金石学的研究成果，学习并运用西方考古学方法，开始从事田野考古，通过历史物质文化遗存，探寻和认识古代社会，揭示人类社会发展规律。早在1926年，中国学者就自行主持山西南部汾河流域的调查和夏县西阴村史前遗址的发掘。随后，我国学者同美国研究机构合作，有计划地发掘周口店遗址，发现了北京猿人。从1928年起至1937年，连续十五次发掘安阳殷墟遗址，取得了较大收获，引起了国内外学术界的重视。自20世纪50年代以后，随着国家大规模经济建设的进行，田野考古勘探、调查和科学发掘工作在全国范围内蓬勃有序地开展，许多重要的典型遗址和墓地被揭露出来，重大发现举世瞩目。它们脉络清晰，层位分明，文化相连，不仅弥补了某些地域上的空白，而且衔接了年代上的缺环，为研究中国古代史、文化史、科学史以及其他学科领域，提供了珍贵、丰富的实物资料，极大地影响着人文社会科学诸多学科专业的研究与发展。这段时间被学术界称为中国考古学的黄金时代。在马列主义理论指导下，具有中国特色的考古学理论体系和方法论逐渐形成。有关研究成果不仅极大地改变和丰富了人们对中国文明起源、中国古史发展等重大问题的认识，同时也扩展了中国文物的研究领域和研究方式。可以说，考古学的发展与进步，直接影响到文物学的形成与发展，而且影响到全社会对文化遗产重要作用的认识以及世界学术界对中国古代文明的重新认识。

从20世纪80年代开始，文物界就中国文物学的创立，逐渐取得共识，在共同探讨的基础上，初步形成了学科体系。不少学者发表了有关论文，出版了专著，就文物的历史价值、科学价值、艺术价值以及在社会主义的物质文明与精神文明建设中如何对文物进行有效保护、合理利用发表意见。这些研究成果已获得学术界的赞同。

在这世纪之交和千年更替之际，对中国考古学和中国文物事业作一次世纪性的回顾和反思，给予科学的总结，是许多学者正在思考和研究的问题。如果能通过梳理20世纪以来重大发现和研究成果，透视学科自身成长的历程，从而展望未来发展的方向，以激励后来者继续攀登科学高峰，无疑是一件很有意义的事。为此，经过酝酿、商讨和广泛征求意见，我们约请一批学者（其中有相当多的中青年学者）就自己的专长选择一个专题，独立成篇，由文物出版社编辑出版一套《20世纪中国文物考古发现与研究丛书》，并以此作为向新世纪的献礼。

从某种意义上说，《20世纪中国文物考古发现与研究丛书》是一套学科发展史和学术研究史丛书。其内容包括对20世纪考古与文物工作概况的综合阐述；对一些重要的考古学文化和古代区域文化研究情况的叙述；对文物考古的专题研究；对重要的文物考古发现、发掘及研究的个例纪实。

此套丛书的内容面广，而且彼此关联。考虑到各选题在某些内容上难免会有重叠或复述，因此在编撰之初，我们要求各选题之间互有侧重，彼此补充，以期为读者了解 20 世纪中国考古学和文物学的发展提供更多的视角。

我国的文物与考古工作，虽在 20 世纪得到了迅速发展，但仍有许多重大学术问题需要进一步探索。我们主持编辑这套丛书，除了强调材料真实，考释有据，写作态度严谨求实外，也不回避以往在工作或研究上曾经产生的纰漏差错和不足之处，以便为今后的工作和研究提供借鉴。虽然我们尽了很大努力，但限于水平，各篇仍很难整齐划一。其不周之处，敬请专家、学者和广大读者批评指正。

在丛书编印过程中，我们得到了文物、考古界的广泛支持。何东先生在出版经费上给予了热情帮助。在此，一并深表感谢。

2000 年 6 月于北京

目　录

插 图 目 录

前言

（一）楚文化的概念

楚文化是东周时期江、汉、淮水之间的一种考古学文化，也"就是中国古代楚人所创造的一种有自身特征的文化遗存"；"这种文化遗存有一定的时间范围、一定的空间范围、一定的族属范围、一定的文化特征内涵。在这四个方面中，一定的文化特征内涵是最重要的。"[1]苏秉琦先生在中国考古学会第二次年会上特别指出："楚文化就是'楚'的文化。这个'楚'有四个互相关联又互相区别的概念：第一，是地域概念；第二，是国家概念；第三，是民族概念；第四，是文化概念。作为一种考古学文化，楚文化的内容和特征还是一个有待探索的课题。……我们不能简单地说，楚地、楚国、楚族的文化就是楚文化。因为前边三者是因时而异的。"[2]楚地主要指长江中游地区。这一地区具有古老而发达的史前文化体系（城背溪—大溪—屈家岭—石家河新石器时代文化体系）。在我国夏王朝建立之后，长江中游地区的古代文化发生了重大变化，土著文化发展线索中断，外来文化因素显著增加。我国古代对南方民族总称为蛮、蛮夷或南蛮。商周时期对长江中游地区的民族称之为荆蛮、楚蛮或荆楚。《诗经·商颂·殷武》："挞彼殷武，奋伐荆楚。"可见荆楚民族在商代已相当强大。后来周成王封荆楚的一支首领熊绎于荆山丹阳，为楚子，是西周王朝一个等级甚低的诸侯国。熊绎被封，标志着楚国的开始。起初，楚国"土不过同"，活动范围偏僻窄小，它并不可能控制整个荆楚民族及其分布地区（或称楚地）。显然，商至西周时期荆楚民族（或称楚人）所创造的文化遗存，不能仅仅局限于楚国当时的范围内，其文化面貌也必然具有一定的自身特点。西周后期，王室衰落，诸侯兴起，楚国逐渐强大。从春秋初年起，楚国不断进行大规模的兼并战争，逐步控制了荆楚地区，并成为我国"春秋五霸"之一。荆楚地区20世纪70年代之后不断发现特色鲜明的春秋文化遗存，说明大约在春秋中期前后，以荆楚民族为主体、以楚国为中心的楚文化体系已经形成。进入战国以后楚国继续向外扩张。楚国是"战国七雄"中拥有疆土最为广阔的大国。它不仅拥有整个荆楚地区，而且占领了中原、吴越、东夷、南越和巴、黔的许多地区。这样，我国自新石器时代以来形成的各地区域性文化又得到了一次大交流、大融合的良机。很明显，春秋阶段的楚文化与战国阶段的楚文化又有了变化。

从周成王始封楚起至楚灭亡、秦统一中国止的八百年间，楚国在荆楚大地上由弱变强，由兴盛到衰亡，楚人创造的文化则随之而不断发生变化。因此，楚文化的研究，应着眼于荆楚地区，并分成若干不同的发展阶段来进行。不同阶段的楚人文化具有不同内容、不同特征和不同的分布区域。从文化内涵和特征的角度观察，作为一种考古学文化的楚文化，它的时代上限，当定于春秋中期前后。然而楚文化是一支根基深厚的东周文化，探索楚文化渊源、寻找早期楚民族文化及其活动范围，自然是楚文化研究的重要组成部分。楚文化对荆楚之外的其它地区和楚国灭亡之后的秦汉文化都存在着深远的影响。成都平原、吴越地区、珠江流域等区域都有楚文物出土,南方的秦汉城址、墓葬中也屡有"郢爰"和具有楚文化风格的器物发现。这些超时空的楚文化遗存也当列入楚文化的研究范围。

(二) 楚文化发现与研究简史

据金石学记载,早在宋代,湖北武昌太平湖和宜都山中分别出土过"楚公逆铸"、"楚王孙钟"等重要楚器[3]。著名的古文字学家郭沫若、容庚等对这两件楚器都进行过考释[4],但并没有当作楚文化的专题来研究。而楚文化的发现和研究开始于 20 世纪 20 年代,大体可分为三个阶段:

第一阶段,20 年代至 40 年代,在安徽寿县和湖南长沙发现一些楚墓,出土不少重要楚文物。所出土的楚文物多为盗掘或无意中发现,器物缺乏共存关系和科学记录,研究工作基本属于古器物学的范畴。

1923 年安徽寿县出土一批铜器,包括容器、镜、带钩、车马器。这批铜器多被当时在蚌埠的瑞典人加尔白克所得,并分售欧美,其中铸鼎、壶、簠数件,藏瑞典首都之皇储搜集部。1926 年加氏曾发表《一些早期中国青铜镜的笔记》一文,论及楚铜镜[5]。30 年代,寿县和长沙近郊相继发现楚墓,并有许多重要楚文物出土。1933~1938 年寿县李三孤堆楚王墓三次被盗掘,发现铜器和陶、石器计 4000 余件。这批文物流落各地,除各地馆藏的以外,一部分被私人收藏,一部分被售于京、津、沪、宁等地。今安徽省博物馆收藏了 700 余件。出土器物中以大型铜礼器最为重要,有铭文者达 30 余件,其中有楚王名"酓肯"和"酓忑"。这批楚器的出土，引起学术界和一些外国人对楚文化研究的重视，纷纷对其铜器铭文进行考释。李三孤堆楚王墓的级别高，出土文物丰富，特别是成套的铜器展示了战国晚期楚国铜礼器的种类和特点。在当时对我国东周铜器认识水平有限的情况下，刘节已看到了楚器与郑器之间的共同点[6]。1935年出版的郭沫若先生《两周金文辞大系考释》中，汇集了一批楚器铭文，在我国古文字学中增添了楚国文字研究的内容。

30年代至40年代，湖南长沙近郊陆续发现楚墓。由于外国人出钱收买，长沙一带盗掘古代文物成风。在长沙盗掘的古代文物中大部分属楚器，并有许多重要发现。如穿眼塘出土的"廿九年"（公元前278年）漆卮；1936年在嵩山镇、三眼塘等地发现的楚墓中，棺椁保存良好，有的衣衾、尸骨尚存，出土的文物有漆木器和铜器；40年代子弹库出土的帛书、黄泥坑出土的铜龙节；40年代陈家大山出土的人物龙凤帛画、彩绘木雕双蛇座对鹤鼓架、"钧益"砝码等[7]。这些重要楚文物的出土，不但使人们研究楚文化的视野从安徽转到了湖南，而且使楚器的研究从铜器扩展到了漆木器和帛书帛画等方面。但这个时期长沙出土的古器，缺少发掘的科学记录和对比资料，关于年代的判断往往产生错误，一些秦至西汉前期的器物，几乎都被判定为战国楚文物。

第二阶段，50年代至70年代，是楚文化考古的初期阶段。对楚文化遗存作了一系列的科学发掘，基本建立了楚墓的年代学，初步认识了楚文化的考古学特征。

1951年中国科学院考古研究所以夏鼐为队长的发掘队首次对长沙楚墓进行发掘。从此，楚墓的发掘和研究成为重大课题。50年代，楚文化遗存的发掘中心在湖南。在长沙、常德、衡阳、株洲等地发掘的楚墓数以千计。1957年河南信阳长台关楚墓的发掘，当时被称为"我国考古史上的空前发现"[8]。50年代在湖北鄂城、大冶和安徽寿县、蚌埠等地也发现一些楚墓或出土重要楚器，其中1957年寿县出土的"鄂君启节"最为珍贵。

50年代据长沙、信阳等地的发掘资料，初步作了楚墓年代学方面的研究。把随葬日用陶器鬲、盂、罐组合的小型楚墓，年代定为春秋；把随葬陶礼器鼎、敦、壶组合的楚墓，年代定为战国；把出土陶礼器鼎、盒、壶、钫组合的墓，年代定为战国晚期至西汉早期。而信阳长台关楚墓，因编钟铭文中有"屈栾晋人"之语，郭沫若先生以为其年代在三家分晋以前，加上所出陶器中有鬲和簋这两种被当时认为时代较早的器物，断此墓年代为春秋晚期。

60年代至70年代，随着湖北考古的开展，楚国中心地区的楚文化遗存被大量地发掘出来。湖北在60年代前期初步勘查了江陵纪南城，发现和发掘了纪南城南郊太晖观、张家山、拍马山的一部分楚墓。1965年发掘了望山、沙冢三座较大型的楚墓。进入70年代，湖北成为探索楚文化的中心，重点又从江陵扩展到当阳。在江陵，对纪南城及其附近的大规模勘查发掘中，发现了城门、宫殿、作坊、窑址、井穴等遗迹，发掘了天星观1号、藤店1号等较大型楚墓和雨台山500余座小型楚墓。在当阳，新发现了季家湖楚城，发掘了赵家湖近300座中、小型楚墓。在湖北其它地区，发掘了襄阳山湾和蔡坡楚墓、鄂城楚墓、随县（今随州）擂鼓墩1号大墓（曾侯乙墓），发现和发掘了大冶铜绿山古矿冶遗址。对人们特别关注的宜城楚皇城也作了勘查工作。

70 年代除湖北之外，河南、湖南和安徽的楚文化考古工作也有很大进展，江西、江苏、陕西、山东及两广地区都有一些楚器出土。在河南，初步调查了淮阳陈城，并发掘了淮阳平粮台、淅川下寺两处重要的楚国贵族墓地。在湖南，除继续发掘了长沙数百座小型楚墓外，还发掘了长沙浏城桥 1 号墓和湘乡牛形山、临澧九澧等重要贵族墓。在安徽，也在长丰杨公、舒城秦桥等地发掘了重要的战国晚期楚墓，并在临泉、阜南、寿县连续发现了大批"郢爰"等楚金币。

60 年代发掘的江陵楚墓中，新见到一种陶鼎、簠、壶的组合，并认为这种组合要早于陶鼎、敦、壶的组合，它们分别为战国早期和中期。对于江陵望山 1 号墓的年代，因其出土春秋晚期的越王勾践剑，所出器物形态又大体和信阳长台关墓相同，定其年代为春秋战国之交。到 70 年代，通过对当阳赵家湖、江陵雨台山两批楚墓和有较确切年代的淅川下寺、曾侯乙墓等资料的研究，鄂西地区两周之际至秦拔郢时的楚墓年代序列已初步建立起来。小型楚墓中，陶礼器代替日用陶器的情况和中原地区一样，大约是春秋中叶之后逐渐出现的。而楚墓日用陶器的使用则一直延续到战国中期，陶礼器和日用器并用的时间比中原地区长。而陶礼器中的簠与敦也是并存的器物。据鄂西楚墓的年代序列，把浏城桥 1 号墓的年代改订为战国早期偏晚，藤店 1 号墓为战国中期偏早，长台关 1 号墓和望山 1 号墓为战国中期偏晚。

鄂西楚墓年代学初步建立的同时，由于鄂、湘、豫、皖不同区域楚文化遗存的大量发现，对楚文化遗存的分布、面貌、特点有了进一步的认识。例如在文化特征方面认识到楚墓日用陶器组合中的长颈罐、陶礼器组合中的簠、敦等，都不见于其它列国的同期墓葬中；陶鬲不但形态不同，而且延用的时间长，而陶鼎则为瘦高形；大型建筑物的构筑、瓦类的尺寸、井穴的形制等也不同于中原各地的同类遗存。总之，通过 70 年代楚文化的考古工作，获得了大量的资料，楚文化面貌已日趋明朗化。

第三阶段，进入 80 年代之后，是楚文化考古的深入阶段。以探索楚文化渊源为主要目的和围绕楚城研究的考古调查发掘逐渐展开，楚墓发掘各种专题研究和多学科综合研究形成热潮，在资料整理、报告编写和专著出版诸方面都有显著成果。1980 年中国考古学会以讨论楚文化为重点的第二次年会在武汉召开，标志着楚文化探索第三阶段的开始。1981 年湘、鄂、豫、皖四省楚文化研究会的成立，促进了本阶段工作的展开。

1980 年以来，在鄂西一带调查和发掘了许多古文化遗址，发现了约从公元前 20 世纪至春秋早期的多种不同性质的文化遗存，为探索楚文化渊源提供了重要线索。纪南城的继续发掘、安徽寿春城和湖北孝昌草店坊城等一系列楚城址的勘察、湖北潜江放鹰台宫殿基址等重要建筑遗存的发现，为楚城和楚国建筑的研究增添了许多新资料。在楚墓发掘中有湖北的"马山丝绸"、包山 2 号墓、郭店《老子》竹简、当阳赵巷楚墓；河南的淅川和尚岭楚墓、淮阳车马坑等重大收获。80 年代以后连续出版了重要发掘报告，主要有文物出版社出版的《江陵雨台山楚墓》、《江陵马山一号楚墓》、《信阳楚墓》、《曾侯乙墓》、《淅川下寺春秋楚墓》、《包山楚墓》、《当阳赵家湖楚墓》、《江陵望山沙冢楚墓》和科学出版社出版的《江陵九店东周墓》，还有文物出版社出版的《楚文化考古大事记》、武汉大学出版社出版的《楚国历史文化辞典》和湖北教育出版社出版的《楚文化图典》等工具书。为楚文化研究提供了许多较完整、较系统的资料。80 年代以来楚文化研究专著和文章与日俱增，已出版的论文集有楚文化研究会编《楚文化研究论集》共四集、湖北社科院历史所编《楚文化新探》、湖北省考古学会编《楚章华台学术讨论会论文集》、河南省考古学会编《楚文化研究论文集》和《楚文化觅踪》、湖南省楚史研究会编《楚史与楚文化》等。已出版的研究专著主要有张正明主编的《楚文化志》、王光镐著《楚文化源流新证》、高至喜著《楚文化的南渐》、刘和惠著《楚文化的东渐》、马世之著《中原楚文化研究》、郭德维著《楚系墓葬研究》、刘彬徽著《楚系青铜器研究》、彭浩著《楚人的纺织与服饰》、饶宗颐等著《楚帛书》等。在《江汉考古》等杂志上经常刊登有关论文。而今楚文化研究已成为国际性的学术问题，1988 年在武汉举行了楚史与楚文化的国际学术讨论会，1990 年在美国华盛顿沙可乐美术馆举行了东周楚文化讨论会。楚文化研究热正方兴未艾。

在 20 世纪之末，回顾楚文化发现与研究的历程，展望新世纪，使人欢欣鼓舞，一部既能反映长江古代文明，又能说明我国先秦文化发展高峰的楚史即将展现在世人面前。

注　释

[1] 俞伟超：《先秦两汉考古学论集》第 243 页，文物出版社 1985 年版。

[2] 《苏秉琦考古学论述选集》第 218 页，文物出版社 1984 年版。

[3] 宋薛尚功：《历代钟鼎彝器款识法帖》；清吴大澂：《愙斋集古录》，图见黄濬《尊古斋所见吉金图》。

[4] 郭沫若：《两周金文辞大系考释》；容庚：《商周彝器通考》。

〔5〕楚文化研究会:《楚文化考古大事记》第 4、5 页,文物出版社 1984 年版。

〔6〕刘节:《寿县所出楚器考释》,《古史考存》第 125~140 页,人民出版社 1958 年版。

〔7〕楚文化研究会:《楚文化考古大事记》第 11~16 页,文物出版社 1984 年版; 高至喜:《楚文化的南渐》第 99 页,湖北教育出版社 1996 年版。

〔8〕河南省文化局文物工作队:《我国考古史上的空前发现——信阳长台关发现一座战国大墓》,《文物参考资料》1957 年第 9 期。

一

楚文化渊源探索

楚文化渊源问题，涉及到楚文化的来源、楚文化的起源地、楚国早期都城丹阳的所在地，以及早期民族楚文化等问题。对这些问题，学术界据文献记载，说法不一，难以定论。

从考古的角度对楚文化渊源的探索，始于20世纪80年代初。在我国考古界前辈和有关专家学者的关怀、指导和参与下，一方面从长江中游地区的新石器时代文化着手，在已获得大量资料的基础上，分析该地区新石器时代文化区系、类型之间的区别，寻找各区系、各类型文化自身的发展系列及其发展去向；另方面从楚文化本身做起，在已确知的楚文化基础上，不断探索更早阶段的楚文化，而最终要将楚国建国初期的地点和文化面貌搞清楚。从这两方面追溯，以寻求两者之间互相衔接的纽带。最关键是要从楚文化发展线索中向前追溯到楚国建国之初的西周早期，从而找出楚文化渊源地和相关文化。

（一）长江中游地区的考古学文化

20世纪80年代以来，在全面开展文物普查和原有工作基础上，以探索长江中游地区新石器时代文化与楚文化之间的中间环节为主要内容，主要在汉水下游的东、西两侧作了比较广泛的遗址调查和小面积发掘工作，而重心放在汉水之西的当阳、枝江、宜都、江陵、宜昌、秭归和宜城一带。经过重点调查或初步发掘的遗址，汉水以西有当阳季家湖[1]、杨木岗[2]、磨盘山[3]，枝江半月山、熊家窑、赫家洼子，江陵蔡台、荆南寺[4]、摩天岭[5]，沙市周梁玉桥[6]、官堤[7]，松滋博宇山[8]，宜都城背溪[9]、石板巷子[10]、茶店子、蒋家桥、王家渡、鸡脑河[11]，宜昌白庙[12]、三斗坪[13]、上磨垴、苏家坳、周家湾[14]、杨家嘴[15]，秭归官庄坪[16]、鲢鱼山[17]、柳林溪[18]、大沙坝，宜城郭家岗[19]；汉水以东有安陆夏家寨、晒书台，孝感碧公台、殷家墩、聂家寨、白莲寺，大悟四姑墩[20]，黄陂鲁台山[21]，新洲香炉山[22]，大悟吕王城[23]，云梦楚王城[24]，随州西花园与庙台子[25]、枣阳毛狗洞[26]等。

通过以上调查和初步发掘，大大增加了长江中游地区新石器时代至商周时期的考古资料，看到了自新石器时代以来汉水中游和下游东、西两侧文化之间的共性和差异性，掌握了江汉地区多种商周文化发展线索，使追溯楚文化渊源工作大大向前推进了一步。

1983年宜都城背溪遗址的发掘，将长江中游地区的新石器时代提早到距今七八千年之前，证明长江流域也是我国古代文化的摇篮。整个长江中游地区的新石器时代文化属于城背溪—大溪—屈家岭—石家河文化体系[27]，这个体系具有自身的发展系列和规律，并存在着明显的共性，例如所出土的陶器中，一直以鼎为基本炊器，这是与当地的经济生活分不开的。直至商周时期，这种情况仍在一些地区延续，正如王劲先生所认为的那样："在商周时期江汉流域的一定空间范围内，确实存在着一个具有共性特征的文化区。这种共性特征，既是由江汉流域这一地域较为一致的自然地理、经济条件所决定，也是和这个区域内大体一致的生活习俗等因素休戚相关的。"[28]因此，从广义上讲，楚文化的主源应是长江中游地区的新石器时代文化，即当地的土著文化。这一地区的土著文化，即使在夏、商、周时期，由于受到中原青铜文化的冲击，在汉水中游及汉水下游以东地区曾经退居次要地位（占主要地位的是中原商文化[29]和周文化），但它仍在整个楚文化体系形成和发展过程中产生决定作用。严文明先生说："长江中游……根据古史传说，那里曾是三苗部落活动的地区。该区较早有城背溪文化，其后发展为大溪文化和屈家岭文化。到龙山时代则发展为石家河文化。往后的发展路程虽还有一些不甚清晰的地方，但无论如何，著名的楚文化应是从这里孕育起来的。"[30] 从这个角度认识，楚文化并不能单纯看作只是楚人或楚民族的文化，它是在长江中游地区土著文化发展基础上，融合了中原文化和其它文化的一种区域文化的总概念。因此，江汉一带发现的东周时期的各国铭文铜器，如楚器、邓器、鄀器、鄎器、蔡器、徐器等的基本特征都比较接近。如从我国南北两大文化系统的高度观察，长江中游地区土著文化受北方中原文化的影响，并非始于商周时期，而是更早。例如在汉水中游一带"处于长江与黄河两大流域的连结点上"[31]，这里距今六千多年前的新石器时代文化具有浓厚的中原仰韶文化因素。到石家河阶段，整个长江中游地区的文化受中原龙山文化的影响更为明显，甚至被称为"湖北龙山文化"或"长江中游龙山文化"。在总体意义上，楚文化是长江流域与黄河流域两大文化系统长期交融的结果。

然而，楚文化的形成是以江汉民族的一支——楚民族及其文化为主体的。这样，通常所说的追溯楚文化渊源，实际上是追溯楚民族文化的渊源。那么，寻找楚民族早期活动区域，便是首先要解决的关键问题。这个问题的解决，自然必须着眼于长江中游不同区域、不同类型的考古学文化。

　　长江中游不同区域、不同类型的考古学文化，是 20 世纪 70 年代以来考古界不断探索的问题。80 年代初，已将长江中游地区划成三个以上的区域。苏秉琦先生在《关于考古学文化的区系类型问题》一文中，将湖北和邻近地区划为我国考古学文化六个大区之一，并"以它们的特征和变化情况及分布地域大致可分为三块：汉水中游地区；鄂西地区；鄂东地区"。同时还指出汉水中游（南阳、襄阳一带）是中原"仰韶文化的边缘地区"；鄂西地区的新石器时代文化"经历了很长时期并且自成系统"；鄂东地区"如参照其它两个地区的材料也可以看出它曾经历过同它们大致类似的几个阶段"。"这三个区域的文化遗存既有区别又有联系。从物质遗存的比较研究中可以发现，一个区域与另外两个区域的相互影响、渗透比较清楚。距今约五至四千年间，鄂东这一块文化的发展，对其他两块的影响给人以深刻的印象。这里迄今出有商周青铜器地点和遗址，多在洞庭湖周围和古云梦泽的东侧（即在屈家岭文化分布区的东南侧）。无论是新石器时代的遗址还是商周时期的古文化遗址在这里都相当集中。特别值得一提的是，近年在这一地区发掘的大量春秋时期楚墓所出随葬陶器组合中颇具特色的高颈壶与高脚'鼎—鬲'或称'楚式鬲'（在鬲的三个实脚外再附加柱状脚构成似鼎的鬲）。前者可以追溯到屈家岭文化，后者可以追溯到商周以前的同类器，说明这一地区文化源远流长。"[32]1980 年，俞伟超先生在为中国考古学会以楚文化为中心议题的第二次年会而作的论文中，将长江中游地区的新石器时代文化分阶段、分地区类型进行研究。"已知有三大阶段"，

"第三阶段相当于黄河流域的龙山阶段","已知的地区类型有:鄂西至三峡类型……。鄂西北至豫南类型……。鄂东地区……。洞庭湖以东湖南平江献冲等地……。""从纵的方面加以观察,可以见到在鄂西至三峡、涢水流域及其两侧、丹江和汉水会合处这三大区域,各有贯穿三大阶段的地区类型。""在前三千纪中叶左右,这个文化系统发展到新阶段,文化面貌发生急速变化,可能进入铜石并用时期,并同黄河中、下游的龙山阶段诸文化,发生更多的接触。此后不久,长江中游的这个原始文化系统,忽然发生极大动荡。从下王岗晚二期起,就突然大大增加了黄河流域的影响……说明此时有一支自黄河中游的力量,通过南阳盆地,沿着随枣走廊,直抵长江之岸。盘龙城的二里岗文化遗存,同样属于这种情况。那一带盘亘二千多年的土著文化,在此冲击下,大概发生很大迁移,并且衰微下去,故涢水流域很难找到上述第三阶段文化的直系后裔,而二里岗文化的影响则在洞庭、鄱阳之间直下,南达江西清江的吴城一带。"[33]

通过 20 世纪 80 年代之后的工作,进一步发现长江中游地区大约从石家河阶段的晚期开始,各区域、各类型文化均发生了复杂变化,土著文化发展线索基本中断。特别是湖北、湖南两省境内商周阶段的变化最为明显,这两省均发现了不同区域、多种类型的商周文化遗存[34],其中鄂西地区发现的楚国早期遗存,在楚文化渊源探索中最为重要。

(二)早期楚民族文化的探索

楚文化的兴衰,同楚民族的逐渐强大和楚国的兴亡紧密相联。追溯楚文化渊源，首先要追溯楚民族和楚国文化的渊源。具体地说，关键要寻找到楚居丹阳时期的楚民族分布区和楚国文化。

楚居丹阳时期的楚国文化和当时的楚民族文化应当是基本一致的，可以认为是一种较单纯的民族文化。这种文化从狭义上理解也可称作楚文化，但它与后来的楚文化具有根本不同的含义[35]。因此，称之为早期楚民族（或楚人、荆楚民族、楚蛮民族）文化。

一般认为今湖北江陵地区发现的东周楚文化属于典型的楚文化。所谓典型楚文化实指楚民族文化。从已知的典型楚文化向前追溯是整个楚文化渊源探索工作最基本的方面。此项工作大约开始于 20 世纪 70 年代末。在苏秉琦、俞伟超、邹衡等先生的关怀、指导和参与下，以江陵地区的楚文化工作为基础，逐渐向江陵以外的地区探索。在荆山南麓的当阳县境内的工作收获特别大，使楚文化渊源的探索工作有了突破性进展，使楚文化的时代从战国追溯至西周晚期、春秋初期[36]，认识到过去发现的包括江陵地区在内的楚文化普遍较晚，同时还发现楚文化是从沮漳河之西逐渐向沮漳河之东发展的，从而为寻找早期楚民族文化提供了重要线索，暗示了早期楚民族活动于荆山南麓的极大可能性。

鄂西是长江中游地区最古老的城背溪、大溪两种新石器时代文化分布的中心区。大约到石家河阶段，鄂西地区的新石器时代文化开始复杂化，已发现有所谓"季家湖类型"、"庙坪类型"、"石板巷子类型"和"白庙类型"等新石器时代晚期遗存[37]。商周时期的文化遗存，除江陵荆南寺中原系统的商文化遗存以外，还发现有三峡两岸早期巴文化遗存、沙市周梁玉桥商周文化遗存和沮漳河中、下游一带（荆山南麓）以当阳磨盘山为代表的周代文化遗存[38]。后三种遗存分属于不同的性质，它们的主要特征表现在分别以釜、鼎、鬲为日用基本炊器上。这三种文化遗存虽有早、晚的衔接关系，但它们都各具文化特征、发展序列、分布范围和发展中心。它们的主人，显然不可能是一脉相承的。

根据已掌握的楚文化基本特征和发展系列，以及对春秋中晚期的楚文化的认识，初步断定以磨盘山为代表的周代文化遗存是公元前689年楚文王"始都郢"之前的早期楚民族文化遗存。《当阳赵家湖楚墓》发掘报告中说："赵家湖楚墓所出的日用陶器，作风独特，为楚地之外所不见，如陶鬲的广肩、高足作风，盂、罐的凹圜底作风，以及春秋中晚期出现的长颈罐，战国时期的长颈壶等，均与中原日用陶器有别，属典型的楚式陶器体系。其来源应是西周时期楚国原有文化传统的延续。"[39]该报告所讲的日用陶器，其时代上限已到了西周晚期，即楚国居丹阳时期，当阳赵家湖有部分楚墓（第一、二期楚墓）也属早期楚民族文化遗存，与确知的楚文化已完全衔接起来了。早期楚民族文化遗存在当阳杨木岗、史家台、郑家洼子、赵家塝、金家山、半月，枝江熊家窑、周家湾、赫家洼子，江陵荆南寺、摩天岭以及秭归官庄坪、柳林溪，松滋博宇山等地点均有发现，分布区域大体在荆山南麓至长江边的鄂西丘陵地带。

早期楚民族文化遗址未进行全面系统的发掘，所见遗存还较为零星。以下分村落遗址、墓葬、陶器和铜石器等四方面作简单介绍：

（1）村落遗址　一般堆积的面积不大，文化层较薄，有些夹于其他时代的文化层之间。未发现较完整的房屋遗迹，已发现了不少圆形的灰坑。这些遗址大都是一般居民的村落遗址。当阳半月和枝江周家湾[40]是比较单纯的早期楚民族文化遗址，文化层一般厚20～50厘米，并断续分布，已暴露不少圆形灰坑，坑内填土灰黑色，较松软，似与炊煮有关。磨盘山遗址是一处较大型的早期楚民族文化遗址，它位于沮水、漳水交汇处附近的一座低矮山岗上，堆积分布范围虽较大，但也同样断续出现，是由多个居住点组成的较大的村寨遗址。宜昌地区博物馆曾作过小面积的发掘，出土了较多的两周之际的陶片[41]。

（2）墓葬　集中发现于赵家湖楚墓区内，主要见于该墓区的郑家洼子、赵家塝、金家山、曹家岗等地点。这些墓葬除少量贵族墓以外，多为平民墓。贵族墓中有赵家塝1、2、6号墓为典型墓，平民墓中有郑家洼子6、13、18号墓，金家山81、96号墓为典型墓[42]。所见墓葬的特点比较明显，墓坑多呈窄长形，墓壁大都垂直，常见头龛或边龛。贵族墓的椁室四周已流行用白膏泥填塞。而椁室内一般还没有用隔板分箱分室，棺多置于紧靠椁室的一角。平民墓没有随葬品或只有日用陶器。贵族墓的随葬品以铜礼器或陶礼器为主。铜礼器的基本器物为鼎、簋。陶礼器多为磨光黑皮陶，暗纹常见，基本组合为鼎、鬲、盂形豆、豆、罐。日用陶器以红陶为常见，主要纹饰为绳纹，组合为鬲、盂、豆、罐。

（3）陶器　遗址出土的陶器与墓葬出土的陶器不完全相同。其中遗址常见的日用陶器有红陶、红褐陶、灰褐陶、黑灰陶等种，并以红陶或红褐陶为主。据盘磨山出土的第5、6层出土陶片统计，红陶占32%～44%，红褐陶占42%～52%。所饰绳纹一般较粗，暗纹常见。器类较简单，主要器形有鬲、甗、豆、盂、盆、罐、瓮、缸等，已出现少量瓦片。基本炊器为鬲，还有甗。

鬲　为楚式鬲，三类鬲均已出现[43]，其中日用炊器鬲最为常见，并都有盆形鬲、小口鬲和罐形鬲这三种楚式鬲的基本形态（图一，1～3）。

甗　与鬲的作风相近。甗盛行于春秋楚文化中。战国楚文化使用的是分体甗，即甑与小口鬲相配的一种甗。早期楚民族文化遗址中出现的甗，也是与春秋楚文化相连接的重要器物。

盂　多卷沿，深腹，颈不明显，有凹圜底和圜底两型（图一，4、6、9）。

盆　形制与盂近似，一般为窄沿，颈不明显，腹壁较直，素面或饰弦纹（图一，7、8）。

豆　分细柄豆和粗柄豆两型。其中细柄豆的豆盘较深或折腹，豆柄中部细，与座无界线，座呈喇叭状（图二，2）。

盂形豆　多见于墓中，有些报道称为簋。这种器物是春秋楚文化的典型器。器腹与同时的盂相似，下部与同时的豆柄、座相同（图二，3）。

罐　器形较复杂，有直口鼓腹罐、广肩平底罐、束颈鼓腹绳纹罐等型（图一，5）。

瓮　有短领，腹略呈椭圆形，尖圜底（图二，1）。

缸　仅见于秭归官庄坪遗址。微侈口，腹壁较直，尖圜底。

（4）铜、石器　数量都不多。1969 年在枝江百里洲王家岗出土铜鼎 3 件、簋 2 件、壶 1 件、盘 1 件、匜 1 件[44]，时代为春秋早期，这批铜器的特征属中原周文化作风。当阳赵家塝 2 号墓出土铜鼎 1 件、簋 2 件，时代也为春秋早期，"鼎与

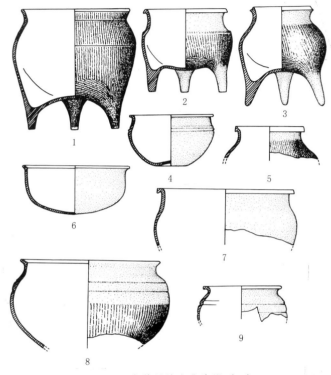

图一　早期楚民族文化陶器（一）

1、2、3. 鬲（荆南寺 T8③:51；赵家塝 M6:8；郑家洼子 M6:2）

4、6、9. 盂（赵家塝 M6；磨盘山采:1；官庄坪 T4⑥:270）

5. 罐（官庄坪 T1⑥:35）　　7、8. 盆（官庄坪 T1⑥:70；磨盘山采:2）

中原的同型鼎无异；铜簋也与周式簋相似，只是有的铸造轻薄
简陋，略具地方特征。"[45]在遗址中曾暴露过少量的箭头之类
的铜器小件和少量石斧。

以上早期楚民族文化遗存有如下一些基本情况：

（1）所属时代，基本都是楚居丹阳后期（公元前 689 年楚

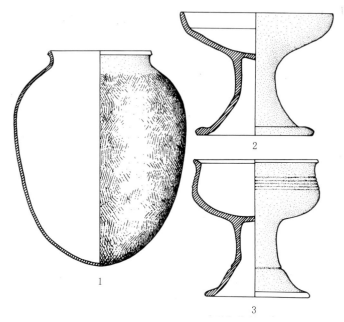

图二　早期楚民族文化陶器（二）

1.瓮（杨木岗 G1③:32）　2.豆（赵家塝 M2）

3.盂形豆（赵家塝 M2:15）

"始都郢"之前）的遗存，并以西周末期至春秋早期的为丰富。
而楚居丹阳前期的遗存，目前正在探索之中。1999 年夏，三
峡的宜昌上磨垴遗址发现了鼎、鬲、釜、甗四种日用炊器共存
的西周中期遗存，当属楚居丹阳前期的一种楚民族文化遗存，
或为夔国早期遗存。

　　（2）从分布情况看，中心区域似在沮漳河中上游一带。这
一带不但发现的遗迹遗物较密集而丰富，时代上限较早，而且
文化特征鲜明。这一带出土的遗物特征，与西部的官庄坪[46]、

南部的博宇山[47]出土的同类遗物相比，更具有典型性；与沮漳河入江处的荆南寺[48]出土的西周遗物比较，更显出地方特色（荆南寺的西周文化具有更明显的中原文化因素）。

（3）从文化特点方面观察，没有发现较大规模的遗迹和较精致的遗物；陶器多为一般日用品，以烧制水平较低的红陶、红褐陶为主，绳纹亦显得较粗糙简朴；基本炊器是楚式鬲；已出现一些制作粗糙的铜器；器物的基本形态，虽有明显的地域特点，但总的作风，如墓中使用鬲、盂（盆）、豆、罐等情况仍近似中原。

以上基本情况，大体反映了早期楚民族文化发展的轨迹：

（1）早期楚民族文化发展可分两个阶段。楚居丹阳前期，相当于熊绎至熊渠时期。西周早期，周成王初封熊绎于荆山丹阳，是楚国之始。楚国初年处于偏僻山区，历尽艰辛，勤奋创业，"号为子男五十里"[49]，"土不过同"[50]，它虽属周王朝一封邑，但活动区域有限，土地贫瘠，交通不便，国弱民穷，文化显然比较落后。楚国初期的文化遗存恐怕并没有什么明显特色，即使丹阳遗址也恐怕难于判断。至今未认识楚居丹阳前期的遗存，恰恰反映了楚国建国初期的历史状况。楚居丹阳后期，大约相当于西周中期的熊渠前后，楚国开始向江汉平原扩展，早期楚民族文化进入了新的发展阶段。《史记·楚世家》云："当周夷王之时，王室微……。熊渠甚得江汉间民和，……乃立长子康为句亶王，中子红为鄂王，少子执疵为越章王，皆在江上楚蛮之地。"楚国至熊渠时，曾从荆山丹阳出发，出兵攻打杨越等民族，到了长江沿岸地区，并征服了一部分"江上楚蛮之地"。

句亶王所在地，即"今江陵也"[51]。江陵在沮漳河入长江处，包含于早期楚民族文化分布范围内。句亶王占领江陵后，楚民族成了这一带的主人，使早期楚民族文化在这一带不断发展。《史记·楚世家》又云："及周厉王之时，暴虐，熊渠畏其伐楚，亦去其王。"楚封王后不久又去其王，说明当时楚还没有足够力量独立于周王朝。这一阶段的楚民族文化特征表现出与中原周文化相接近的特点，这也是与当时楚国的历史状况相符的。

鄂西（或称汉西）地区是商朝间接统治的"南土"[52]。20世纪80年代初期，在鄂西地区发现早期巴人遗存和中原文化遗物[53]。以后越来越明显地看到，相当于夏商阶段，鄂西长江沿岸地带确有一支属巴文化系统的人类活动，并被认为是早期巴文化，它们的文化遗存就是以宜昌三斗坪商周遗存为代表的那类遗存[54]，应属长江上游的巴文化系统。大约到了商代后期，早期巴人开始逐渐西移。至西周时期，巴人活动中心可能已不在鄂西，巴人遗存已明显减少。在商代，鄂西的长江峡口以东两岸还有不少中原商文化遗存的发现，如宜都出土的商代铜爵[55]、铜罍[56]，沙市出土的商代铜尊[57]，江陵岑河的尊[58]和江北农场的矛、镞[59]，以及江陵荆南寺[60]、张家山[61]、沙市周梁玉桥[62]出土的以商式鬲为代表的商文化因素浓厚的遗存，这些商文化遗存表明有一支中原的商系部族在这一带活动。江陵万城曾出土过有"𢦏"形符号的𨙸国铜器[63]，这大概也是周初商裔的遗留。

江陵荆南寺遗址发掘的夏至周代遗存，大体反映了当时江陵地区巴、商、楚各族的活动、交往、演变的情况。具有早期巴文化、商文化、早期楚民族文化和楚文化性质的考古学文化遗存的依次出现及其基本面貌的演变发展，结合它们所处时代的分析，表明在夏代前后，这里的主要居民为早期巴人；到商代，除巴人之外还有商人；商代后期至周初，曾经有过复杂的变迁过程；大约从西周中期开始，主要的居民显然易为楚人，这恐怕就是楚句亶王占领江陵后发生的。

（2）早期楚民族文化由多支系构成。在该文化分布范围内，据古文献记载，西周中期至春秋早期曾有过权、罗、夔等小国的存在。这些小国多属楚民族的支系。

权，有说为芈姓或子姓的。它实和楚一样，都是以中原民族为首，以当地土著民族为主体而建立起来的蛮夷小国。《左传·庄公十八年》："初，楚武王克权，……迁权于那处。"权国，在楚迁都郢之前已被楚武王攻克，并将其迁往那处。《左传》杜注："权，国名。南郡当阳县东南有权城。"《水经注·沔水中》："沔水又东，右会权口。水出章山，东南流，经权城北，古之权国也。"权国属沔（汉）水水系，地域当在当阳东南方或荆门西南隅。这一位置的权国，是楚迁都江汉平原以前，首先要扫除的障碍。

罗，与楚同宗。《左传·桓公十二年》杜注："罗，熊姓国，在宜城县西山中，后徙南郡枝江县。"《水经注·江水二》："……县治洲上，故以枝江为称。《地理志》曰：江沱出西南，东入江是也。其民古罗徙，罗故居宜城西山，楚文王又徙之于长沙，今罗县是矣。"楚文王之前，罗国曾居今枝江百里洲。百里洲的赫家洼子遗址[64]，应为罗国遗址。百里洲王家岗出土的 8 件春秋早期铜器，有"考叔脂父"、"塞公孙脂父"的铭文，可能与罗国有关。楚虽与罗同宗，但为了自身的扩展，楚文王显然不允许楚郢都附近有罗国的存在。《左传·庄公十九年》记载，公元前 674 年，巴人伐楚，"楚子御之，大败于津"。《水经注·江水二》："（枝江）县西三里有津乡。"楚文王之后的第二年，楚国曾在今枝江百里洲附近与巴人进行过激烈的战争。楚国将罗迁于湖南长沙，则促进了楚民族文化向长江以南长沙一带的扩展。

夔，也与楚同宗。《春秋·僖公二十六年》杜注："夔，楚同姓国，今建平秭归县。"《史记·楚世家·正义》："夔先王熊挚为熊渠嫡嗣。"夔，熊渠时被楚国封于今秭归，属楚的支系。西周中期之后，今秭归一部分属夔国。秭归官庄坪第6层、白狮湾上层为代表的西周晚期至春秋早期的遗存，当为夔国文化遗存[65]。

以上权、罗、夔，都可归属于楚民族文化系统的小国。作为一种民族文化，可以超出一国的范围。早期楚民族文化，不但可以包括楚民族系统的各国文化，而且还可以包括同一地区的其它一些小国的文化。而楚国处于宗主国或盟主的地位，早期楚民族文化发展中心应当在楚国。

无论是考古学文化的发现，还是古文献记载，都可以证明荆山南麓至长江沿岸的鄂西地区，是西周时期楚系诸国或早期楚民族活动的主要区域。这个区域便是典型楚文化的策源地。

（三）　关于楚国早期都城丹阳问题

《史记·楚世家》记载："熊绎当周成王之时，举文、武勤劳之后嗣，而封熊绎于楚蛮，封以子男之田，姓芈氏，居丹阳。"楚所居丹阳究竟在何方？史书记载并不明确，因而长期众说纷纭，主要有"秭归说"、"枝江说"、"丹淅说"、"当涂说"、"南漳说"、"商县说"等等[66]。

楚丹阳"当涂说""南漳说"和"商县说",仅有相关文献记载或古地理的考证,而缺乏考古证据。如"当涂说",最早见于《汉书·地理志》丹阳郡班固自注:"楚之先熊绎所封"。当涂位于长江下游的安徽境内,这里西周、春秋时期为吴文化分布范围而没有发现西周至春秋时期的楚国文化遗存。湖北的南漳和陕西的商县也同样未见到与楚丹阳相应的文化遗存。以上三说,考古界并不流行。

楚丹阳"秭归说",首见于北魏郦道元《水经注·江水》:"故《宜都记》曰:'秭归,盖楚子熊绎之始国'。"此说历来得到重视,为楚文化考古的重要课题,而所指具体地点有两处:一处为"楚王城",一处为鲇鱼山。坐落于长江西陵峡南岸山间的"楚王城",为一座古城址,经 1979 年的勘探、调查,"未发现两周时期的文化遗物和遗迹以及地层,故而不会是楚国早期都城丹阳所在地。"[67]而《水经注》记载的丹阳城实际在江北。经实地勘察,今鲇鱼山的地理环境与《水经注》描述的丹阳城相符,鲇鱼山应是郦道元认为的楚丹阳故址。1958年和1960年中国科学院考古研究所对该遗址进行调查和小面积发掘[68],"出土了数片方凿卜甲,凿的排列较整齐,灼痕不显",时代属西周。1980 年和 1981 年,又对该遗址进行了较全面的调查,并对遗址残存的小部分进行发掘。两次调查、发掘均未发现楚文化遗存[69],更没有与楚丹阳有关的遗存。出土陶器中有敛口小底罐、侈口圜底罐、浅圈足盘、喇叭形器等,文化性质明显属于商周时期的早期巴文化[70]。80 年代以来为配合三峡大坝工程,在三峡地区进行了较全面调查和大规模的发掘。峡区考古资料证明,商至西周早期秭归所在的西陵峡两岸是以罐、釜为基本炊器的早期巴文化分布区。楚丹阳

"秭归说"基本被目前考古资料否定。

考古界目前对楚丹阳问题的争论,主要集中于"丹淅说"和"枝江说"。

"丹淅说",史书有公元前312年春秦楚"战于丹阳"的记载。《史记·屈原贾生列传》则记载秦军"大破楚师于丹、淅"。清代宋翔凤在《过庭录》卷九《楚鬻熊居丹阳武王徙郢考》一文中提出楚始封"丹淅说"。70年代之后,在河南西南部的淅川下寺等地发掘了成批的春秋楚国重要贵族墓,特别是下寺2号楚国令尹墓的发现,使主张楚丹阳"丹淅说"的学者明显增加[71]。有的学者还具体提出距下寺墓东北数公里的"龙城很可能就是楚都丹阳"[72]。可是,下寺楚墓最早的墓葬年代为春秋中期后段[73],龙城遗址未见到西周遗存,而丹淅一带的西周文化面貌属中原[74]。楚丹阳"丹淅说"同样缺乏西周楚国文化遗存的考古证据。

"枝江说"所据文献资料为唐代张守节在《史记正义》中引东汉颖容《春秋三传例》云:"楚居丹阳,今枝江县故城是也。"还有宋代裴骃《史记集解》中引南朝徐广曰:"(楚丹阳)在南郡枝江县。"位于枝江与当阳交界处的当阳季家湖楚城的新发现[75],曾引起学术界的广泛注意,并有学者提出此城可能就是楚都丹阳[76]。然而季家湖楚城的建筑年代晚于西周,出土的主要文化遗物也不是早期楚国文化遗存,相信季家湖楚城是丹阳城的人并不多。如果从长江中游地区考古学文化的发展状况、早期楚民族文化的发现区域和当阳赵家湖楚墓发展系列时代可早到西周晚期,以及襄阳及其北部楚墓的特点分析[77]等方面观察,楚丹阳在包括枝江在内的沮漳河之西一带的可能性最大。

注　释

[1] 湖北省博物馆：《湖北当阳季家湖新石器时代遗址》，《文物资料丛刊》第 10 辑，文物出版社 1987 年版。

[2] 湖北省博物馆：《当阳冯山、杨木岗遗址试掘简报》，《江汉考古》1983 年第 1 期。

[3] 宜昌地区博物馆：《当阳磨盘山西周遗址试掘简报》，《江汉考古》1984 年第 2 期。

[4] 荆州地区博物馆等：《湖北江陵荆南寺遗址第一、二次发掘简报》，《考古》1989 年第 8 期。

[5] 湖北省博物馆江陵纪南城工作站：《江陵纪南城摩天岭遗址试掘简报》，《江汉考古》1988 年第 2 期。

[6] 沙市市博物馆：《湖北沙市周梁玉桥遗址试掘简报》，《文物资料丛刊》第 10 辑，文物出版社 1987 年版。

[7] 湖北省博物馆：《沙市官堤商代遗址发掘简报》，《江汉考古》1985 年第 4 期。

[8] 荆州地区博物馆：《湖北松滋博宇山遗址试掘简报》，《文物资料丛刊》第 10 辑，文物出版社 1987 年版。

[9] 湖北省文物考古研究所：《1983 年湖北宜都城背溪遗址发掘简报》，《江汉考古》1996 年第 4 期。

[10] 宜都考古发掘队：《湖北宜都石板巷子新石器时代遗址》，《考古》1985 年第 11 期。

[11] 湖北省文物考古研究所：《宜都城背溪》（文物出版社即将出版）。

[12] 湖北省文物考古研究所：《1985～1986 年宜昌白庙遗址发掘简报》，《江汉考古》1996 年第 3 期。

[13] 湖北省文物考古研究所：《三峡坝区三斗坪遗址发掘简报》，《江汉考古》1999 年第 1 期。

[14] 湖北省文物考古研究所：《西陵峡北岸周家湾山岗遗址》，《江汉考古》1994 年第 1 期。

[15] 三峡考古队第三组：《湖北宜昌杨家嘴遗址发掘简报》，《江汉考古》1994 年第 1 期。

[16] 湖北省博物馆：《秭归官庄坪遗址试掘简报》，《江汉考古》1984 年第 3 期。

[17] 杨权喜、陈振裕：《秭归鲢鱼山与楚都丹阳》，《江汉考古》1987 年第 3 期。

[18] 湖北省博物馆江陵考古工作站：《1981 年湖北省秭归县柳林溪遗址的发掘》，《考古与文物》1986 年第 6 期。

[19] 武汉大学历史系考古教研室等：《湖北宜城郭家岗遗址发掘》，《考古学报》1997 年第 4 期。

[20] 北京大学考古专业商周组等：《晋豫鄂三省考古调查简报》，《文物》1982 年第 7 期。

[21] 黄陂县文化馆等：《湖北黄陂鲁台山两周遗址与墓葬》，《江汉考古》1982 年第 2 期。

[22] 武汉大学历史系考古教研室等：《湖北新洲香炉山遗址（南区）发掘简报》，《江汉考古》1993 年第 1 期。

[23] 孝感地区博物馆：《大悟吕王城重点调查简报》，《江汉考古》1985 年第 3 期。

[24] 云梦县博物馆：《云梦楚王城 H11 清理简报》，《江汉考古》1995 年第 4 期。

[25] 武汉大学历史系考古教研室等：《西花园与庙台子》，武汉大学出版社 1993 年版。

[26] 襄樊市博物馆：《湖北枣阳毛狗洞遗址调查》，《江汉考古》1988 年第 3 期。

[27] 严文明：《中国史前文化的统一性与多样性》，《文物》1987 年第 3 期；俞伟超：《先楚与三苗文化的考古学推测》，《文物》1980 年第 10 期。

[28] 王劲：《对江汉地区商周时期文化的几点认识》，《江汉考古》1983 年第 4 期。

[29] 杨权喜：《湖北商文化与商朝南土》，《中国商文化国际学术讨论会论文集》，中国大百科全书出版社 1998 年版。

[30] 严文明：《中国史前文化的统一性与多样性》，《文物》1987 年第 3 期。

[31] 《苏秉琦考古学论述选集》第 229 页，文物出版社 1984 年版。

[32] 《苏秉琦考古学论述选集》第 229 页，文物出版社 1984 年版。

[33] 俞伟超：《先楚与三苗文化的考古学推测》，《文物》1980 年第 10 期。

[34] 文物编辑委员会编：《文物考古工作十年》第 194～196 页，第 207～209 页，文物出版社 1991 年版。

[35] 杨权喜：《早期楚民族文化的探索》，《楚文化研究论集》第三集，湖北人民出版社 1994 年版。

[36] 湖北省宜昌地区博物馆、北京大学考古系：《当阳赵家湖楚墓》，文物出版社 1992 年版。

[37] 孟华平：《长江中游史前文化结构》第 174 页，长江文艺出版社 1997 年版。

[38] 湖北省文物考古研究所：《湖北省文物考古工作十年来的发展》，《文物考古工作十年》第 195 页，文物出版社 1991 年版。

[39] 湖北省宜昌地区博物馆，北京大学考古系：《当阳赵家湖楚墓》第 220~221 页，文物出版社 1992 年版。

[40] 这两遗址为 1983 年湖北省博物馆、宜昌地区博物馆调查。

[41] 宜昌地区博物馆：《当阳磨盘山西周遗址试掘简报》，《江汉考古》1984 年第 2 期。

[42] 湖北省宜昌地区博物馆、北京大学考古系：《当阳赵家湖楚墓》，文物出版社 1992 年版。

[43] 杨权喜：《江汉地区楚式鬲的初步分析》，《楚文化研究论集》第一集，第 198~201 页，荆楚书社 1987 年版。

[44] 湖北省博物馆：《湖北枝江百里洲发现春秋铜器》，《文物》1972 年第 3 期。

[45] 湖北省宜昌地区博物馆、北京大学考古系：《当阳赵家湖楚墓》第 219 页，文物出版社 1992 年版。

[46] 湖北省博物馆：《秭归官庄坪遗址试掘简报》，《江汉考古》1984 年第 3 期。

[47] 荆州地区博物馆：《湖北松滋博宇山遗址试掘简报》，《文物资料丛刊》第 10 辑，文物出版社 1987 年版。

[48] 荆州地区博物馆等：《江陵荆南寺遗址第一、二次发掘简报》，《考古》1989 年第 8 期。

[49] 《史记·孔子世家》。

[50] 《左传·昭公二十三年》："……若敖、蚡冒至于武、文，土不过同（杜注：方百里为一同）。"

[51] 《史记·楚世家·集解》引张莹说。

[52] 杨权喜：《湖北商文化与商朝南土》，《中国商文化国际学术讨论会论文集》，中国大百科全书出版社 1998 年版。

[53] 杨权喜：《探索鄂西地区商周文化的线索》，《江汉考古》1986 年第 4 期。

[54] 杨权喜：《西陵峡商周文化的初步讨论》，《中国考古学会第七次年会论文集》，文物出版社 1989 年版。

[55] 吴熊光等：《湖北通志·金石志》第九十三卷，清嘉庆九年刻本。

[56] 黎泽高等：《枝城市博物馆藏青铜器》，《考古》1989 年第 9 期。

[57] 彭锦华：《沙市近郊出土的商代大型铜尊》，《江汉考古》1987 年第 4 期。

[58] 湖北省荆州市博物馆资料。

[59] 何弩：《湖北江陵江北农场出土商周青铜器》，《文物》1994 年第 9 期。

[60] 荆州地区博物馆等：《江陵荆南寺遗址第一、二次发掘简报》，《考古》1989 年第 8 期。

[61] 陈贤一：《江陵张家山遗址的试掘与探索》，《江汉考古》1980 年第 2 期。

[62] 沙市市博物馆：《湖北沙市周梁玉桥遗址试掘简报》，《文物资料丛刊》第 10 辑，文物出版社 1987 年版。

[63] 李健：《湖北江陵万城出土西周青铜器》，《考古》1963 年第 4 期。

[64] 湖北省文物考古研究所 1983 年发掘资料。

[65] 杨权喜：《西陵峡商周文化的初步讨论》，《中国考古学会第七次年会论文集》，文物出版社 1989 年版。

[66] 刘彬徽：《试论楚丹阳和郢都的地望与年代》，《江汉考古》1980 年第 1 期；杨宝成：《当前楚文化研究中的几个问题》，《湖北省考古学会论文选集》（三），《江汉考古》增刊，1998 年；蒲百瑞（美国）：《探索丹阳》，《江汉考古》1989 年第 3、4 期。

[67] 湖北省博物馆江陵工作站：《秭归楚王城勘探与调查》，《江汉考古》1986 年第 4 期。

[68] 中国科学院考古研究所长江队三峡工作组：《长江西陵峡考古调查与试掘》，《考古》1961 年第 5 期。

[69] 杨权喜、陈振裕：《秭归鲢鱼山与楚都丹阳》，《江汉考古》1987 年第 3 期。

[70] 杨权喜：《西陵峡商周文化的初步讨论》，《中国考古学会第七次年会论文集》，文物出版社 1989 年版。

[71] 楚文化研究会：《楚文化研究论集》第四集，河南人民出版社 1994 年版；杨宝成：《当前楚文化研究中的几个问题》，《湖北省考古学会论文选集》（三），《江汉考古》增刊，1998 年。

[72] 裴明相：《楚都丹阳试探》，《文物》1980 年第 10 期。

[73] 河南省文物研究所等：《淅川下寺春秋楚墓》，文物出版社 1991 年版。

[74] 河南省文物研究所等：《淅川下王岗》，文物出版社 1989 年版。

[75] 湖北省博物馆：《当阳季家湖楚城址》，《文物》1980 年第 10 期。

[76] 高应勤等：《谈丹阳》，《江汉考古》1980 年第 2 期。

[77] 杨权喜：《襄阳楚墓陶器特点与楚都丹阳》，《楚文化研究论集》第四集，河南人民出版社 1994 年版。

二　楚文化遗址的发掘与研究

楚国的疆域，自西周初至战国末不断发生变化。东周时期楚国的主要活动范围包括今湖北全省、湖南北部、河南南部和安徽西部一带。这一带的东周文化遗址，大部分属楚文化遗址。

（一）楚国城址和其它遗址的发现

20世纪50年代初，考古界开始进行楚国城址的地面调查，并对湖北江陵县的纪南城等楚国城址逐渐有了认识。60年代初，湖北省在江陵设立考古工作站，对纪南城开展有计划的勘查，对当地农田水利建设中暴露的水井、窑址和文化堆积进行重点清理发掘。70年代，一方面继续对纪南城进行全面的勘探和较大规模的发掘，一方面对其它楚城址作一系列的调查与发掘。80年代以来，通过全国第二次文物普查，又有大批的楚城址被发现，同时对楚城址中暴露的遗迹做了重点发掘工作。在我国东周列国城址资料中，楚城址的数量为最多，调查发掘资料也比较丰富。大批资料为楚国城址的研究打下了良好基础。

楚国始封丹阳，艰苦创业，逐渐兴盛，疆域不断扩展，城邑也不断增加。据文献记载，楚国自始封丹阳至被秦灭亡，共有大小城邑270余座。考古发现并公布的楚城址约有50余座。

经过初步勘查或发掘的楚城址，在湖北境内除江陵纪南城以外，主要还有当阳季家湖楚城、宜城楚皇城、襄阳邓城、云梦楚王城、大冶鄂王城、黄冈禹王城、大悟吕王城、孝昌（原孝感）草店坊城、黄陂作京城、大冶草王嘴城、阳新大箕铺城；在河南境内有淅川龙城、西峡析邑、信阳楚王城、潢川黄国故城、舞阳东不羹城和古胡城、鄢陵县鄢陵故城、扶沟县扶沟古城、上蔡蔡国故城、淮阳陈城、淮滨期思故城、固始寝丘故城（蓼城）；在湖南境内有湘阴古罗城（汨罗）、桃源楚王城、石门古城堤、慈利白公城、临澧申鸣城、长沙楚城、澧县鸡叫城、常德索县故城、临澧宋玉城；在安徽境内有寿县寿春城和苍陵城等[1]。这些楚城址的规模有大、中、小不同的区别，既有面积达 16 平方公里和 26.35 平方公里的大城址，又有面积不足 0.1 平方公里的小城址。它们的建筑年代，有的在春秋，有的在战国。废弃年代，有的在战国晚期，有的延至两汉，也有的延至六朝时期。而从城址性质分析，它当包括楚国的都城、别都、县邑和军事城堡等类别。大批楚国大、中、小城邑，构成了楚国多层次的社会生活体系，展示了楚国城市生活的繁荣。楚文化考古，实际上主要是围绕着楚国城址来进行的。

楚国的其它遗址，包括一般的村落遗址、大型建筑遗址和矿冶遗址。

一般的村落遗址多发现在早期遗址之上。汉水之西的村落遗址往往下压着新石器时代文化层，汉水之东的村落遗址则往往叠压在商周遗址的上面。到目前为止，基本未进行村落遗址的全面揭露工作，村落遗存资料还比较零星，并多包括于古文化遗址发掘资料中。

大型建筑遗址是指分布于城址之外或其外围未发现城垣的大型建筑物基址。例如江陵纪南城南郊一带的夯筑台基，不少属于大型房屋基址。这类遗址经过局部发掘的，有潜江龙湾章华台遗址[2]。该遗址发现了十分重要的大型层台建筑。

关于矿冶遗址，70年代首先发现于湖北大冶铜绿山[3]。80年代以来，湖北其它地点和湖南、江西、安徽均有矿冶遗址的发现。湖北除铜绿山以外，还有阳新港下、鄂州汀祖铜灶、钟祥东桥镇谢家湾与洋梓镇铜宝湾[4]；江西有瑞昌铜岭[5]；湖南有麻阳九曲湾[6]；安徽有南陵江木冲、铜陵木鱼山[7]。这些矿冶遗址的时代上限有的早于楚国该地之前。说明楚国境内不少矿冶最早经营者并非楚人。例如长江南岸的矿冶业最早主人当为越人，但到楚灭越之后便全部转入楚人手中。大冶铜绿山、瑞昌铜岭都经过较大规模的发掘，并获得了关于采矿、冶炼方面的许多重要资料，为我国冶金史研究填补了空白。

（二）楚郢都纪南城

《史记·楚世家》曰："文王熊赀立，始都郢。"公元前689年，楚国从丹阳迁都于郢。西晋杜预说："国都于郢，今南郡江陵县北纪南城是也。"[8]北魏郦道元也说："江陵西北，有纪南城，楚文王自丹阳徙此。"[9]长期以来认为"郢"即纪郢，今江陵之北相距5公里的纪南城遗址就是楚国的郢都所在，因在纪山之南而得名。但现代有学者提出，史书上所说的江陵并不在长江边上，而在汉水中游[10]。云梦秦简中有"别书江陵，布以邮行"句[11]，说明江陵属秦之南郡。1975年纪南城内凤凰山西汉初年的 M168 出土了一方竹牍有"江陵丞敢告地下丞……"的记载[12]。90 年代初，纪南城东垣外约 100 米处发掘的西汉早期高台 18 号墓中，有一块墨书"江陵丞印"的木牍[13]。这都说明秦汉时期的江陵即今江陵，现纪南城遗址是史书上所说的"郢"无疑。

纪南城遗址，经过 70 年代以来较大规模的勘查与发掘[14]，对其整体布局有了初步了解。该城址规模宏大，虽然其城垣范围次于安徽寿县寿春城，但城垣内外遗迹遗物之丰富，整体布局之雄伟，都是所有楚城址中无与伦比的，因而成为目前楚城考古发掘与研究的重点。

纪南城城垣近方形，其南垣偏东处向外突。城西北、西南、东北拐角均为切角形。东垣长 3706 米，南垣（包括外突部分）长 4502 米，西垣长 3751 米，北垣长 3547 米，城内总面积约 16 平方公里。城垣用土夯筑，由墙身、内护坡、外护坡三部分构成。残存高度一般在 3～5 米之间，最高处有 7.6 米。墙身的基部，内壁至外壁宽 10～14 米，并下挖基槽。夯层厚度为 10 厘米左右，用 7 厘米×7 厘米的方夯头和直径为 6 厘米左右的圆夯头夯筑。内外护坡夯筑比较简单，皆属乱夯而筑。外护坡比内护坡的坡度大而宽度小。城垣四方各设城门两座（包括东、南、北垣的水门各一座，东垣水门被现代公路、桥梁破坏）。在城垣外围有护城河，宽度一般为 40～80 米，局部地段宽达 100 余米。城门外和南垣突出部分护城河中断。护城河与城内四条古河道相通，并东接城外宽阔的长湖，形成一个宽广的护城、排灌、交通水系。

西垣北门和南垣水门经过发掘，都设三个门洞。西垣北门的中间门洞叫"驰道"，是楚王的专道，宽 7.8 米；两旁的门洞称"旁道",宽度为中间门洞的 1/2,但它却是百姓川流不息的通道,发掘时保存着深深的车辙。西垣北门未见城门楼,但有门房。门房建于城门内侧两旁,各为双间。南垣水门为木构建筑,用木柱、木板构筑成三个宽度相等的门洞,各门洞宽3.34~3.40 米,可供当时的船只通行。南垣水门东边的城垣上,钻探出一座夯筑台基,可能是该水门建于城垣上的高台式建筑基址。在北垣西门的西边城垣上也钻探出两座东西并列的高台式建筑基址,并有道路遗迹通向城内。可见纪南城城门建筑,不是建于门洞之上,而是建于城门内侧或旁边的城垣上面。

纪南城内有高出地面的土台达 300 余处,70 年代已探明夯筑台基 84 座。这些台基中,最长的为 130 米,最宽的 100米,普遍仅高出附近地面 1~3 米。80 年代还发现一些地面上看不见的夯筑台基,例如 1988 年在纪南城松柏区的勘查与发掘中,又发现一组地面上看不见的重要大型建筑群基址[15]。纪南城内的夯筑台基一般属低台式建筑基址。这些台基集中于城内地势较高的东南部和东北部。其中东南部松柏村(松柏区)中部的台基最为密集,排序还有一定规律,台基群之南是全城制高点——凤凰山。南垣突出部分就是为了将凤凰山全部包围在城内。在台基群的东边和北边已钻探出宫城迹象,东边已发掘出宫城城壕遗迹。纪南城东南部是主要宫殿区。在这主要宫殿区的西、北、东北部,即西部新桥河古河道之西至北部龙桥河古河道两岸是以制陶为主的作坊区,暴露了大量的水井、坑穴和多处作坊基址,发掘了不少窑址,其中新桥河古河道西部发现了专门烧制大型仿铜陶礼器的作坊遗址[16]。城内西南部的新桥村(新桥区),也分布着一些夯筑台基,也有多处水井密集区，已发掘了陈家台铸造作坊遗址，发现铸炉以及与铸造相关的锡渣、铜渣、陶范残片、鼓风管残片、红烧土块及锡饼、锡襻钉、铜棒等遗物。城内西南部应是以铸造为主的作坊区。城内东北部纪城村（纪城区）也钻探出一组夯筑台基，是什么性质的建筑基址目前还不清楚，发掘报道称为"另一重要建筑群所在"[17]。城内西北部徐岗村（徐岗区）一带发现的遗迹遗物较少，但有时代偏早的春秋时期的村落遗址和小型墓葬分布。经发掘的陕家湾和东岳庙均是春秋时期的小型楚墓区。而经小面积发掘的摩天岭遗址，时代上限被定为西周晚期[18]。这些村落遗址和墓葬是建筑现存纪南城之前的遗存。

纪南城的墓区分布于城外四周数十公里的范围内。城外东北部的雨台山、九店、武昌义地、官坪、朱家台，南部的拍马山、太晖观、张家山、付家台，西部的葛陂寺等楚墓区，是一般国民的"邦墓"之地，每个墓区都有十分密集的中、小型楚墓；城外西北方，相距较远的八岭山、马山、双冢、川店和北部的纪山一带，在相当广阔的范围内分布着许多有封土堆的大型楚墓，初步推断为楚王室的"公墓"区。在城外南部，除有拍马山楚墓区之外，还有一些建筑台基分布，并暴露了大型夯筑台基，发现有房屋、灰坑、水井等遗迹。在南垣水门之南2公里的一个夯筑台基上，出土过整齐叠放的彩绘石编磬25具[19]。在拍马山西南曾暴露一座大型建筑基址[20]。南郊也是纪南城整体布局的重要组成部分。

纪南城内发现的各种遗迹十分丰富，主要有宫殿、房屋、水井、窖穴、窑址、铸炉、灰坑、道路等等，其中宫殿、房屋、道路保存较差。

位于城东南部的30号台是一座具有相当规模的宫殿建筑

基址。台基仅高出周围地面 1.2～1.5 米，东西长 80 米，南北宽 54 米。台基上揭露出早、晚两期建筑遗迹。晚期建筑遗迹保存较完整，墙基平面为长方形，东西面阔 63 米，南北进深 14 米，中间有隔墙，分成东、西两大间。墙厚 1 米，墙基内外侧均有壁柱。北墙外 12 米和南墙外 14 米处各有磉墩（一种大型柱础）一排。磉墩平面为长方形，长 1.35 米，宽 1 米，是先挖坑后在坑内填掺红烧土、瓦片和黏土层层夯筑而成，比一般的夯土坚硬得多，具有承受大柱子的功能。在磉墩外侧铺设散水和挖排水沟。散水一般用瓦片铺筑。在南、北散水端部共清理出相接的陶质排水管 4 道。

在松柏鱼池发现的大型房屋基址，处于宫城（即主要宫殿区）东北角外。1 号房基宽 66 米，分建筑台、南平台、北平台和散水等部分。建筑台宽 42.6 米，四周挖宽约 2 米、深约 0.5 米的基槽。南、北平台分别筑于建筑台南、北两面，各宽约 8 米，是房屋室外活动地面。散水用筒瓦、板瓦铺砌，宽 2.50～3.00 米。散水外的排水沟通入古河道中。2 号房基暴露了部分夯土、两条陶质排水管道、两个井穴和一段排水沟。其中一条管道清出 9 节陶水管，一端接排水沟；两个井穴位于夯土东北方，圆形，光滑，规整[21]。

在龙桥河西段北岸曾暴露出许多整齐排列的平面为正方形的夯土遗迹，东西两方相对，每方为 2 米×2 米，两两南北向排列，延伸长度超过 100 米，夯土遗迹已发现 32 对[22]。这大概属于大型建筑台基底部所挖的基础坑，坑内用纯土夯实，是立柱的承重部位。

位于城西南部的陈家台也是一座夯筑台基。发掘表明它并非大型建筑物的基址，而是铸造作坊的台基。陈家台高出四周

地面约 1 米，东西长 80 米，南北宽 20 米，比 30 号台宫殿基
址窄长。在台基上暴露有残墙、柱洞和成堆的炭化稻谷。残墙
壁仅厚 0.40 米，柱洞直径也只有 0.15 米，台基上的房屋建筑
显然较简单。炭化稻谷经碳-14 测定，年代为公元前 460±100
年，大约属战国早、中期的遗存。散水和水沟设在房基外 5 米
处，散水亦用瓦片砌筑。在台基西北边和东边各发现铸炉残迹
一座，残存的底部平面为方形。2 号炉底部平面为 1.45 米×
1.43 米。炉壁抹有草拌泥，近砖质。炉内出土铜渣、锡渣和
红烧土块。

　　纪南城内的水井、窑址数量均很多。特别是水井，在城东
南松柏区的周家湾、余家大台，城东北纪城区的文家湾，城西
南新桥区的余家埫、陶家湾，城西北徐岗区的湖口和城中部的
龙桥河两岸都有水井密集区。在龙桥河西段长约 1000 米、宽
约 60 米的范围内一次动土暴露出水井达 256 座以上，同时还
暴露了窑址 4 座。水井分土坑井、竹圈井、木圈井和陶圈井四
种。木圈井的设置是用两根大整木，分别开凿成木槽，然后将
两木槽互相套合成井圈，竖立并固定于水井中。陶圈井的数量
最多。陶井圈分两种，一种为直壁井圈，口径和高度一般都为
80 厘米左右，圈壁有两个对称的圆孔；另一种为斜壁井圈，
数量较少，口径下小上大，壁外有附加堆纹，圈壁有四个以上
的圆孔。陶井圈的设置法是用直壁井圈上下叠砌。斜壁井圈可
能置于最下部。在最下节井圈底部，有固定于井壁的呈"一"、
"十"、"井"形的木架承托。关于水井的用途，除供生活用水
以外，还有几种：一种供手工业作坊用水，如龙桥河两岸的一
些水井掘于窑址侧旁，与窑、泥坑组成一座窑址的基本部分
(图三),这种水井主要是供制陶用水而设；一种井内遗物极少，

图三　纪南城松柏 4 号鱼池 2 号窑址与 2 号水井

淤泥淤沙也少，井底往往出土大型完整陶瓮或大型陶瓮片，推测为冷藏食物井；另一种水井，四周遗存少，特别是城门附近的水井和城内没有文化堆积地段的水井，可能与农田圃畦的灌溉有关。因纪南城内存在着农业生产[23]，凿井灌溉可以少受城市规划的限制。在纪南城内的水井中出土耒耜之类的农具数量较大，当为耕者所遗。《庄子·天地》中有关于楚地为圃畦"凿隧而入井，抱瓮而出灌"的记载，在城内比较适宜用井水浇灌菜地与园圃。过去在我国古城址考古发掘中发现水井之多，曾使人十分困惑，纪南城内几种水井的区分，有助于理解这个问题。纪南城的窑址具有很大的规模，在龙桥河中段南岸、主要宫殿区东北方一带出现成行的窑址，每座窑址自成单元[24]。一些窑址附近有作坊建筑遗迹，所筑排水管道与宫殿的排水管道不同。宫殿的排水管道用专门烧制的陶排水管套筑，而制陶作坊的排水管道用筒瓦、板筑砌筑。窑具有相当的规模，河·Ⅲ段1号窑，全长7.8米，宽3.4米。整座窑可分为门道、火膛、窑床和烟囱四个部分。新桥河北段西岸制陶作坊遗址中清理的陶窑，是较先进的半倒焰式馒头窑（椭圆形半地穴式），分为窑前室、窑室（包括火门、火膛、窑床）、烟囱三部分，是专门烧制大型仿铜陶礼器的窑[25]。河·Ⅱ段1号窑则是专门烧制筒瓦、板瓦的窑。

纪南城出土的遗物以陶器为主，还有一些较为零星的铁、铜、锡等金属制品和漆、木、竹器残品，也有一些丝麻织物残件。陶器可分为四大类：第一类为建筑材料，包括筒瓦、板瓦、瓦当、排水管、井圈、空心砖等。瓦类器物制作较粗糙，尺寸较小，但火候高而质地坚硬。筒瓦、板瓦一般长度在40厘米左右，筒瓦的宽度为12厘米左右，板瓦的宽度为25厘米左右。几乎所有的瓦当都是圆形素面无纹饰，有云纹的仅见。空心砖的残片多出土于水井内或河道中，此种砖质地坚实，制作精细，表面饰以浮雕几何形纹、龙纹。空心砖的功用，据安徽寿县寿春城柏家台的发现[26]，似镶在宫殿台基边沿部位，具有装饰、加固和防潮的作用。排水管的质地、纹饰均与筒瓦相似，一般长60~70厘米，直径17~20厘米。第二类为生活器皿，器形主要有鬲、盂、罐、豆、盖豆、盆、瓮、甑、器座等，以楚式鬲（鼎式鬲）和长颈罐最具有特点。造型特点为内凹底，主要纹饰为绳纹，也有少量暗纹。生活器皿除瓮、盆尺寸相当大以外，其它器形都较小。除盖豆等少量器皿用暗纹装饰、制作较精致外，大多数器皿显得较简单粗糙，应是平民百姓所遗或属作坊产品。第三类属生产工具，有陶拍、陶垫、陶刷、网坠、纺轮、陶范等。纺轮较厚，周边有凸棱。第四类为礼器、明器或祭品。新桥河北段西岸的制陶作坊遗址出土的陶礼器有鼎、簋、簠、敦、壶、钫、鉴、罍、盘等，与较大型楚墓出土的仿铜陶礼器相同。在南垣水门底部和龙桥河西段制陶作坊遗址中，均出土不少用手捏制的小型鬲、鼎、盂、罐、壶，制作粗糙，火候较低，为泥质，是祭奠使用的祭品。在金属制品中，以铁器的发现最重要。所出铁器种类较多，包括生产工具、生活用器、渔业和铸造器具，主要器类有镰、锄、镢、耜、斧、锛、凿、削、刀、鱼钩、坩埚、釜等，其中釜和坩埚的器形都较大。其它金属制品有铜制的门环、鼎片、敦足、矛、箭头、刻刀、印章、饰件和锡饼、锡襻钉等。其中嵌错花纹的铜门环、浮雕花纹的铜饰件和铜印章较重要。在古河道和水井中常常见到一些漆木竹器残件。推测当时漆木竹器已成为纪南城内的重要商品，并普遍使用于楚国贵族的日常生活中，这也许是纪南城内日用陶器精品较少的原因。

纪南城发现的以上一些资料，已可以证明它是楚国的郢都所在地。但根据纪南城城垣的地层关系和秦汉墓葬打破纪南城遗迹的情况，现存纪南城城垣约始建于春秋末或战国初年，废弃年代为秦将白起拔郢之时，即公元前 278 年。因而城内外大量楚文化遗存的年代大都属战国；城外绝大多数楚墓，尤其是较大规模楚墓的年代也大部分属战国。已发掘的中型以上的楚墓均属战国中期；城内外虽然存在春秋楚文化遗存，但多属村落遗址和小型墓葬。这种情况的突变大约在春秋战国之交。因此，怀疑春秋时期楚国之郢都并不在纪南城。

据史书记载，春秋晚期或稍后楚都曾有失守、迁徙的情况。例如公元前 519 年（楚平王十年）"更城郢"[27]；公元前 506 年（楚昭王十一年），"吴入郢"，"王奔随"[28]；公元前

504 年（楚昭王十三年），"去郢，北徙都鄀"[29]；"楚惠王因乱迁鄀"[30]。这些情况也表明春秋楚都不在纪南城的可能性。按照楚国习惯，都城之名随着迁都而转移，那么春秋早期楚文王始都之郢与战国早、中期之郢有可能不在同一地点。所谓"更城郢"也许是建立新郢都之意，但"更城郢"的新郢都，其方位大概不会距离旧郢都太远。否则，史书恐怕就会有明确的迁都记载了。

（三）楚国四座重要城址

关于楚国的郢都，除纪南城以外，春秋郢都有在江陵阴湘城[31]、当阳季家湖楚城、宜城楚皇城等三种说法。江陵阴湘城经过发掘，为屈家岭文化古城[32]，不可能为春秋楚郢都。楚国东迁以后的战国晚期郢都有淮阳陈城和寿县寿春城。以上除江陵阴湘城外，还有四座与楚郢有关的重要城址。

1. 当阳季家湖楚城

在江陵纪南城四周不远的区域内还有不少古城址分布，尤其是纪南城之西北方一带，所见楚文化遗存时代偏早，是寻找春秋楚郢都的重要区域。1979 年，在纪南城西北相距 35 公里的沮漳河西岸（在当阳境内）新发现了一座季家湖楚城，并进行了初步调查发掘[33]。城址平面略作长方形，南北长 1600 米，东西宽 1400 米，面积约 2.24 平方公里，城内文化遗存丰富。已发现不少夯筑台基，其中在北部的 1 号台基上出土了春秋时期重要的"秦王卑命"铜甬钟和曲状钲形铜构件，还有许多筒瓦、板瓦之类的大型建筑遗物。在南部发现了城墙、城壕遗迹，城墙压于新石器时代文化层之上，宽仅 10 米，夯层较薄，具有春秋城址的特征。城内出土陶器也具有春秋楚文化的特点，例如红陶所占比例较大；主要日用炊器，除鬲以外，还有釜；瓦当多为半圆形素面；鬲、豆、盆、罐都有春秋时期的形态。总的来看，季家湖楚城的始筑年代比纪南城早。1988年在季家湖边上出土三件精致的铜缶和铜钫[34]。80年代以来，在城址之西相距数公里处（枝江境内），调查发现有青山楚国贵族墓地，其中分布着许多有大封土堆的大墓，并曾零星出土过精致的楚国铜器。而城址之东的沮漳河对岸便是江陵八岭山大型楚墓区，不少学者推测此城址可能是春秋时期的楚郢都[35]。当然，此城是否即春秋楚郢都？目前还不能确定。如从建筑年代和地理位置方面考虑，该城址与楚郢都肯定具有密切关系。

2. 宜城楚皇城

据史书记载和前人考证，楚昭王、楚惠王都曾一度自郢迁鄢，鄢也称鄢郢。顾观光《七国地理考》："楚自昭王徙都后，以都为鄢郢。"《史记·春申君列传》："取巫、黔中之郡，拔鄢郢。"《汉书·地理志》颜师古注："宜城故鄢。"今湖北宜城城关东南约7.5公里处，有一座楚皇城遗址[36]，50年代曾作过考古调查，70年代进行过局部发掘。其平面略呈长方形，城垣东、西、南、北长度分别为2000米、1500米、1840米、1080米，面积约2.5平方公里。城垣亦分墙身和内、外护坡三部分，其基部总宽度为24～30米，墙身宽8.65米，残高2～4米。城垣四边各有缺口两个，可能为城门。城垣四角明显突起，大概是与军事防御有关的角楼遗迹。现存城垣为战国时期所筑。城内偏东北有较高的台地，被称为"小皇城"，是一座面积为0.38平方公里的小城，有可能为宫殿区。城内有丰富的春秋至秦汉时期的遗物，曾经出土过一件春秋时期的大铜壶。还出土过楚国金币"郢爰"。在城外西部发掘了雷家坡、魏岗两个楚墓区[37]。在城外西南方的罗岗，清理了一座具有一定规模的车马坑，并发现了一批楚墓[38]。距城址不远处，多次出土重要的春秋铜器。其中城之西有安乐坨的"蔡侯朱之缶"和朱市的"蔡大善簠"[39]，城之南有骆家山的铜鼎、簠、戈等楚国铜器[40]。该城址的始建年代当早于战国。从楚皇城的地理位置、城址规模及所见遗物等情况分析，它可能是楚之鄢都、鄢郢，也可以说是楚国的一处别都。但也有学者认为楚皇城是春秋战国时期的郢都[41]。

3. 淮阳陈城

《史记·楚世家》："二十一年（公元前 278 年），……楚襄王兵散，遂不复战，东北保于陈城。"陈城即楚之陈县邑。《左传·哀公十七年》："（公元前 478 年）秋七月己卯，楚公孙朝帅师灭陈。"《史记·楚世家》："惠王乃复位，……灭陈而县之。"陈县原为陈国之都，楚顷襄王兵败后自纪南城迁都于此。具体位置在今河南淮阳。现淮阳城关有古城遗址[42]。此城址经初步勘查发掘，表明该城自兴建后，曾多次复修，其始建年代约为春秋晚期。出土遗物中有类似纪南城发现的陶器、筒瓦、板瓦，还有铜蚁鼻钱和铁器。城址东南 4 公里的平粮台是楚国的贵族墓地或王墓区，发现有大、小型楚墓，墓坑排列有序，墓向为东。16 号墓出土遗物表明墓主身份很高[43]。在平粮台之东约 1 公里发掘了马鞍冢和两座大型车马坑。其中车马坑规模之大为目前仅见，坑内遗存有各种车马和级别很高的陶礼器等重要器物。马鞍冢南冢的墓主人应当是楚王[44]。曹桂岑据考古发现和《水经注》、《淮阳县志》等古书的有关记载，考证淮阳古城即是楚顷襄王所迁的陈城[45]，是楚之陈都，又称陈郢。《资治通鉴》载楚考烈王八年（公元前253年）"楚迁于巨阳"[46]，但《史记·春申君列传》和《资治通鉴》[47]又载楚考烈王二十二年（公元前241年）"楚于是去陈，徙寿春"。可见楚迁巨阳而未离陈地，楚在陈共历时38年。

4.寿县寿春城

公元前241年楚考烈王所徙的寿春，是楚国最后的都城。至公元前223年"秦将王翦、蒙武遂破楚国，虏楚王负刍"[48]止，楚国在寿春历时19年。寿春故城在今安徽寿县。寿县原为蔡国晚期都城下蔡所在地。自20世纪20年代开始，在寿县境内就不断发现楚器和楚墓。朱家集李三孤堆楚王墓[49]的发现和带"寿春"、"大府"等刻铭楚器的出土，有力地证明楚寿春故城在今寿县城关不远。1983～1989年，通过钻探、局部发掘和遥感解析证实，寿春故城在寿县城关东南，营建于战国晚期，城址总面积达26.35平方公里，有郭墙、城壕、纵横有序的水道，分宫殿区、手工业作坊区、墓区等，城区布局有明显的中轴线设计[50]。安徽寿县是我国楚文化考古研究的起点，寿县境内出土的楚国晚期铜器，是最早被认识和注目的出土楚器。新中国成立以来，在寿春故城内的丘家花园、柏家台一带不断出土楚国的重要文物，包括著名的"鄂君启节"、"大府"铜牛和三大批楚国金币"郢爰"。城内地面散布许多筒瓦、板瓦、瓦当，并有密集的陶圈井。1985年在柏家台发掘出大型建筑遗迹和一批重要文物。整座建筑物面阔约53.5米，进深约42米，总面积达3000多平方米。已发掘部分的建筑近正方形，每间面阔5.55米，最外围有大型石柱础。大型石柱础之外又有一排小型石柱础与之对应。小型石柱础之外还有距离

1.10～1.30 米的两排槽形砖，槽形砖上有浮雕四叶纹、勾连山字纹、几何云纹等装饰。内排槽形砖侧还有长方形素面砖平铺。在南、西两面各发现一门道。出土遗物主要为筒瓦、板瓦、瓦当，瓦当有凤鸟纹、树云纹、云纹、四叶纹等。另外还出土少量陶片、铜蚁鼻钱、铜箭头等[51]。寿春城内建筑物使用石柱础、素面砖和花纹瓦当，反映了楚国晚期建筑材料方面的变化。在大型建筑物基础边沿铺设浮雕花纹槽形砖（与纪南城内的空心砖类似）的做法，不但说明楚国空心砖的用途，而且表现了楚国大型建筑物构筑的讲究。

（四）楚国别都、县邑与军事城堡

史书记载楚国别都达十余处。所谓别都大概是楚王临时居住的城邑。经考古调查和发掘的，除以上宜城楚皇城以外，还有舞阳东不羹城、信阳楚王城、鄢陵县鄢陵故城、上蔡蔡国故城、淮滨期思故城、大冶鄂王城等[52]。东不羹城城垣平面呈"凸"字形，城垣周长 5500 米，宫殿区在城内东北部，出土遗物有铜鼎、编钟、剑、箭头、车饰、带钩和金币郢爰[53]。楚王城又称城阳城，平面呈梯形，由大小城组成，大城面积 0.45 平方公里，小城面积 0.21 平方公里。小城在大城西南隅，城内西部有夯筑台基，城外有护城河。大城是后来修筑的郭城。传说楚王北伐曾在此屯兵[54]。鄢陵故城，略呈长方形，面积 1.2 平方公里，此城也由内外城组成，内城在外城的东部。城垣残高 4～5 米，有缺口 7 处[55]。蔡国故城，为长方形，南墙长 2700 米，东墙长 2490 米，北墙长 2113 米，西墙长 3187 米，面积约 6.8 平方公里。城垣宽 15～25 米，残高

4～11 米。城门 4 座，城外有护城河，城内西南部有夯筑台
基[56]。期思故城，位于淮滨县淮河与白露河合流处。期思是
楚庄王令尹孙叔敖的故乡。城址呈长方形，面积 0.765 平方公
里。城垣宽 32 米，残高 2～4 米。城外也有护城河，城内有夯
筑台基和水井。遗物较丰富，出土过铜、陶器和金币郢爰、铜
蚁鼻钱[57]。鄂王城为不规则长方形，面积仅 0.1125 平方公
里。城垣残高 5～10 米，城垣西北、东北和东南拐角处为高
台，发现城门 2 座。城外有护城河，城内有建筑遗迹和窑址，
出土遗物属东周[58]。顾栋高《春秋大事表·春秋列国疆域表》：
"熊渠封中子红为鄂王（鄂），后为别都。"也有人认为可能是
楚中叶的鄂都[59]。

进入春秋以后，楚先后灭亡和吞并了南方的大小诸侯共四
五十个，其中较大的有陈、蔡、随、申、都、黄、邓、吕、
许、唐、息、江、罗、郧、厉、贰、轸、邾等。这些诸侯国多
集中于汉水、淮河之间和淮河流域，即今鄂西北、鄂东和河南
南部一带，因此这一带发现的楚国城址特别多。这些楚城原来
大都是列国都城，至列国被楚国灭亡以后，一般被设为县邑。
楚国后期之都陈城原为陈国都城，别都鄢陵故城、期思故城、
蔡国故城原来分别也是鄢国、蒋国、蔡国的都城。襄阳的邓
城、潢川的黄国故城、固始的寝丘故城、黄冈的禹王城、舞阳
的古胡城等城址，原来分别为邓、黄、蓼、邾、胡等国的都
城，后来都先后成为楚国的重要县邑。楚国的另一部分县邑是
为军事或经济需要而设置的，例如河南西峡的析邑，据《读史
方舆纪要》载："淅阳城在今内乡县西，春秋时为白羽地，亦
曰析。"《左传·昭公十八年》："冬，……迁许于析，实白羽。"
战国时，秦发兵出武关，取楚析。析邑为楚之军事要地白羽

城；湖南慈利的白公城，传为楚白公所筑，也是为了军事需
要；湖南的长沙楚城，则主要为经济开发而设。楚国县邑因原
基础或地位不同，城的大小也不尽相同，一般属中等规模的楚
城，城址面积有的不足 1 平方公里，有的超过 2 平方公里。一
般的楚县邑，目前发掘工作基本未进行。据调查和城址附近的
发现，有些县邑是非常重要的楚城。例如湖北襄阳邓城，有明
显的城址，但未做过勘查，其时代大约为春秋至六朝。在城址
东北方发掘了山湾、蔡坡两个重要楚国贵族墓地，出土大量春
秋楚国铜器和多个国家的带铭文铜器[60]，它是楚国北进中原、
东伐吴越的重要据点。湖南长沙楚城，虽然目前尚未发现城
垣，但在长沙一带发现楚墓的数量，出土的漆木竹器、丝麻织
物、简牍等数量，都仅次于江陵楚都纪南城遗址。长沙楚城显
然是楚国江南最为繁华的城市。湖北云梦楚王城，平面呈长方
形，面积 2.1 平方公里[61]。城垣保存较好，有 5 座城门，城
外有护城河，城内还有一城垣将城分成东、西两部分，并有夯
筑台基、水井、灰坑分布，并清理过早于春秋中期的灰坑。城
外有重要的珍珠坡楚国墓地[62]和秦汉睡虎地（出土云梦秦
简）、大坟头墓地。此城处于随枣走廊南端，是我国古代南北
交通要冲。无论地理位置，还是城址目前的发现，都表明此城
在楚城中占有重要地位。

　　楚国小城址的数量很多，大都发现于距楚国腹地较远的地
方。小城址一般面积在 0.1 平方公里左右。湖北孝昌（原孝
感）草店坊城，呈不规则长方形，面积 0.055 平方公里，城垣
宽 12 米，残高 3～9 米，城垣西北、西南、东北拐角处有正方
形的建筑基址，仅在南垣中部设一城门，城内有一夯筑台基，
城外有护城河[63]，城外东北有墓区。湖北黄陂作京城，面积

仅 0.0288 平方公里，呈 "十" 字形，有三门，近门处外突，城外有护城河[64]。此两城址位于鄂东古今军事要地，整体布局具有明显的军事防御特点，这类小城址应属于军事城堡。位于河南西南的淅川境内有古龙城、定阳城、寺湾古城、兴化城、马蹬城、罗城等[65]。这些城址规模均小，地处楚国西北边疆与秦国对峙的前沿，这些城也多与军事相关。湖北大冶草王嘴城，为不规则长方形，面积 0.055 平方公里，城垣宽 12 米，残高 3~9 米，城内外遗物丰富，城外有墓葬、水井和炼渣[66]。该城址接近著名的铜绿山古矿冶遗址，是一处与矿冶有关的城堡。

（五）大型建筑基址

据古文献记载，楚国存在不少宫、庭、台、室、府、馆等重要建筑。《七国考》汇集了 "细腰宫"、"渚宫"、"章华台"、"云梦台"、"阳云台"、"匏居台"、"豫章台"、"荆台"、"太室"、"叶庭"、"高府"、"朝云馆" 等许多楚国有名的庭台建筑[67]。这些建筑有些可能不在城内。楚文化考古中，除城址内发现大型建筑遗迹之外，在城址外也发现有不少大型建筑的遗存。例如地处长江三峡的秭归柳林溪遗址，也出土了许多筒瓦、板瓦等大型建筑物所使用的材料。板瓦的尺寸比纪南城内出土的更大[68]，说明柳林溪可能是楚国西部的一处大型建筑基址。发现筒瓦、板瓦的遗址，还有随州安居、宜城胡岗、江陵陀江寺、随州庙台子等[69]。其中有些遗址可能属城址，如随州安居遗址中心偏北处有一个南北宽约 130 米、东西长约 150 米的台地，似为大型建筑基址。其外围有无城垣？有待今后勘查和发掘。城址外大型夯筑台基集中的地点，目前已发现两处。一处在湖北潜江龙湾，一处在江陵纪南城之南的拍马山一带。

湖北潜江龙湾台基群位于楚都纪南城遗址之东约 55 公里处，其东北距潜江约 25 公里，1954 年前属江陵县管辖。夯筑台基群中有放鹰台、荷花台、打鼓台、水章台、郑家台、华家台等十余座有名称的台子，分布范围面积约 2 平方公里。台基群分布区同时存在新石器时代遗存，证明这一带是古代地势较高的地方，并不是后来冲积而成的"荆江东岸陆上三角洲"[70]；而是与楚都纪南城遗址连成一线的荆山余脉。这个台基群与楚郢都纪南城应具有密切关系。

1987 年对台基群东部的放鹰台进行了局部发掘[71]，暴露了大型层台式建筑遗迹（局部），包括夯筑台基、墙壁、居住面、柱洞、门、散水、道路等。夯筑台基夯层厚 9～10 厘米，夯窝直径 5～6 厘米。台基分上、下两层。上层台基筑于下层台基中部，并下挖 20 厘米的基槽，基槽内填"红烧砖坯"和瓦片。台基内"暗沟密布"，暗沟内"原来都安有地梁"，这大概使用了木框架夯筑法。上层台基暴露部分南北长 25.20 米，东西宽 12.65～15.25 米。墙壁发现于上、下层台基之间，为上层台基边沿的立面。墙壁经火烘烤成硬面（砖质），并与整个台基紧密相连，表面抹有约 1 厘米厚的草拌细泥。墙壁硬面厚 5～6 厘米。墙壁暴露总长为 60.05 米，其中南墙保存最好，平均高 2.00 米，最高 2.50 米。在上层台基部分发现两种柱洞。一种在台基边沿墙壁上，为大型半暗方形洞，半边在台基内，平面呈"冂"形，纵截面呈"凵"形，上大下小，中间有一层台阶，柱洞底部有厚约 20 厘米的红烧土块、瓦片作柱础。柱洞壁及两侧墙壁经过高温处理，坚硬度超过一般墙壁，具有极好的承重作用。柱洞上口宽 1.10～1.50 米，底部长宽各约 0.60 米，深度与上层台基高度相同。大型半暗方形洞共暴露 12 个，间距南部 2.30～2.50 米，东部 3.50 米。另一种在台基上部，为小型柱洞。小型柱洞的形状还有圆形、方形、半圆形和多边形之别。柱洞口尺寸在 25～50 厘米之间。这种小型柱洞分布于台基"暗沟"、"地梁"两侧，并深至下层台基，是"地梁"的"暗柱"柱洞。上层台基上面已破坏。这种小型柱洞，可能不是明柱，应为夯筑台基的木框架立柱遗迹。从"暗沟"、"地梁"、"暗柱"和大型半暗方形柱洞分布情况观察，夯筑台基的木框架与建筑物周围的大型柱子基部是榫合在一起的。使用这种木框架夯筑台基建造大型建筑物的方法，不但使台基筑得高耸坚实，而且使建筑物与台基连为一体，大大增加了建筑物的牢固性。在下层台基的东侧和南面发现有东侧门、贝壳路、居住面和散水。东侧门位于台基东侧南端，用类似红砖的红烧土方块砌筑，方向朝南，门道宽 1.25 米、高 0.90～1.15 米。贝壳路筑于与东侧门对应的东面和南面。东面的保存较好，并通过东侧门，发现长度 10.00 米，宽 1.10 米，高出台基面 0.20 米。贝壳长 4～7 厘米，贝壳口朝下铺筑在路基上，呈"人"字形排列。居住面仅保存于东侧门两边，为硬面，经火烘烤，厚 1～2 厘米。散水仅见于贝壳路东侧一处，向东倾斜，用瓦片铺设。另外，在下层夯筑台基中同样出现了木框架夯筑遗迹。

　　放鹰台出土的遗物主要有筒瓦、板瓦、瓦当、楔形吊线砖、残铜门环和少量陶质生活器皿。其中带钩的筒瓦和四棱锥状体吊线砖为首次发现。

放鹰台层台式建筑遗迹的时代，上限断为春秋中期，废弃于秦将白起拔郢之时。不少学者认为潜江龙湾台基群是楚国的章华台遗址[72]。这种可能性是存在的。

江陵纪南城之南拍马山一带的夯筑台基群未经详细调查，分布情况尚不清楚。1993 年在修筑宜（昌）黄（石）高速公路中，暴露一座大型建筑基址。此基址位于拍马山西南方，在台基夯土内清理出大量纵横呈格状布局的木质梁柱和隔板[73]。这是保存较好的木质框架夯筑大型建筑台基遗迹。这一发现，不仅证实纪南城南郊大型建筑基址的存在，而且清楚地看到楚国使用木质框架夯筑高台基的先进方法。

（六）铜绿山和麻阳古矿冶遗址

铜绿山古矿冶遗址在湖北东南部的大冶县城西约 3 公里处。自 1965 年起，不断有古代采矿、冶炼的遗迹、遗物的发现。1974 年首次进行了调查和发掘[74]，1979 年和 1983 年接着又进行了发掘[75]。遗址南北长约 2 公里，东西宽约 1 公里。在遗址范围内发现许多古代矿井和采矿的工具、用具。古矿井附近还存在冶炼遗址，地面上覆盖着大量炉渣，厚的地方达数米，并有饼状铜锭出土。根据矿井结构、出土文物及碳－14 测定年代知道，铜绿山遗址开采的年代最迟始于西周早、中期，而以春秋时期和战国至西汉时期的遗存最为丰富。

古矿井集中于大理岩与火成岩的接触带中。这接触带不但铜矿石富集，含铜品位最高，而且岩石松动，较容易开采。不过在这样的接触带进行矿石开采，巷道必须采取支护措施。通过发掘证明，春秋战国时期在探矿方面，不仅能用目力找矿，而且还能利用船形木斗等器具进行重力选矿，以测定富矿层而决定开采方向。而矿井有多种，并采用方形木质框架作支护，使矿井距地表深度达到40～50米。

矿井有竖井、斜井、平巷、盲井等种。春秋矿井距地表深约40米。矿井框架大多采用榫卯法连接，在四根方木或圆木的两端制作出榫头或榫眼，然后相互穿合而成。有的榫眼两端呈尖状，以便楔入井壁而固定框架。竖井的框架为上下平行排列，框架之间还有使用篾索连接的情况。框架外侧，用木板、木棍、竹篾作护背，以防止矿井崩塌。有的竖井底部还有"马头门"结构，是通向平巷的门。平巷的框架为横向平行排列。两旁两根立木，上下各有榫头，与上部横梁和下部地栿的榫眼套接。框架外两侧和上部也有与竖井相同的护背。春秋矿井所用的木料较细小，一般直径5～10厘米，竖井的口径为60～80厘米之间。战国矿井，不但井口径增至110～130厘米，距地表深增至50米以上，而且支护的木框架也不同。框架使用的木料较粗，直径为20厘米左右。竖井的框架用圆木，两端修成台阶状搭口榫，由四根搭接成一个方框，竖井的整个支护用这样的方框叠砌而成。平巷的框架用两根一端有支杈的木头作立柱，将横梁置于支杈中，横梁上有顶板，在横梁下部紧靠一根"内撑木"。地栿的两端砍制出放立柱的台阶状搭口。战国矿井显然有了较大进步。

1979年Ⅶ号矿体1号点发掘中发现，接触带中的古矿井纵横交错、层层叠压，分布十分密集。有的井巷还成组，这是当时开拓的采掘网。深而复杂的古矿井，说明当时已经较好地解决了采掘过程中的井巷通风、排水、提升等技术问题，反映了春秋战国时期的矿冶采掘工艺已达到相当高的水平。

巷道的通风，大概利用矿井口的高差所形成的自然风流，结合堵塞废巷道的办法来控制，使空气流向采掘的巷道中，达到较好的通风效果。关于排水问题，在巷道中发现有木槽、储水坑和排水专用的矮小巷道，表明矿井中的浸水，是通过木槽、排水通道引入坑中，再用木桶、木瓢将积水排出矿井。提升器具，曾在战国矿井中出土一根长250厘米的木辘轳轴。两端轴头较细，中间各有两排疏密不同的方孔。方孔内装上木条，具有"制动闸"的作用。此发现说明至迟在战国时期的矿井中已使用了辘轳这一较先进的提升工具。在矿井中采用分段运输、分段提升和井下就地选矿的办法，将富矿运出地面，将贫矿或废石充填废巷，以减少提升、运输量。

在1983年对11号矿体的发掘中，还发现了西周矿井的井口，以及与采矿有关的西周时期的建筑遗迹和生活遗存。这对于研究我国早期矿井的地面设施和矿工们的生活状况都有重要意义。

铜绿山遗址出土文化遗物十分丰富，并可分为采矿、装运、提升、排水、选矿和生活方面的器具。其中采矿工具有铜斧、锛、凿、锄，其中有的铜斧重达14公斤以上（图四）；还有铁斧、钻、锤、耙、锄，木铲、槌、锹等。装运提升器具有竹箕、筐、篓，木辘轳、钩和藤篓、绳索。排水器具有木槽、桶、瓢。选矿器具主要为船形木斗。生活器皿有木耳杯、葫芦瓢、竹篮和陶器残片等。春秋矿井中出土的采矿工具主要为铜质，战国矿井出土的采矿工具主要为铁质。由于矿井深埋，保存不少较完整的木、竹、藤、麻器具的珍贵资料。

铜绿山古矿井附近发现了几座春秋时期的炼铜竖炉。这种竖炉由炉基、炉缸和炉身三部分构成。炉基筑于地表之下，底

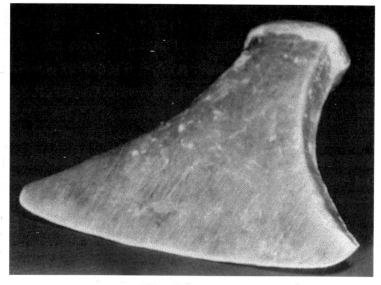

图四　铜斧（铜绿山矿冶遗址出土）

部设有通风防潮沟，呈"一"字形或"丁"字形。炉缸截面呈椭圆形或长方形，长约 70 厘米，宽约 40 厘米，架在风沟上部。炉上部设有金门和鼓风口，金门多呈拱形，内宽外窄，内低外高。炉身高度因倒塌而不能确知。炉壁衬有耐火材料，厚度约 40 厘米。炼炉附近有工棚遗迹，并出土有石砧、木炭、矿石、炉渣等遗存。在铜绿山发掘时，曾按所发现炼炉的结构，用当地的矿石和木炭作模拟实验，证明这种炼炉可用还原法进行冶炼，并能连续加料、连续排渣和间断出铜。据估算每炉日产粗铜不低于 300 公斤。在古矿冶遗址范围内约有 40 万吨炉渣，大多呈薄片状，表面有水波纹样，说明排渣通畅。据分析，炉渣含铜量平均为 0.7%，相当于欧洲 19 世纪末冶炼同类矿石的指标。

关于铜绿山古铜矿的国属问题，张正明先生将其分成两个阶段，前段属古越族（杨越），后段归楚[76]，易主的转折时间在"楚成王初收荆蛮有之"[77]时期（春秋中期）。

麻阳古铜矿遗址位于湖南西部的麻阳县九曲湾，这里也是现代铜矿开采地。1982 年进行了考古调查和清理工作[78]，先后发现古矿井 14 处，其中一处为露天开采，其余为地下开采。从地下开采的部分古矿井开口处看，是在矿脉地表处开口，沿着富矿的矿脉走向由上而下设斜井开采。矿井不规则，宽窄高矮不一。由于含铜的白垩系岩石较坚固而矿井支护较简单，由双排立柱与地栿组成，顶部在有裂纹处才设长形木板，大部分矿井顶部留有 40 厘米厚的矿石层作天然护顶。

麻阳古铜矿遗址已清理出一部分文化遗物，包括木、铁、陶等质料的器物，大多数属当时的采矿工具，少数为矿工的生活用器。木器有槌、撮瓢、瓢、撬榻、楔、铲、杯等。铁器有錾、锤。陶器有罐、豆等。据这些遗物判断，古矿井的年代为战国时期。

麻阳古铜矿遗址虽未进行较大规模的发掘，但它是楚地继湖北大冶铜绿山之后，古矿冶遗址的一处重要发现。在这遗址不远的辰水旁，分布着许多楚墓，并出土大批楚文物。战国时代的麻阳古铜矿，肯定属于楚国的一处重要矿区。

注　释

[1] 楚文化研究会：《楚文化考古大事记》，文物出版社 1984 年版；陈振裕：《东周楚城的类型初析》，《江汉考古》1992 年第 1 期。

[2] 陈跃钧：《潜江龙湾章华台遗址的调查与试掘》，《楚章华台学术讨论会论文集》，武汉大学出版社 1988 年版。

[3] 湖北省博物馆:《湖北省文物考古工作新收获》,《文物考古工作三十年》第300、301页,文物出版社 1979 年版。

[4] 湖北省文物考古研究所:《湖北省文物考古工作十年来的发展》,《文物考古工作十年》第 196 页,文物出版社 1991 年版。

[5] 江西省博物馆等:《十年来江西的文物考古发现与研究》,《文物考古工作十年》第 150、151 页,文物出版社 1991 年版。

[6] 湖南省文物局:《1979 年以来湖南省的考古发现》,《文物考古工作十年》第212 页,文物出版社 1991 年版。

[7] 安徽省文物考古研究所:《十年来安徽省的文物考古工作》,《文物考古工作十年》第 133 页,文物出版社 1991 年版。

[8] 转引自《史记·楚世家·正义》。

[9] 北魏郦道元:《水经注·沔水》。

[10] 石泉:《古代荆楚地理新探》第 419 页,武汉大学出版社 1988 年版。

[11] 云梦秦墓竹简整理小组:《云梦秦简释文》(一),《文物》1976 年第 6 期。

[12] 纪南城一六八号汉墓发掘整理小组:《湖北江陵凤凰山一六八号汉墓发掘简报》,《文物》1975 年第 9 期。

[13] 湖北省荆州地区博物馆:《江陵高台 18 号墓发掘简报》,《文物》1993 年第 8 期。

[14] 湖北省博物馆:《楚都纪南城的勘查与发掘》,《考古学报》1982 年第 3、4 期。

[15] 湖北省文物考古研究所:《1988 年楚都纪南城松柏区的勘查与发掘》,《江汉考古》1991 年第 4 期。

[16] 湖北省文物考古研究所:《纪南城新桥遗址》,《考古学报》1995 年第 4 期。

[17] 湖北省博物馆:《楚都纪南城的勘查与发掘(下)》,《考古学报》1982 年第 4 期。

[18] 湖北省博物馆江陵工作站:《江陵县纪南城摩天岭遗址试掘简报》,《江汉考古》1988 年第 2 期。

[19] 湖北省博物馆:《湖北江陵发现的楚国彩绘石编磬及其相关问题》,《考古》1972 年第 3 期。

[20] 湖北省荆州市博物馆 1993 年发掘资料。

[21] 湖北省文物考古研究所:《1988 年楚都纪南城松柏区的勘查与发掘》,《江汉考古》1991 年第 4 期。

[22] 湖北省荆州市博物馆 1988 年发掘资料。

[23] 杨权喜：《东周时代楚郢都的农业生产考略》，《农业考古》1990 年第 2 期。

[24] 湖北省文物考古研究所：《1988 年楚都纪南城松柏区的勘查与发掘》，《江汉考古》1991 年第 4 期。

[25] 湖北省文物考古研究所：《纪南城新桥遗址》，《考古学报》1995 年第 4 期。

[26] 《安徽省文物考古研究所三十年大事记》，《文物研究》第 4 辑第 272、273 页。

[27] 《史记·楚世家·正义》引《括地志》。

[28] 《左传·定公四年》。

[29] 《史记·楚世家》。

[30] 吴卓信：《汉书地理志补注》引《渚宫旧事》。

[31] 江陵县文物局：《江陵阴湘城的调查与探索》，《江汉考古》1986 年第 1 期。

[32] 荆州博物馆：《湖北荆州市阴湘城遗址 1995 年发掘简报》，《考古》1998 年第 1 期。

[33] 湖北省博物馆：《当阳季家湖楚城址》，《文物》1980 年第 10 期。

[34] 宜昌地区博物馆：《当阳季家湖楚墓发掘简报》，《江汉考古》1991 年第 1 期。

[35] 顾铁符：《楚三邑考》，《楚史研究专辑》，湖北省楚史研究会等编印，1982 年。

[36] 楚皇城考古发掘队：《湖北宜城楚皇城勘查简报》，《考古》1980 年第 2 期。

[37] 楚皇城考古发掘队：《湖北宜城楚皇城战国秦汉墓》，《考古》1980 年第 2 期。

[38] 湖北省文物考古研究所等：《湖北宜城罗岗车马坑》，《文物》1993 年第 12 期。

[39] 仲乡：《襄阳专区发现的两件铜器》，《文物》1962 年第 11 期；襄樊市博物馆：《湖北宜城出土蔡国青铜器》，《考古》1989 年第 11 期。

[40] 张吟午等：《湖北宜城骆家山一号墓出土青铜器》，《江汉考古》1983 年第 1 期。

[41] 石泉：《古代荆楚地理新探》第 425~433 页，武汉大学出版社 1988 年版。

[42] 曹桂岑：《楚都陈城考》，《中原文物》1981 年特刊——《河南省考古学会论文选集》。

[43] 河南省文物研究所等：《河南淮阳平粮台十六号楚墓发掘简报》，《文物》1984 年第 10 期。

[44] 河南省文物研究所等：《河南淮阳马鞍冢楚墓发掘简报》，《文物》1984 年第

10 期。

［45］曹桂岑：《楚都陈城考》，《中原文物》1981 年特刊——《河南省考古学会论
文选集》。

［46］《资治通鉴》卷六，秦纪一，昭襄王五十四年。

［47］《资治通鉴》卷六，秦纪一，秦始皇六年。

［48］《史记·楚世家》。

［49］楚文化研究会：《楚文化考古大事记》，文物出版社 1984 年版。

［50］安徽省文物考古研究所：《十年来安徽省的文物考古工作》，《文物考古工作
十年》第 134 页，文物出版社 1991 年版；丁邦钧：《楚都寿春城考古调查综
述》，《东南文化》1987 年第 1 期。

［51］丁邦钧：《江淮地区楚文化考古述略》，《文物研究》第 2 辑，1986 年。

［52］陈振裕：《东周楚城的类型初析》，《江汉考古》1992 年第 1 期；马世之：
《关于楚之别都》，《江汉考古》1985 年第 2 期。

［53］朱帜：《河南舞阳北舞渡古城调查》，《考古通讯》1958 年第 2 期。

［54］欧谭生：《信阳楚王城是楚顷襄王的临时国都》，《中原文物》1983 年特刊。

［55］刘东亚：《河南鄢陵县古城调查》，《考古》1963 年第 4 期。

［56］尚景熙：《蔡国故城调查记》，《河南文博通讯》1980 年第 2 期；河南省文物
研究所：《1988 年蔡国故城发掘记略》，《华夏考古》1990 年第 2 期。

［57］李绍曾：《期思古城遗址调查》，《中原文物》1983 年特刊。

［58］大冶县博物馆：《鄂王城遗址调查简报》，《江汉考古》1983 年第 3 期。

［59］殷崇浩：《楚都鄂补》，《江汉考古》1984 年第 1 期。

［60］杨权喜：《襄阳余岗东周青铜器的初步研究》，《江汉考古》1990 年第 4 期。

［61］张泽栋：《云梦"楚王城"遗址简记》，《江汉考古》1983 年第 2 期。

［62］云梦县文化馆：《湖北云梦县珍珠坡一号楚墓》，《考古学集刊》第一辑，中
国社会科学出版社 1981 年版。

［63］草店坊城联合考古勘探队：《孝感市草店坊城的调查与勘探》，《江汉考古》
1990 年第 2 期。

［64］黄陂县文化馆：《黄陂作京城遗址调查简报》，《江汉考古》1985 年第 4 期。

［65］张西显：《浅说楚都丹阳在淅川》，《中原文物》1983 年特刊。

［66］大冶县博物馆：《大冶发现草王嘴古城遗址》，《江汉考古》1984 年第 4 期。

［67］明董说：《七国考》卷四。

［68］湖北省博物馆江陵考古工作站：《一九八一年湖北省秭归县柳林溪遗址的发
掘》，《考古与文物》1986 年第 6 期。

[69] 石泉主编：《楚国历史文化辞典》，武汉大学出版社 1996 年版。

[70] 谭其骧：《云梦与云梦泽》，《复旦学报》1980 年第 8 期。

[71] 陈跃钧：《潜江龙湾章华遗址的调查与试掘》，《楚章华台学术讨论会论文集》，武汉大学出版社 1988 年版。

[72] 湖北省考古学会：《楚章华台学术讨论会论文集》，武汉大学出版社 1988 年版。

[73] 湖北省荆州市博物馆发掘资料。

[74] 铜绿山考古发掘队：《湖北铜绿山春秋战国古矿井遗址发掘简报》，《文物》1975 年第 2 期；湖北省博物馆：《湖北古矿冶遗址调查》，《考古》1974 年第 4 期。

[75] 中国社会科学院考古研究所铜绿山工作队：《湖北铜绿山东周铜矿遗址发掘》，《考古》1981 年第 1 期；黄石市博物馆：《湖北铜绿山春秋时期炼铜遗址发掘简报》，《文物》1981 年第 8 期；夏鼐、殷玮璋：《湖北铜绿山古铜矿》，《考古学报》1982 年第 1 期；中国社会科学院考古研究所铜绿山工作队：《湖北铜绿山古铜矿再次发掘》，《考古》1982 年第 1 期；周保全：《黄石铜绿山古铜矿遗址》，《中国考古学年鉴》1984 年，第 143 页，文物出版社 1984 年版。

[76] 张正明等：《大冶铜绿山古铜矿的国属》，《楚史论丛》，湖北人民出版社 1984 年版。

[77]《史记·齐太公世家》。

[78] 湖南省博物馆等：《湖南麻阳战国时期古铜矿清理简报》，《考古》1985 年第 2 期。

三 楚国墓葬的发现与探讨

　　楚文化的发现和研究开始于楚国墓葬，而楚国墓葬的发现
则开始于 20 至 40 年代的盗墓。从安徽寿县朱家集李三孤堆楚
王墓三次被盗掘[1]到湖南长沙子弹库的帛书[2]等重要楚文物
流散国外，已有不少重要楚墓遭受破坏。

　　楚墓的科学发掘开始于 50 年代初。1951 年以我国著名考
古学家夏鼐为队长的中国科学院考古研究所长沙工作队在长沙
近郊对楚墓进行了首次发掘[3]。而楚墓较全面、较大规模的
发掘开始于 70 年代。大约从 1973 年开始，不但楚国中心区域
——湖北江陵地区的楚墓发掘工作得到了迅速的开展，而且楚
国的其它要地及其边远地区的楚国墓葬发掘工作都有很大的进
展。截至目前为止，楚国墓葬无论是发掘的数量，还是其文化
内涵的丰富程度，都是其它东周列国墓葬不可相比的。90 年
代初，郭德维估计全国发掘的东周墓葬约 8000 座，而楚墓约
占 6000 座，其中湖北江陵、湖南长沙两地发掘楚墓数量最多，
已接近 5000 座，仅江陵楚墓发掘数量已达 2400 余座[4]。据高
至喜统计，湖南发掘的战国楚墓就超过了 4600 座[5]。楚国墓
葬发掘数实际已超过 8000 座。

　　随着楚墓发掘数量的不断增加，楚墓研究工作也逐步地开
展起来。郭德维总结楚墓研究有五个有利条件：一、楚墓分布
范围很广；二、楚墓发现和发掘的数量很多；三、楚墓类别齐
全；四、楚墓的保存普遍较好；五、楚墓的时代系列比较明

确[6]。80 年代以来，对楚墓特点、楚国葬制和楚墓分区、分类、分期等问题的研究，均取得一定的成果，许多有关文章分散发表于发掘报告、考古杂志和学术论文集中，作较系统研究的专著有郭德维《楚系墓葬研究》[7]一书。

由于楚国领土和楚文化都有复杂的发展变化过程，无论是楚墓特点、葬制，还是楚墓等级、发展序列都存在着显著的地域差异，因而楚墓的研究宜分区进行。

（一）鄂西地区

鄂西地区主要指沮漳河流域和三峡地区，这里是早期楚民族的分布区和早期巴人活动范围，又是楚国兴旺时期的郢都所在地。这里楚国墓地最多，楚墓最密集。已发掘的楚墓，不但数量多、类别全，上下延续时间长，而且文化特征最典型。这个区还可分为三个亚区。

1. 沮漳河之西

沮漳河之西有重要的以当阳磨盘山为代表的早期楚民族文化遗址和春秋时期的季家湖楚城遗址。楚墓时代上限与早期楚民族文化墓葬相承接，并有较丰富的春秋楚墓和铜器墓。这个亚区还有当阳楚墓和枝江楚墓之称。

当阳楚墓主要包括赵家湖、曹家岗、赵巷、何家山[8]、陈家坡[9]等墓地。中心范围在今河湾镇，即沮水、漳水交汇处之东南方的赵家湖（赵家湖今在沮漳河之东，而古代在沮漳河之西）四周。

1973～1979 年，在赵家湖附近的赵家塝、金家山、郑家洼、李家洼子、杨家山、曹家岗等地点发掘了楚墓 297 座，统

称为赵家湖楚墓[10]。这些墓均为中小型竖穴土坑墓，其中69
座墓带壁龛，28座墓墓口有台阶，27座墓设斜坡墓道。棺椁
大多保存不够好，可分为无棺、单棺、并棺和一椁一棺四种。
椁内未见隔板和分板，棺以悬底方棺为主，悬底弧棺甚少。据
墓坑大小、棺椁差异、随葬品多寡，可将297座墓分成甲、
乙、丙、丁四类。

甲类墓有18座，一椁一棺，椁长3米以上，宽在1.05～
1.90米之间。均为长方形宽坑墓。椁板较厚，棺椁之间头向
一端留较大空间，两侧也留一定空隙。随葬品主要组合有三
种：一、1鼎或2鼎一套的铜礼器，包括鼎、簠、盏，有的还
有舟；二、一套磨光黑陶，包括鼎、鼎形器、簠、鬲、豆、
罐。多数墓是铜礼器和磨光黑陶器同出；三、4鼎或5鼎一套
的陶礼器，包括鼎、簠、壶、小口鼎、镳壶、罍、盘、匜、勺
等，同时还多有兵器、车马器、镇墓兽等。重要墓葬有赵家塝
2号、3号、4号墓，金家山7号、9号、57号、229号墓，曹
家岗3号墓，杨家山2号墓。赵家塝2号墓，方向180度，墓
口长3.7米，宽2.4米，深2.68米，墓壁垂直，椁四周填厚
0.2米的白膏泥，夯实。一棺一椁，椁长3.1米，宽1.56米，
高1.54米，椁底无垫木。棺紧靠椁室西、北壁。椁室南部空
出0.32米，东部空出0.2米。悬底方棺，长2.35米，宽
0.88米，高1米。墓主仰身直肢，双手交于腹部。随葬铜礼
器鼎1件、簠2件，磨光黑陶鼎2件、簠4件、鬲9件、豆4
件、罐4件，木俎4件。均置于棺头端空间，并用木俎架放。
时代断为春秋早期晚段。金家山9号墓，方向167度，墓口长
5.3米，宽4.85米，深6.5米，墓壁斜度为70度，椁四周有
厚0.4～1米的青膏泥，夯实。有一棺一椁。椁长3.15米，宽

1.54 米，高 1.5 米。椁底有两根横垫木，垫木中部凿出嵌椁底板的凹槽。悬底方棺，长 2.1 米，宽 0.8 米，高 0.9 米，置于椁室偏西北处。椁室南部、东部各空出 0.6 米和 0.2 米空间，为随葬器物放置处。棺盖、底板上有方形绳槽，棺是用五横一竖的麻绳捆扎紧固的。棺盖上有 3 枚小铜鱼，另有 12 枚小铜鱼分散在棺四周。人骨架尚存，仰身直肢葬式，用上下两层竹席包裹。随葬铜礼器鼎 2 件、簠 2 件、盏 1 件、舟（铷）1 件和小铜鱼饰 19 件，磨光黑陶鼎 1 件、簠 4 件、鬲 9 件、豆 4 件、罐 3 件，木俎 5 件、竹篓 2 件、竹片 1 束、艾蒿 1 束、麻布方包 12 件、麻鞋 1 双，还有兽骨、红枣等。墓葬时代定为春秋中期晚段。金家山 229 号墓，方向 180 度，墓口长 4.6 米，宽 3.2 米，深 4.7 米，墓壁坡度为 80 度。墓坑下部填厚约 2 米的青灰泥，夯实。一棺一椁。椁长 3.14 米，宽 1.7 米，高 1.36 米，底有 2 根横垫木，无嵌椁底的凹槽。悬底方棺，长 2.06 米，宽 0.6 米，高 0.68 米，有三道麻绳横向捆扎的痕迹。棺内有竹席铺垫，葬式不明。陶礼器和镇墓兽放在人头所向的椁内空处，兵器、车马器均放在棺两侧空隙处。出土陶礼器鼎 5 件、簠 2 件、敦 2 件、壶 3 件、豆 4 件、罍 1 件、盘 1 件、匜 2 件、勺 2 件、匕 1 件，铜器剑 2 件、戈 1 件、镞 1 件、削刀 1 件、车舌 2 件、马衔 2 件、马饰 22 件、三连环 4 件、铁条 1 件，漆器镇墓兽 1 件、剑鞘 1 件、剑盒 1 件、盾 1 件、竹弓 1 件。此墓时代断为战国早期早段。金家山 57 号墓，方向 170 度，有长方形墓道，为双棺墓。仰身直肢，男东女西合葬。出陶礼器，有 5 鼎，组合为鼎、簠、敦、壶、罍、镰壶。时代定为战国中期晚段。

乙类墓有 129 座，椁长多数在 2.5 米左右，宽 0.6～1.5

米之间。多为长方形宽坑，口大底小，设有长方形斜坡墓道的计14座。棺椁用材一般较薄，椁内也不分室，只留出放器物的空间。随葬品组合有四种形式：一、1鼎铜礼器，组合为鼎、盏或鼎、敦，有的另加盘或舟（铘）；二、磨光黑陶，一般组合为盂、豆、罐；三、红褐陶生活日用器，组合为鬲、盂、豆、罐各1件；四、仿铜陶礼器，鼎1～3件，基本组合为鼎、簠、壶或鼎、敦、壶，少数两套俱全。另外还有加镰壶、鼎、盘和匜。这类墓随葬铜剑、戈等兵器的较多，部分墓还出镇墓兽、车马器和玉石器。

丙类墓有93座，均为单棺长方形竖穴墓。墓坑多窄长，长度多在2～2.4米之间，宽度在0.5～0.7米之间，其中设壁龛的有69座。棺长约1.8米。随葬器物，有磨光黑陶盂、豆、罐和红褐陶鬲；陶礼器鼎、敦、壶各1～2件，有的另配豆、盘、匜，不见簠；日用陶器鬲、盂、豆、罐各1件，偶有2件。少数墓出铜剑、镞等兵器。

丁类墓有57座，为单棺或无棺墓。墓坑窄长形，长度1.9～2.2米，宽度0.5～0.7米。少量墓设二层台和墓道。均无随葬品。

赵家湖楚墓出土陶器1230件，铜器1064件，锡器4件，铁器3件，玉、石、料、水晶器103件，漆木竹器68件，还有丝麻织物等。其中有一批时代较早的楚国铜、陶器，还有金家山43号、45号墓出土的错金鸟纹的铭文铜戈，分别为"番仲戈"和"许之造戈"。赵家湖楚墓发掘整理者据不同类别墓葬及其出土遗物进行排比研究，将甲、乙、丙三类墓分为七期十二段，时代从西周晚期至战国晚期早段止，为楚墓年代学提供了迄今为止较为详尽的分期序列。

1988年，在河溶镇之东4公里的赵巷发掘了春秋楚墓10座[11]，其中春秋中期的4号墓较为重要。4号墓为无墓道的长方形宽坑竖穴墓，方向268度，墓坑口残长8.2米，宽5.5米。墓壁较直。椁室用白膏泥填封。葬具为一椁重棺，椁长4.7米，宽3.1米，高1.88米。椁内不分室，有1具陪棺，椁外东部有4具陪棺。椁外西南部随葬16具家畜个体，包括黄牛13头，猪、羊、狗各1只，狗被绑在棍上。主棺内、外棺和陪葬棺均为悬底方棺。墓主男性，50岁以上。陪葬者女性，14～24岁之间。墓主和陪葬者均为仰身直肢葬式。此墓被盗，残存铜、陶、漆木竹、玉等类器物70余件。铜容器有盘、匜，陶器有鬲，漆木器有方壶、簋、豆、俎、镇墓兽、瑟，玉器有琮，还有葫芦笙1件。赵巷4号墓，不但墓葬形制较特殊，而且出土了一批保存较好的春秋中期漆木器。此墓对于研究春秋楚文化具有重要价值。

1984年在曹家岗发掘的5号墓[12]，是一座较大型春秋晚期楚墓。墓坑口东西长9.07米，宽8.4米，深7.6米，方向94度，墓坑下部填青膏泥。葬具为一椁重棺，另有2个陪棺。椁长4.13米，宽3.75米，高2.1米，有两根垫木。主棺外棺长2.84米。棺的榫接关系复杂，外棺有用铅锡铸在一起的套环，棺缝之间用铜抓钉加固，内棺有漆。随葬品被盗，但仍出土小件铜器、甲片金属装饰、皮甲、乐器、骨贝、竹木器等近1000件。其中甲片金属装饰出土时布满整个椁室，共193件，有68种不同形式及花纹，如虎形、燕尾形、三足形、叶片形等。各片有绳孔，并保存了丝、绳和帛片，一面贴有铅、锡、金、银等质箔片，并饰以蟠龙为主体的纹样。乐器中以漆瑟最为精致，绘有饕餮纹、蟠龙纹、兽纹、鹤纹等复杂图案。兵器中的铜殳、竹弓，车马器中的铜舍、铜铃，杂器中的铜锁形器、铜合页，玉器中的璧、觿，以及木绕线棒、小木俑、雕花漆龙等都具有研究价值。1975 年曾在此墓之东 1～2 米处采集到"王孙霭作蔡姬飤"簠等一组同期铜器，这组铜器应与此墓有关。可见此墓墓主身份不低。

枝江楚墓有王家岗、姚家港、关庙山、青山等墓地，还应包括当阳境内的季家湖墓地[13]。这些墓地位置在当阳楚墓之南，有的靠近当阳季家湖楚城址。

1969 年，在枝江百里洲王家岗发现铜器鼎 3 件、簠 2 件、方壶 1 件、盘 1 件、匜 1 件。其中有两件"考叔𦀚父簠"和一件"公孙𦀚父匜"[14]。这批铜器应属墓葬随葬品，时代为春秋早期。

关庙山在季家湖楚城址之西约 10 公里处，曾发现一座春秋晚期墓葬[15]。墓底长 2.1 米，宽约 1.4 米，有棺椁痕迹。头向 180 度。墓葬虽被盗，仍出重要铜器，有缶盖、缶耳、斗、车舍、锁形器等。其中缶盖有"永陈之尊缶"铭文。在该墓附近还出土过春秋铜盘和"徐太子"铜鼎[16]，表明关庙山是一处重要的春秋楚国墓地。

据 1982 年调查，在季家湖楚城址之西的青山墓地，有许多大型土冢和无冢墓分布[17]。已发现大型土冢 31 座，可分为袁码头、竹园、青山、七星台等组，其中包括袁码头七星冢、谢家冢、乌龟冢、姚家冢、高庙冢、窑包冢、青龙冢、庙台冢、鲤鱼冢等有名土冢。无冢墓分布于大型土冢之间，如问安、袁码头，茶包子、九亩地等地都有无冢墓暴露。有的大型土冢已钻探出墓口、墓道及青膏泥，并零星出土过战国铜器。此墓地可能属于季家湖楚城的高级贵族墓地。

1985 年，在枝江县城西约 10 公里的高山庙发掘楚墓 23 座，其中 14 号、15 号墓为春秋晚期楚墓[18]。14 号墓，墓口长 3.9 米，宽 2.05 米，深 2.5 米，墓向 175 度，有白膏泥，一椁一棺，出土铜礼器鼎 2 件、簠 2 件、浴缶 1 件、盘 1 件、匜 1 件、斗 1 件。15 号墓保存较差，出土铜器瓠 1 件、戈 1 件和车马器 6 件。

1984~1988 年，在枝江县城之西约 16 公里的姚家港发掘 8 座战国中期楚墓[19]。其中 2 号、3 号墓规模较大。2 号墓为一座残墓，带斜坡墓道，方向 252 度。原有直径约 20 米的土冢。墓坑口残长 14.10 米，残宽 3.84~5.37 米。原可能为五级台阶，残存三级台阶。墓坑下层填青膏泥。葬具为一椁重棺。椁室被盗墓者破坏。木椁通高 2.48 米，盖有竹席，底有 2 根横垫木。椁室分头室、棺室和边室，头室相当宽大。外棺长 2.78 米，棺板用锡钉钉合。内棺为悬底弧棺，有红漆。2 号墓东北 26 米处有陪葬坑。3 号墓破坏严重，也为一椁重棺。2 号、3 号墓共出土器物 300 余件，其中铜器、玉器、漆木器小件均相当精致。其它楚墓规模较小，共出器物 38 件，陶器有鼎、簠、敦、壶，铜器有剑、镜、戈镈、勺等小件，还有滑石带钩、玉饰、料珠和木镇墓兽。姚家港（包括高山庙）是沮漳河之西的一处重要楚国墓地。

2. 沮漳河之东

沮漳河之东的楚墓常总称为江陵楚墓。这一带的楚墓可分成两大发展阶段。第一阶段大概从楚熊渠"立其长子康为句亶王"[20]开始至楚国建筑郢都纪南城止，已发现的楚墓主要为春秋墓。第二阶段是从建筑现存纪南城至公元前 278 年秦将白起拔郢止。

第一阶段的墓地发现主要有江陵岳山、陕家湾、东岳庙和雨台山，墓葬数量较少，规模也较小。

1970 年在纪南城东南 7.5 公里的岳山，因太湖港改道工程破坏了一批墓葬。其中出土了一套铜礼器鼎、盏、簠、缶、盘、匜各 1 件[21]。据铜器出土时在场的群众反映，铜器排列整齐，有青膏泥覆盖，与铜器同出的还有陶罐、豆和漆器残片。这套铜器显然是一座墓葬的随葬品。所出的铜簠有"郊伯受"字样的铭文 26 字，是郊伯受为他的大妹出嫁而制作的媵器。此墓时代断为春秋中期，是目前江陵地区发现的时代较早、出土铜器组合完整的一座贵族墓。

1965 和 1981 年在纪南城内西北部陕家湾，发掘小型春秋楚墓 5 座[22]。两座墓有壁龛，5 号墓有生土二层台。葬具有单棺、一椁一棺两种。3 号、4 号墓没有发现随葬品。其它墓随葬品均为陶器，陶器组合有鬲、盂、罐，鬲、罐，鼎、簠、豆、罐三种，其中鼎、簠、罐的形态在楚墓中均较少见。1975 年在纪南城内西北部东岳庙，发掘了小型春秋楚墓 7 座[23]。2 号、8 号墓有壁龛，14 号墓底部有腰坑。填土都经夯打，填土下部为白膏泥或青膏泥。2 号墓置单棺，墓主侧身直肢。4 号墓有一椁一棺，棺底有两层竹席和朱砂。7 座墓的随葬陶器，组合有鬲、盂、长颈罐，鬲、盂、豆、罐，鬲、盖豆、豆、长颈罐，鼎、敦、壶等几种，其中磨光暗纹罐、盂和两件不同型、式的鬲较重要。陕家湾、东岳庙两地楚墓时代较早，在江陵楚墓研究和纪南城研究中均有重要价值。

1975 年以来，在纪南城东北方的雨台山发掘了大批中、小型楚墓，其中紧靠纪南城的一批，发掘报告称为"雨台山楚墓"[24]；位于雨台山中部的一批，发掘报告称为"九店东周

墓"[25]。雨台山发掘的这两批楚墓中都有一些属于第一阶段的
楚墓,"雨台山楚墓"发掘报告未将第一阶段的楚墓另列出来,
而"九店东周墓"发掘报告中的甲组墓,基本属于第一阶段的
楚墓。甲组墓计19座。基本为南北向,坑底一般长3.1~4
米,宽1.28~2.4米,深约3米。坑底有腰坑者5座。部分墓
填青灰泥。填土一般经夯打。其中一棺一椁墓有16座。椁室
内未见分室的现象。棺为悬底方棺,其中一墓棺底设4根横垫
木,一墓的棺上窄下宽,一墓可见裹尸的竹席。随葬品均置于
南端。随葬陶器多为磨光黑陶,组合有罐、盂、豆,罐、簋、
豆,罐、豆,还有只出罐的。这些组合以罐为主,有的罐还饰
方格纹,具有明显的当地文化传统。

根据考古勘查发掘资料,江陵纪南城被确认为战国楚郢都
所在地。分布于纪南城四周的大部分楚国墓地都属于战国楚郢
都的墓区,即属沮漳河之东第二阶段的楚墓。

纪南城西面和北面八岭山至纪山一带是有冢楚墓最密集的
区域。纪南城东北方的雨台山和西南方的拍马山至张家山一带
则是无冢墓集中的主要区域。已发掘的江陵楚墓中,无论有冢
墓或无冢墓,都以战国中期的数量最多。郭德维先生认为:
"讨论楚墓分期时,只能选择最典型最有代表意义的楚墓区。
楚都纪南城周围的楚墓最具有典型性。因为:(1)它们类别
全,各个等级的墓都有;(2)发掘数量多,资料丰富;(3)时
代延续长,可以看出它们的发展变化;(4)保存好,随葬品齐
全。"[26]

据地面调查资料,纪南城四周数十公里范围内有冢墓共约
1000余座[27]。其中西部八岭山274座,北部纪山366座,东
部雨台山103座,西北部川店65座,东北部孙山21座,南部

拍马山17座，东南部观音垱14座，其余分散于北部的荆门境内。这些有冢墓直径在40米以上者约有220余座。川店西北部的熊家冢规模最大，直径为108米，其旁边还有直径60米的陪冢[28]。八岭山的大平头冢、落帽台，川店的楼台冢、黄家冢、双冢，拍马山的樊妃冢，荆门的金牛冢等都是有名的大冢。这些有冢墓大部分是战国（第二阶段）楚墓。

楚冢可分两类。一类是单个或两个一大一小连在一起的楚冢。如金牛冢、樊妃冢是平地突兀的楚冢；大平头冢、落帽台是独占山头的梦冢。两冢并立者，如双冢和熊家冢。这类楚冢一般距楚墓群较远，属王墓或王妃墓的可能性较大。另一类是成排成列出现的楚冢。这类楚冢还有两种不同的排列情况。一种情况出现在纪山中部的纪山寺西北，南北排列大冢2座，直径分别为68米和55米，在北冢之北一块经人工平整的岗地上，分四行整齐地排列着40座直径约12米左右的小冢。小冢分布范围东西宽66米，南北长115米，此范围是经平整的岗地，东边有五级台阶，西边有一级台阶。如此排列的楚冢属罕见，墓主身份肯定较高。还有一种情况是成群或一字形排列的墓冢。如纪山的冯家岗，在长约400米、宽约150米的范围内共有9个墓冢；川店的楼台冢，沿一条山岗连续排列着6个墓冢。经发掘的荆门包山楚墓和江陵天星观楚墓，也有多个墓冢聚集在一起的情况。这样排列的楚冢，当属楚国高级贵族的家族墓群。

已发掘的有冢楚墓主要有江陵望山1号墓、望山2号墓、沙冢1号墓、天星观1号墓、雨台山555号墓[29]，荆门包山2号墓等。经勘探的有冢墓主要有江陵大冢坡、黄家冢、张家冢、熊家冢的陪冢等，都是规模相当大的楚墓。

1978 年在纪南城之东约 30 公里的观音垱五山村的长湖边上发掘了天星观 1 号墓[30]。此墓是已发掘的江陵楚墓中等级最高者。该墓地在长湖边自东而西呈弧形排列五个墓冢,称为"五山",天星观 1 号墓是"五山"东端最大的一座,因清代曾在此冢顶修建过天星观而得名。

天星观 1 号墓,墓冢残长 25 米,残宽 20 米,残高 7.1 米。墓向 185 度。墓坑口原长 41.2 米,宽 37.2 米,现存墓坑口长 30.4 米,宽 33.2 米,深 12.2 米。墓坑口以下设十五级台阶,台阶逐级内收,十分规整。每级台阶宽 0.3~0.6 米,高 0.5~0.6 米。第十五级台阶以下至坑底,四壁垂直,坑底平整。墓底长 13.1 米,宽 10.6 米。墓坑南边设有斜坡形墓道,墓道口长 18.8 米,宽 5~12.4 米,墓道底长 32.8 米,宽 4~5 米。墓道底坡度为 10 度,通至第十五级台阶止。葬具为一椁三棺。木椁四周及椁顶部填白膏泥(椁顶之上厚 0.6 米)。白膏泥之上填黄褐色花斑土。白膏泥和花斑土都经夯打。木椁长 8.2 米,宽 7.5 米,高 3.16 米。盖板用 21 根长方木横列而成,厚 0.36~0.42 米。盖板之上用 9 床长 4.8 米、宽 3.3 米的竹席满铺。壁板与挡板用槽榫套合。底板用 22 根长方木横列,底板之下纵放两根长垫木,每根长垫木之下又各用三根短木横垫。木椁内分南、中、东、东南、东北、北、西七室,中室为棺室。除棺室外,其它各室之上均有顶板。在椁室的横隔板上绘有 11 幅精致的彩绘壁画,绘菱形、"田"字形纹和云纹。三棺即大小相套的三层棺。外棺长方盒形,长 3.48 米,宽 2.48 米,高 2.3 米。中棺长方盒形,长 3.26 米,宽 1.94 米,高 1.8 米。内棺为悬底弧形棺,长 2.5 米,宽 1.2 米,高 1.21 米。中棺的盖板、侧板、挡板的各木板之间,均用铅质襻钉和铜质抓钉扣接。该墓除北室之外，其余六室均早年被盗。残存随葬器物尚有陶器、铜器、漆器、竹木器、玉石器和竹简等共 2440 余件，包括礼器、生活用器、兵器、车马器、乐器和文字资料。南室和北室主要放置铜容器和漆木器，东室放置乐器，西室放置车马器、兵器和竹简，中室除置棺以外还出少量玉石器。出土器物中以木甲、漆木盾、漆木龙首车辕、凤鸟悬鼓、漆木虎座飞鸟、漆木镇墓兽、铜编钟、编磬和竹简较重要。竹简内容除"遣策"外，还有较少见的"卜筮纪录"。据竹简所记，墓主是番（潘）勠，为邸旫君，下葬年代在公元前 361～340 年之间。另外，在该墓盗洞中还出土了一件秦式陶鬲，因而推测该墓大约在公元前 278 年秦拔郢前后为秦人所盗。天星观 1 号墓发掘资料对于研究楚国的封君制、封君葬制以及楚国潘氏家族的历史等方面都有重要价值。

1986～1987 年在纪南城之北约 16 公里的荆门十里铺东南，发掘了包山大冢，编号为包山 2 号墓[31]，是已发掘的江陵楚墓中仅次于天星观 1 号墓的高级贵族墓葬。在包山土岗上分布有冢墓 5 座和无冢墓 3 座，基本在南北一条线上，时代早的在南，等级较高的偏东，大小并存。包山 8 座墓中，有 3 座西汉墓。发掘的 5 座楚墓中，2 号墓是其中最大的一座。

包山 2 号墓，墓冢俯视为圆角方形，侧视呈半圆形，直径 54 米，高 5.8 米。墓坑口近正方形，方向 93 度，长 34.4 米，宽 31.9 米，深 12.45 米。墓坑东边设斜坡墓道，长 19.8 米。墓坑口有 14 级台阶（图五）。墓底长 7.8 米，宽 6.85 米。墓底中部设一腰坑，坑内埋一整羊。木棺椁保存完好。椁长 6.32 米，宽 6.26 米，高 3.1 米，盖板上用 8 床竹席覆盖。椁内分中、东、西、南、北五室。中室置四重套棺，外棺长 3.76 米，

图五　包山2号墓墓坑

宽2.36米，高2.24米。第三、四层棺有丝被覆盖。第四层棺为精美的彩绘长方形棺，长1.84米，宽0.46米，高0.46米。随葬品约有1935件（不含竹简），分不同器类置于各室。东室置礼器、食器，南室置车马器、兵器，西室置生活用品，北室置竹简和日常用具。墓主男性，头东足西，仰身直肢，面朝右侧，双手置于腹部，双足并拢，臂、手、足有绢带捆扎痕迹。死者贴身随葬有璧、璜等玉器。所出竹简448枚，计12472字，内容有司法文书、卜筮祭祷、遣策等类。铜礼器中有镬鼎2件、升鼎2件、盖鼎14件、汤鼎1件、簋、敦、壶各2件。出土文物中，除竹简之外，还有铜铙、铜龙首杖、铜樽、铜人擎灯、凤鸟形双联漆杯、迎宾图彩绘漆奁、竹笥、丝织品、折叠床、马甲、人甲、角雕、毛笔、钢针等珍贵文物。据竹简记载可知，墓主为邵㐌，官居左尹，身份相当于上大夫。竹简记载还可推断该墓下葬年代为公元前316年。

1965 年在纪南城西北方、八岭山东麓的望山沙冢发掘了三座有冢中型楚墓[32]。望山 1 号墓，土冢直径 18 米，墓口长 16.1 米，宽 13.5 米，深 8.4 米，墓向 100 度。墓口有五级台阶。望山 2 号墓，土冢直径 17 米，墓口长 11.84 米，宽 9.43 米，深 6.69 米，墓向 94 度。墓口有三级台阶。沙冢 1 号墓，土冢残高 2 米，直径 15 米，墓口长 9.9 米，宽 7.8 米，深 5.68 米，墓向 98 度。墓口有三级台阶。三座墓东边都有斜坡墓道。望山 1 号墓墓道底斜长 17.7 米，坡度为 19 度。有一椁重棺，椁长 6.14 米，宽 4.08 米，高 2.28 米。望山 2 号墓有一椁三棺，椁长 5.08 米，宽 2.96 米，高 2.5 米（含横垫木）。沙冢 1 号墓有一椁重棺，椁长 4.2 米，宽 2.34 米，高 1.7 米。三座墓椁内均分主室、头室和边室，三室之间有横竖梁、立柱和隔板。椁底均有两根横垫木，椁盖上面满铺竹席，椁四周用白膏泥填封。三座墓的棺不完全相同。望山 1 号墓的外棺为长方盒形，内棺为弧形悬底。望山 2 号墓分外、中、内三棺。外棺为长方盒形，有烙印文"佐王既（枕）正"。中棺为弧形悬底棺，也有烙印文"邵昌竹于"。内棺为长方盒形。沙冢 1 号墓外棺为弧形悬底棺，内棺为长方盒形棺。三座墓的内棺均用三横两竖的丝绸捆束，葬式均为仰身直肢。望山 1 号墓出土随葬器物 783 件，有陶、铜、漆、木、竹、铁、铅、锡、玉、石、骨、皮、丝织物等质料，还有种类较多的动植物遗骸等。仿铜陶礼器中有镬鼎 1 件、升鼎 3 件和盖鼎、簋、敦、缶、壶的器物组合，并成双相配。铜礼器基本组合为鼎、敦、缶、壶、盘、匜，并成双相配，还有铜炉、箕等杂器。所出器物中有"越王勾践"铜剑、错金铁带钩、铜镂孔杯、彩绘木雕小座屏、虎座鸟架鼓、酒具盒、彩绘双头镇墓兽、四龙陶方壶和 207 枚竹简等文物精品。据竹简和墓制判断，墓主为悼固，相当于下大夫等级，下葬年代为公元前 316 年。望山 2 号墓被盗，仍出土遗物共 617 件。仿铜陶礼器有鼎、簠、敦、壶、缶、鉴、盂、盉、高把壶、盘、匜、箕等。铜礼器有鼎、敦、缶、壶、盘、匜、勺，还有樽、灯。铜、陶礼器皆有成双相配的情况。所出器物中，人骑驼铜灯、嵌错花纹铜樽、玉佩、绢绣和竹简 66 枚皆较重要。此墓应为悼氏王族成员，身份相当于下大夫，下葬年代推定为战国中期晚段。沙冢 1 号墓也被盗，共出器物 142 件，其中动物花纹漆矢箙、漆耳杯、彩漆竹席等相当珍贵。墓主身份也为下大夫，下葬年代也为战国中期晚段。继以上三座墓的发掘之后，1973 年在望山之北不远又发掘了藤店 1 号墓[33]。墓葬在一岗地上，地面已无土冢，为长方形土坑墓。墓坑口残长 11 米，宽 9.6 米，深 6.6 米，方向 90 度，五级台阶，东边有斜坡墓道。墓坑下部至木椁四周均填白膏泥。有一椁二棺，椁顶铺竹席，椁长 4.26 米，宽 2.42 米，高 2 米。椁内也分主、头、边三室。外棺长方盒形，内涂朱漆，长 2.6 米，宽 1.51 米，高 1.39 米。悬底弧形内棺，外涂黑漆，内涂朱漆，长 2.25 米，宽 0.96 米，高 1.07 米。棺木用三横两竖捆束，棺表涂漆，外黑内朱。墓主仰身直肢葬，双手在盆骨处交叉，两脚跟靠拢，用竹席包裹，随身有兵器和装饰品。该墓出土铜、陶、竹木漆、皮、玉、石、骨等类遗物 300 余件，重要的有"越王州句"铜剑和皮手套等。铜礼器有鼎 2 件、豆 2 件、壶 2 件、盘 1 件、匜 1 件、铲形勺 2 件、长勺 2 件。仿铜陶礼器有镬鼎 1 件、盖鼎 2 件、簠 2 件、敦 2 件、壶 2 件、尊缶 2 件、罍 1 件、盘 1 件、匜 1 件、小口鼎 1 件。此墓墓主身份和下葬相对年代大体都与望山等三座墓相当。

1993年在纪南城之北约9公里的荆门郭店发掘了一座有冢小型楚墓，为郭店1号墓[34]。此墓位于一土岗南端，土岗上分布着10余座中小型土冢，并与附近22处墓地连成一片。郭店1号墓的土冢早年被夷平，墓口长6米，宽4.6米，深7.44米，方向为100度，东边有斜坡墓道，无台阶。葬具为一椁一棺。椁分头、边、棺三室。长方形悬底方棺。出土器物有铜器、陶器、漆木器、竹器、铁器、玉器、骨器等。铜器有盘、匜、耳杯、剑、戈、铍、鸠杖、方镜等。陶器有鼎、盂、匕、斗各1件。漆木器有漆耳杯17件，木俑4件，漆奁、木枕、木笾、木杆、木剑、漆琴各1件，木梳、漆簌各2件，其中1件漆耳杯底部刻铭"东宫之杯"4字。铁镰1件。最重要的是有竹简804支，内容含有多篇古籍，并有与《老子》和《礼记》某些章节相似的内容。墓葬年代为战国中期偏晚。《礼记·王制》："庶人……不封不树"，有无封土（土冢）是"士"与"庶人"的分界。此墓有冢，墓主身份应相当于"上士"一级。

50～60年代在纪南城附近发掘的楚国小型墓（无冢墓）墓地主要有谭家湾、太晖观、张家山、葛陂寺和拍马山。

谭家湾位于纪南城东南13公里，1958年发掘了一座小贵族墓[35]。墓口长3.75米，宽3.25米，深1米。葬具有一椁一棺，保存尚好。随葬品有铜剑等40余件，其中2件铜戈有错金铭文："楚王孙鱼之用戈"7字。此墓是江陵楚墓中最早发掘的一座。

张家山、太晖观、拍马山、葛陂寺均位于纪南城西南方相距约5公里范围内，都是小型楚墓密集的地点。60年代初各发掘了一批战国楚墓。其中以张家山发掘的数量较多，共有

80 余座[36]，其余三地共发掘小型楚墓 48 座[37]。这些墓都是土坑竖穴墓，墓口无台阶。有斜坡墓道和带壁龛的占少数。张家山 20 号墓墓坑两侧各有十级和九级阶梯。墓向基本朝南。部分墓下部填白膏泥。葬具分无棺、单棺、一椁一棺三种。棺多为悬底弧形。少量墓出铜礼器，铜器组合为鼎、敦、壶或鼎、壶。随葬陶器分日用陶器和仿铜陶礼器两种。日用陶器完整组合主要为鬲、盂、豆、长颈罐或鬲、盂、长颈罐。仿铜陶礼器基本组合有鼎、簠、壶，鼎、簠、敦、壶，鼎、敦、壶等等。仿铜陶礼器中流行朱黑色彩绘。出土的铜器小件主要有剑、戈、矛、镞、砝码等，最长的镞达 38.2 厘米。许多墓都出漆木器，有漆耳杯、木鼓、木俑、镇墓兽等。在拍马山 4 号墓和葛陂寺 34 号墓中首次看到虎座鸟架鼓的完整器。以上四处墓葬是最早较系统发掘的江陵楚墓，对于认识该区楚墓特点起过重要作用。

70 年代，除对拍马山、太晖观、张家山部分小型楚墓继续发掘外，主要对纪南城东垣外的雨台山、北垣外的武昌义地和南郊的李家台等无冢墓墓地进行了发掘。80 年代之后，对纪南城四周无冢楚墓的发掘更为广泛。重点发掘在城之东，除雨台山之外，还有九店、秦家嘴、官坪。其它地点的发掘主要有：城之西南的溪峨山，城之北的朱家台，城之西北的马山，城之北较远处的荆门包山、门板山、响岭岗和子陵岗。距纪南城较远的西北部和北部的无冢墓往往与有冢墓成组。

1982 年发掘了马山 1 号墓[38]，接着又发掘马山 10 余座无冢楚墓[39]。马山墓地范围较大，属丘陵地带，东南距纪南城约 7 公里。在远近大小山丘上分布着密集的楚墓，其间有较大型的有冢墓。有冢墓四周往往发现许多无冢墓。已发现的望山 1 号和 2 号、沙冢 1 号、藤店 1 号等有冢墓均在此墓地范围内。望山等地也发掘过无冢墓[40]。已发掘的马山楚墓在马山乡沙冢村，是马山砖瓦厂范围内的一组楚墓。分布于岗地上，这组墓分布较稀疏，墓葬大小差别较大。其中一座较大型有冢墓尚未发掘。马山楚墓属楚国高级家族墓群。马山 1 号墓属于无冢墓，由于墓坑下部挖于白膏泥地层中，墓坑又填青膏泥，因此墓葬保存情况甚佳，保存了大量丝织品，被称为"丝绸宝库"。该墓坑长 4 米，宽 2.48 米，深 3.24 米，带斜坡墓道，方向 110 度，有一椁一棺。椁为榉木，棺为梓木。椁长 2.89 米，宽 1.49 米，高 1.06 米，分三室。棺为长方盒形，长 2 米，宽 0.67 米，高 0.61 米。棺底板上置笭床、竹席。棺上有棺饰、帛画和荒帷。棺内大部分空间被衣衾和衣衾包裹充塞。衣衾分上、下两层单独置于衣衾包裹之上。衣衾包裹由十三层衣衾裹尸而成，尸体在最内层。包裹外用九道锦带横扎，结头左右两排系于包裹正面。尸体保存骨架和乌黑头发。头发分真、假发。真发长 15 厘米，向后梳成一束，紧接长约 40 厘米的假发。假发分双股，用黄色组带系扎，并盘成圆髻，用木笄固定。尸骨为仰身直肢，双手置于腹部，身长约 160 厘米，女性，年龄 40～45 岁。经鉴定，死者体质特征与东亚蒙古人种的华北类型较相近。死者身上穿着有两件绵袍、一件绢面夹衣、一条绢裙、一条绢面绵裤。脚穿绨面麻鞋。头部覆盖一条梯形绢巾，绢巾上部有窄缝，露出眼睛；下部有三角形缺口，露出鼻嘴。双臂伸直，置腹上，并用组带从袖外绕过，系双臂。双手的拇指和双脚的拇趾也被一根组带的两端用套扣各自系紧。手脚两根组带并连系于下腹部。左右手各握绢团。所穿绵袍上也系有一根组带，于腰前处结成活扣。腰带左侧系佩

图六　吴王夫差矛
（马山 M5 出土）

饰。该墓共出土器物 130 余件,分丝麻织品、铜器、陶器、漆木竹器等类。铜礼器有鼎 2 件、提梁壶 1 件、耳杯 2 件、铒 1 件、匜 1 件、勺 1 件、匕 1 件。仿铜陶礼器有鼎 2 件、敦 2 件、壶 2 件、镶壶 2 件、盘 1 件、匜 1 件、斗 1 件、勺 1 件。漆木竹器有耳杯、盒、奁、盘、木俑、木辟邪、竹扇、竹笥等,均保存较好。据墓制,墓主身份是士阶层中地位较高者,墓葬年代为战国中期晚段。马山 5 号墓出土了重要的"吴王夫差矛"(图六)。

1975 年和 1986 年发掘的雨台山楚墓[41]、1981 年以来发掘的九店东周墓[42]和 1986 年发掘的秦家嘴楚墓[43],以及 60 年代或 90 年代发掘的七亩山、奶妈坟、范家坡、狗獾子洞等地楚墓,均属纪南城东北近郊雨台山墓地,即楚国的一处最重要邦墓之地。雨台山地势由西北向东南倾斜,北部最高处海拔为 68.6 米,东南部海拔约 33 米。东西长约 6 公里,南北宽约 5 公里。楚墓分布十分密集,是发现和发掘楚墓最多的一处墓地。调查发现的 103 座有冢墓中,较大型的仅 2 座[44]。已发掘的小型楚墓已超过 1500 座,其中雨台山楚墓 631 座,九店东周墓 597 座,秦家嘴楚墓 105 座。

《江陵雨台山楚墓》发掘报告,汇集了 1975 年发掘的 558 座墓葬资料,将 530 座墓按葬具分为无椁无棺、单棺、一椁一棺、一椁两棺和一椁重棺五大类。无棺无椁墓 14 座，一般随葬 1~2 件陶器或 1 件兵器；单棺墓 264 座，设壁龛的 22 座，设墓道的 1 座，头向多朝南。棺有弧形悬底和长方形悬底两种，少数墓棺盖上有竹席。保存的骨架中均为仰身直肢葬式，有的墓保存竹席包裹。随葬的陶鬲、盂、长颈罐、鼎、敦、簠、壶及漆耳杯放置于人骨架的头向一端的墓坑内，兵器一般置于棺两侧。一棺一椁墓 248 座，有墓道的 29 座，有壁龛的 1 座。墓坑均为长方形竖穴，但有窄宽之分，墓道多设于南边，椁内分三室、二室和不分室三种，以不分室的最多。棺都为悬底，弧棺多于方棺。随葬器物以仿铜陶礼器为主。183 号墓，方向 205 度，墓口长 4 米，宽 2.5 米，深 3.7 米。填土中有青灰泥。椁室长 3.06 米，宽 1.42 米，高 1.44 米，椁内不分室。弧形悬底棺，棺内置一块厚 4 厘米的雕花板。仰身直肢葬式。随葬仿铜陶礼器鼎、簠、壶和鼎、敦、壶两种组合各两套，又有鬲、盂、长颈罐日用器组合一套。另还有陶器豆 2 件，环耳鼎、镳壶、罍、盘、匜各 1 件；铜器剑、戈各 1 件；漆木器豆 2 件，镇墓兽、梳、扇柄各 1 件。时代定为战国中期早段。一椁两棺墓 2 座，是为两棺并列的合葬墓。一椁重棺墓 2 座。555 号墓，有直径约 18 米的土冢，墓口长 4.5 米，宽 3.7 米，深 7.1 米，墓向 196 度。南边设斜坡墓道，长 9.65 米，坡度 20 度。椁室长 3.10 米，宽 1.52 米，高 1.28 米，内分主、头、边三室。内、外棺均为长方盒形。内棺无底板，但有厚 4 厘米雕花板平放于外棺底板上。内棺用三道麻布捆扎。随葬仿铜陶礼器鼎 4 件、敦 2 件、盒 2 件、壶 2 件、钫 2 件、盘 2 件，还有罍、镳壶、环耳鼎、斗各 1 件；漆木器有耳杯、几、虎座鸟架鼓、镇墓兽。还出铜镜、玉环。时代断为战国晚

期前段。354 号墓，除出仿铜陶礼器外，还出铜鼎 2 件和盘、
匜各 1 件，时代为战国中期前段。发掘报告将雨台山这 500 余
座墓葬分为六期，时代大约从春秋中期起到战国晚期止，为江
陵楚墓的年代学研究提供了一个较系统的标尺。

《江陵九店东周墓》发掘报告，报导了 1981～1989 年在九
店砖瓦厂发掘的 597 座墓葬资料，将这些墓分为甲、乙两组。
甲组墓 19 座，一般墓壁较陡直，墓底有腰坑的 5 座，墓坑为
南北向。无葬具的墓 1 座，单棺墓 2 座，一椁一棺墓 16 座。
椁内不分室，棺为悬底方棺。1 座墓保存裹尸竹席。随葬品放
在南端，陶器多为磨光黑陶，组合一般为罐、盂、豆，级别略
高的陶器组合为罐、簠、豆。甲组墓分为三期，从西周晚期至
春秋中期晚段止。发掘报告认为这组墓属"姬周文化"。乙组
墓 578 座，其中有洞室墓 5 座，分为甲、乙、丙、丁四类。甲
类墓 22 座，有椁有棺，出土器物较丰富。有墓道的 16 座，墓
口有台阶的 1 座。有土冢和车马坑陪葬的 1 座。随葬器物的组
合有三种：1. 仿铜陶礼器鼎、簠、缶和鼎、敦、壶二套，另
加小口鼎、罍、盂、盘、匜、勺等，部分墓还有车马器、兵器
等。2. 铜礼器鼎、敦（盒）、壶一套，或另加盘、匜、勺。3.
铜、陶礼器各一套，有的还有铜盒、环耳鼎、盘、匜、勺以及
车马器、兵器等。铜礼器为鼎、敦、壶各 2 件，陶礼器为鼎、
簠、缶（钫）或鼎、敦、壶。其中有的组合不全。104 号墓，
有直径为 11 米的土冢，墓坑口长 8 米，北部有 1 座车马坑陪
葬，车马坑内有车 2 辆、马 4 匹。棺椁已朽。墓葬被盗，出仿
铜陶礼器、漆木器和铜器小件。较典型的甲类墓还有 294、
250、410 号墓。乙类墓共 299 座。墓坑底一般长 2.8～3.5
米，宽 1.1～1.9 米。有头龛的 5 座，有墓道的 25 座。一般为

一椁一棺。大多出一套仿铜陶礼器，并成双相配，组合有鼎、
簠、缶，鼎、敦、壶，鼎、簠、钫，鼎、盒、壶（钫）。部分
墓伴出小口鼎、罍、盉、盘、匜，少数墓还伴出日用陶器鬲、
盂、罐、豆等。25座墓出日用陶器。24座墓出铜礼器，组合
为鼎、壶（无敦），或另加盘、匜、勺。有些墓还伴出日用陶
器或铜兵器、车马器和少量漆木器。621号、411号墓都出土
有竹简。丙类墓230座，其中有洞室墓4座，以单棺墓为主，
有壁龛的67座。随葬品以日用陶器为主，仿铜陶礼器次之。
56号墓出竹简205支，为"日书"。487号、488号、701号都
是典型的洞室墓，为楚墓中少见，是秦将白起公元前278年拔
郢之后的墓葬。487号墓，由墓道和洞室组成，墓道在东，洞
室在西。墓道为竖穴式，墓道口长2.5米、宽0.68米，底长
2.5米、宽0.63米，深3.2米。在墓道底西边挖出洞室。洞
室底与墓道底平。洞室四角略为弧形，顶部中间下弧，呈不规
则的长方形空间，长2.63米，宽0.67米，高0.68米。底部
有二条圆形生土垫木槽。方向13度。洞室及墓道下部均填青
灰土。单棺，为悬底方形，置于洞室中，洞口有封门板。棺内
有用竹席包裹的骨架1具，仰身直肢。洞室内随葬器物有仿铜
陶礼器鼎、敦、壶及铜镜、镞各1件。铜镜置于棺盖上，仿铜
陶礼器置于棺外两端。丁类墓包括单棺墓25座、无棺墓1座
和洞室墓1座，共27座，均无随葬器物。发掘报告将乙组墓
分为四期七段，年代从春秋晚期晚段至战国晚期晚段，并认为
乙组墓中含有越、巴、秦等文化因素。

　　沮漳河之东的楚墓可归纳为六个主要特点：

　　第一，第一阶段（春秋）的墓葬较少，第二阶段（战国）
的墓葬猛然增加。第二阶段大、中、小型墓类别齐全。无论有

冢墓还是无冢墓，其分布范围和密度均为别处不见。

第二，一般均为竖穴土坑墓。类别较高的战国墓都有封土堆（有冢），墓口设多级台阶和斜坡墓道，墓底比墓口的尺寸小得多，方向以朝东的为多，朝南的较少。类别较低的战国墓，少数也设斜坡墓道，方向以南为主。一般在棺椁上下四周用白膏泥或青灰泥填封，许多棺椁内有积水，因而棺椁多保存较好。按类别高低，椁分多室，棺分多层，椁顶铺竹席。棺流行悬底，而外形有两种，一种四周及盖剖面呈弧形，另一种为长方盒形。棺木用套榫或铅、铜襻钉扣接。尸体多为仰身直肢，常用竹席缠裹。

第三，随葬铜器的基本组合，春秋墓为鼎、簠、缶、盘、匜；战国墓为鼎、敦、壶、盘、匜、勺，有的加小口鼎。战国墓中的鼎、敦、壶往往成双出现，铜容器多薄胎、素面，三足器较瘦高。战国墓不论大小都常见铜剑、戈、矛、戟、镞等兵器和铜带钩。较大墓中还常见铜车马器，而铜镜常出现于战国较晚阶段的墓中。

第四，随葬陶器分两类，一类为日用器，一类为仿铜礼器。日用陶器基本组合为鬲、盂、长颈罐（或长颈壶），有的加豆，长颈壶为别处少见。仿铜陶礼器的基本组合和数量配置，大致与铜礼器相同，但往往组合不全或存在不同组合并存交错的情况。例如在较大型的同一墓中，不但同时出现使用不同盛器簠、敦、豆的仿铜陶礼器组合，而且还存在日用陶器的组合。日用陶器、仿铜陶礼器数量多少，主要与墓葬等级、类别相关联，还与当时社会制度变化有关。仿铜陶礼器组合中的簋、簠、敦、盒，大体是依次先后使用的盛器，但明显有交错和并存的阶段。

第五，随葬的陶器具有自身特点。例如陶鬲、鼎和中原地区出土的相比，变化规律完全不同，中原地区出土的这两种东周器物由高足变为矮足，由较瘦高变为肥胖，而该区出土的则恰恰相反，足不但由矮变高，而且由粗变细，整器变得瘦高。鬲一直延续到中原鬲已经消失的战国中期。此区出土的陶长颈壶、簠、镳壶等都是其他地区不见或少见的器物。

第六，普遍使用漆木竹器随葬。其中以随葬镇墓兽、虎座飞鸟、虎座鸟架鼓、卧鹿、座屏等最具特色。漆木竹器按用途可分为生活用品、乐器、兵器、丧葬用具、工艺品等。

3. 三峡地区

三峡地区是楚、巴两国长期相对峙的地区，也是楚国早期都城丹阳"秭归说"的区域，商周文化变化比较复杂[45]。发现和发掘的楚国墓葬较少，墓葬规模也较小。其中主要墓地有宜昌前坪和后坪、秭归卜庄河和巴东西瀼口。

1971年和1981年，配合长江葛洲坝工程建设分别对三峡出口处的宜昌前坪[46]、后坪[47]墓地进行了发掘。发掘了前坪4座、葛洲坝2座、后坪3座，共9座战国墓。前坪、后坪的7座墓均为长方形竖穴岩坑墓。葛洲坝的2座为长方形土坑墓。前坪23号墓，方向为350度，东壁有熟土二层台，二层台上放置铁足铜鼎、铜壶、铜盘和陶罐各1件。葬具为木质，已腐无存，骨架1具，头北足南。骨架左边有铜矛、铁剑各1件；头部放石璧、铁舌各1件；脚端放铜镜、铜印和铜带钩各1件。后坪的3座均为宽坑墓，有台阶，一座墓有斜坡墓道，三墓均有一椁一棺的腐烂痕迹。随葬品置于头顶，分仿铜陶礼器和铜兵器，仿铜陶礼器组合为鼎、簠、壶，铜兵器有剑、戈、矛、斧，斧为方銎斜弧刃。前坪和后坪的墓葬时代最早的为战国中期偏晚，最晚的为秦拔郢之后的战国晚期。出土遗物风格主要属楚，但又有巴和秦风格的器物。

位于西陵峡中部的秭归境内曾零星出土过铜鼎、敦、壶之类楚墓常见器物，在香溪镇曾出土过"越王朱句"铜剑 1 把[48]。卜庄河等地还有一些战国巴式器物出土[49]。具有代表性的楚墓有卜庄河 4 号墓[50]，出陶敦、豆、壶各 1 件。

1978 年至 1980 年，在西陵峡与巫峡交接处的巴东西瀼口调查和发掘了 2 座战国楚墓[51]，均为土坑墓，1 号墓出铜、陶器共 20 余件，其中有陶鼎、簠、长颈罐。8 号墓出柳叶形铜剑 2 件和鸟嘴状长胡铜戈 1 件。西瀼口处于楚国西部边境，墓葬随葬的铜兵器显然具有巴文化因素。

（二）鄂北地区

鄂北地区为楚国北进中原、东伐吴越的咽喉地带，是春秋邓、鄀、谷等国所在地。这一带发现的楚墓，主要发现于宜城、襄阳（今襄樊）和谷城等地。

1. 宜城一带

宜城一带的楚墓均在宜城楚皇城附近，主要分布于该城址西部和南部。已发现了骆家山、雷家坡、魏岗、罗岗、凤凰山等重要墓地。

楚皇城之西，在南北长约 30 公里的岗地上，分布有 20 多座土冢，直径 20～60 余米，钻探发现有台阶、墓道，而棺椁多朽烂，保存情况较差。这些土冢的形制与江陵楚冢相同，大部应为楚墓。城东南的骆家山曾清理过一座春秋铜器墓[52]，出土鼎、盏、戈等重要铜器。在城南 10 公里的凤凰山，已发掘楚墓 15 座[53]。墓坑分布有规律，皆为夫妻异穴合葬，南北两两并列，相距约 2 米，男居右（南），头均向西。有的夫妻墓两侧各有殉葬坑，各殉葬一人，也有殉葬者置于墓主的坑内。棺椁保存不佳，有单棺、一椁一棺。随葬品有铜礼器、兵器、车马器、陶礼器和装饰品。墓葬时代为春秋中期至战国早期。1989 年在城东南的罗岗，发掘了一座战国时期的较大型车马坑[54]。坑长 22.2 米，宽 4.1～4.95 米，深 0.6～0.75 米，方向 275 度。坑内横置马车七辆，驾车马 18 匹，自南至北排列，向西。车均为单辕双轮，有车舆，其中四辆车为二马驾驭，二辆车为三马驾驭，一辆车为四马驾驭。马骨架基本保存完好。附近已探出楚墓 16 座，发掘 1 座，此车马坑应属较大的一号墓陪葬车马坑，但墓葬的级别并不很高。

1976 年和 1982 年先后两次发掘了楚皇城西部近郊的雷家坡、魏岗两处墓地[55]。据 1976 年的发掘，墓葬多属战国小型墓，较大的 4 座墓有一至三级台阶，3 座墓有斜坡墓道。5 座墓底有青膏泥。棺椁大都朽烂，仅雷家坡 10 号墓保存一椁一棺。随葬器物以陶器为主，有的墓有少量铜兵器、车马器。随葬陶器，不论墓葬大小，多以两套鼎、敦、壶为主要组合形式。墓中已见到漆木器，但保存很差。出土的陶器多为泥质灰陶，器表仅见弦纹、绳纹，未见彩绘。除鼎、敦、壶之外，还有豆、盂、罐、盘、匜和镶壶。铜器中有"王"字形图案的矛、方镜、勾镶、小型钺等器物。

2. 襄阳一带

襄阳的楚墓位于襄樊北郊邓城遗址附近，已发现有山湾、蔡坡、团山、马棚等墓地。这些墓地位于邓城遗址的北、东北和东部，相距 2～10 公里范围内。

1966年始，襄北农场的砖瓦厂在山湾村北部的山岗上取土，1967年挖出大量青铜器，所出青铜器被厂方回炉销毁，有大批重要墓葬被破坏。1972年至1973年考古工作者对山湾墓地进行考古调查，收回一部分精美青铜器，同时发掘了未破坏的楚墓33座[56]和秦墓1座。山湾墓地主要分布于山岗东南部直径约0.5公里的范围内。发掘的楚墓都为土坑竖穴式，有长方形窄坑、长方形宽坑和近正方形宽坑三种。前两种长方形坑，一般口与底的尺寸相差不大，而近正方形宽坑一般墓口有台阶和斜坡墓道，墓口大墓底小。木棺椁和尸骨均已腐朽。从灰迹观察，有一椁二棺、一椁一棺、单棺、无棺椁四种。随葬器物一般置于头端（图七、八）。山湾2号墓头端陶器下压马甲一套，山湾11号墓坑内棺侧清出一匹马和一辆车的残迹。随葬品中，铜礼器组合为鼎、簋（或盏）、缶、盘、匜、斗，有的另加敦或钘。长方形宽坑墓多有棺有椁，出一套完整的铜礼器和少量兵器，有的还残留金箔、鹿角等物，时代均为春秋中、晚期。近正方形宽坑墓也有棺有椁，但出土的礼器变为陶

图七　山湾M23出土铜器情形

图八　山湾M6出土铜器情形

图九　邓公乘鼎（山湾墓地出土）

质，时代属战国。山湾墓地出土了一批精美的楚国铜器和一批具有一定地域特点的楚国陶器，还有一些玉器。铜器中有鼎、盏、簠、敦、缶、壶、盖豆、盘、匜、钶、斗，其中有"邓公乘鼎"（图九）、"邓尹疾鼎"、"上鄀府簠"、"楚子敦"、"子季嬴青簠"等铭文铜器；铜工具有斧、锛、镰刀、削刀和锥等；铜兵器有戈、匕首、镞、剑、戈镈；铜车马器有辕镈、车舍、马衔、马镳、马饰等。这些铜器基本为春秋中期晚段至春秋战国之交的中、小贵族墓葬随葬品。"楚子敦"和"子季嬴青簠"（图一〇、一一）同出于规模较小的春秋晚期的 33 号墓中。从山湾楚墓可知，楚国低级贵族墓葬的重大变化，大约发生在春秋战国之交，墓坑从小变大，而主要随葬品则由铜器变为陶器（可能另有较多的漆木器）。

1988 年，在邓城遗址之东的团山发掘了春秋中期至战国

图一〇　楚子敦

（山湾 M33 出土）铭文拓片

图一一　子季嬴青簠

（山湾 M33 出土）铭文拓片

晚期的中、小型楚墓 17 座[57]。这批墓的墓坑也分为长方形窄
坑、长方形宽坑和近正方形宽坑三种。葬具分一椁二棺、一椁
一棺、无椁一棺三种，但都已腐朽。团山 1、3、4、6 号墓出
土铜器，9 号墓无器物，其余墓均只出陶器。共出土器物 260
余件，其中铜器 160 余件、陶器 100 余件、玉器 3 件。铜礼器
有鼎、簠、缶、盘、匜、勺、匕。1 号墓有重要的“郑臧公之
孙”鼎和“郑臧公之孙”缶等有铭铜器。“廖铝玄用”戈则出
于 4 号墓。日用陶器有鬲、盂、豆、罐。仿铜陶礼器有鼎、
敦、缶、壶、盘、匜等。陶器特点：有较多的绳纹，鼎较矮
胖，不见弦纹长颈壶。

位于邓城遗址东北方相距约 3 公里的蔡坡墓地，是一处范围较大的战国墓地。在蔡坡北部分布着许多较大型的土冢，虽未经发掘，但经调查可肯定大部分属楚冢。蔡坡南部与山湾墓地隔沟相望。蔡坡西南部也有一砖瓦厂取土。1973 年至 1976 年，配合砖瓦厂取土，发掘了中、小型战国墓 12 座[58]。1982 年又曾在蔡坡收集大、小件铜器 108 件[59]。

蔡坡 4 号、12 号墓是两座较大型的有冢墓，发掘时两座墓的土冢均被砖瓦厂用推土机推平，墓口已暴露出来。蔡坡 4 号墓墓口长 14 米，宽 11 米，深 9 米。方向朝东。墓口有五级台阶。无墓道。而在墓坑西北角的每级台阶之间挖出供上下的脚窝。墓壁四角挖成半圆柱状体，也有脚窝。北壁和西壁第三级台阶以下各有一排小土阶，土阶上部与脚窝相接。据残迹，椁室可分南、北、东、西四室以上，椁顶有竹席、丝麻织物覆盖。南、北两室各有棺迹一具，西室另有小孩骨骸一具。随葬的礼器，除两件铜壶和一件铜敦置于西室北端之外，其余均置于东室。铜兵器散布于椁室四角和北室两侧。铜车马器主要分布于南、北两室。该墓共出土大小器物近千件。可分铜、陶、玉石及其它四大类。铜礼器有鼎、壶、盒、匜形斗各 2 件，簠、敦、缶、盘、匜、斗各 1 件，缶为"蔡公子□姬安缶"，壶、盒等均有贴金箔花纹图案。铜兵器中有殳和"徐王义楚剑"各 1 件；铜车马器中有形式多样的车舍、车饰和马饰；铜生产工具有凿、钺、锥、刻刀、斧、锛等。陶礼器有鼎、盖豆、簠、敦、壶、豆、小罐，鼎有 5 件。蔡坡 4 号墓的时代为战国早期，是鄂北地区一座级别较高的重要楚墓。蔡坡 12 号墓墓口长 17 米，宽 14.8 米，深约 8.8 米，墓道向东，发现有盗洞。椁室周围厚 30～45 厘米的白膏泥，棺椁上部已腐烂成灰。椁室长 4.42 米，宽 2.9 米，高约 1.52 米，椁内分主、头、边三室。棺有内、外两层，外棺长约 2.64 米，宽约 1.2 米。椁底有横木两根。随葬品被盗，残存器物仍不少。主室内出铜剑、铜鱼、玉璜、玉瑗，头室内有铜鼎、壶、弹簧和陶鼎，边室内有铜镞和箭箙、弓等。其中带漆鞘的"吴王夫差剑"1 件、靴形铜刀 1 件、铜鼎 2 件、小型拉伸弹簧和铜鱼一堆比较重要。在出土的陶器中有鼎 14 件和彩绘龙云纹黑陶壶 2 件。该墓的时代断为战国中期。所出陶鼎中有盖鼎 7 件、镬鼎 1 件、小口环耳鼎 2 件，表明墓主身份相当于大夫级。

蔡坡 8 号、9 号墓是南北并列的贵族墓。墓向均朝东。8 号墓居右（南），墓口有六级台阶。9 号墓居左（北），墓口有三级台阶。两墓东边都有斜坡墓道，墓内保存情况较差，棺椁、漆木竹器等仅存残迹。两墓都出铜鼎 2 件，其中 9 号墓的为铁足铜鼎。蔡坡其它墓葬所出的陶器中，有盆形鼎、平底盂、三耳罐、平底壶等，这些是沮漳河流域楚墓中的少见器物。

据山湾、蔡坡两个墓地的发掘资料，襄阳楚墓可分成六期，并表现出六个特点：（1）年代上限为春秋中后期，下限为战国晚期后段，但在公元前 278 年前后发生了重大变化；（2）贵族墓以士一级的墓为主，但也有相当于下大夫一级的墓；（3）陶礼器基本组合为鼎、敦、壶、盘、匜，中小型墓少见簠；（4）日用陶器组合仅见于春秋阶段的小型墓中，战国墓不见日用陶器组合；（5）春秋阶段的随葬器物，不论铜器还是陶器均存在不少楚以外的其它文化因素；（6）与江陵楚墓的陶器相比，除少见鼎、簠、壶的组合以外，还不见罐形小口鬲、弦纹长颈罐和勺、斗等典型楚器[60]。

鄂北地区除宜城、襄阳两地外，在谷城一带也发现有重要的楚国墓葬。谷城为周代谷国故地，谷国约于春秋中期被楚国所灭[61]。1977 年，在谷城西 12 公里的新店出土了铜器鼎 6 件、簋 4 件、壶 2 件、浴缶 2 件，铜、盘、斗各 1 件[62]，应为春秋墓葬随葬品。所出铜鼎鼎盖为平顶，与典型的楚式鼎不同。1989 年，又在谷城西北 4 公里的过山发掘了两座战国楚墓[63]，墓葬特点与襄阳楚墓较接近。

（三）豫西南至鄂西北

豫西南与鄂西北交界的汉水中游、丹江与淅水下游一带是楚文化渊源探索的重要区域，为楚国早期都城"丹淅说"所在地。楚国墓葬主要发现于河南淅川和湖北郧县、房县、丹江口等地。这个区又可分为两个亚区。

1. 丹水和淅水流域

这个区有龙城、析邑等重要楚城址。发现的春秋贵族楚墓数量较多，级别较高，引起学术界的极大关注，许多学者以此证明楚丹阳就在丹淅会合处。

1979 年在河南淅川县城南约 50 公里的下寺（丹江西岸）发掘了重要的春秋楚墓 24 座[64]。这些墓分布于大致为南北走向的龙山山脊上，有贵族墓 9 座、殉葬墓 15 座、车马坑 4 座。并可分成甲、乙、丙三组，乙组居中，甲、丙组分列于南、北。

三组墓中，以南部的甲组时代最早，断为春秋中期后段。包括 8 号、7 号、36 号墓，东北向西南排列，北距乙组墓约 100 米，在 8 号、36 号墓之西各有车马坑 1 座。8 号墓未见封土堆，墓口长 7.25 米，宽 5.68 米，深 4.3 米，方向为 110 度。有一椁二棺，被盗，出土铜礼器仅剩鼎 1 件、簠 4 件、盉 1 件、匜 1 件。在墓坑之西的陪葬车马坑内有车 3 辆、马 10 匹。据铜器铭文可知，墓主人为"以邓"，并自称为楚叔之孙（图一二），说明以邓属楚王族。7 号墓墓口长 7 米，宽 5 米，深 5.8 米，方向 125 度。一椁一棺，椁分三室。出铜礼器鼎、簠、浴缶各 2 件，盏、盘、匜、勺各 1 件。据铜器铭文，墓主可能为"中妃卫"。7 号墓与 8 号墓并列，此两墓是夫妻异穴合葬墓。

中部的乙组墓级别最高，时代定为春秋晚期前段。2 号墓为主墓，南有 1 号墓，北有 3 号、4 号墓陪葬；1 号墓之北有 9 座殉葬小墓，3 号、4 号墓西北方有 6 座殉葬小墓；在 3 号

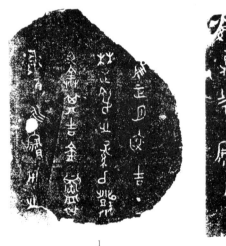

1　　　　　　　　　　2

图一二　以邓鼎（下寺 M8 出土）铭文拓片

1. 盖铭　2. 腹铭

墓之西 33.5 米处有一车马坑。2 号墓墓口长 9.1 米，宽 6.47
米，深 3.88 米，墓向 79 度。墓壁上下垂直，无墓道。有一椁
二棺的痕迹，椁下有三条垫木。两棺南、北并列在墓室之西，
南棺长 2.4 米，宽 1.14 米，北棺长 2.3 米，宽 0.94 米。墓葬
虽被盗，仍出器物 6098 件（内含海贝 4432 枚），并以青铜器
和玉器为主。铜礼器有鼎 19 件（其中升鼎 7 件）、簠 2 件、鬲
2 件、浴缶 2 件、尊缶 2 件，还有盏、簋、鉴、盆、盘、匜、
壶、鈚、豆、斗、匕、俎、禁等共 52 件。乐器有铜甬钟 26
件，石磬 13 件。许多铜器上铸有铭文，其中 7 件升鼎，鼎盖
上有"倗"，鼎腹上有"王子午"和"令尹子庚"的称谓。发
掘报告认为三者应为一人，即 2 号墓是令尹子庚墓，墓葬年代
在公元前 552 年或稍后。但也有不同的看法：一、认为是蒍子
冯的墓，年代约为公元前 548 年[65]；二、认为是倗的墓，倗
是王子午之孙，年代在公元前 516 年前后[66]。1 号墓墓口长
9.9 米，宽 7.1 米，墓底长 7.35 米，宽 4.18～5.25 米，深
3.8～6.1 米。墓口虽比 2 号墓大，但墓底比 2 号墓小，随葬
铜器也比 2 号墓小，并且没有兵器和车马器。墓内出铜礼器鼎
13 件（其中升鼎 2 件）、鬲 2 件、簠 2 件、浴缶 2 件、尊缶 2
件、方壶 2 件，簋、盘、匜、盏、盉各 1 件；乐器有纽钟 9
件、石磬 13 件、石排箫 1 件；玉、石料器 253 件。铜器铭文
中有"倗"、"孟縢（滕）姬"等称谓。3 号墓墓口长 5.48 米，
宽 4.1 米，深 2.1～3.4 米，方向 77 度，一椁二棺。出土铜礼
器鼎 5 件（无升鼎）、簠 4 件、浴缶 2 件、尊缶 2 件，以及盏、
壶、盉、盘、匜、鉴各 1 件，没有钟、磬；玉、石料器 1074
件（其中石珠 952 颗）。铜器铭文中有"倗"、"郑中姬丹"称
谓。与 3 号墓东西相对的车马坑，坑口残长 21.1 米，宽 4.5～

图一三　鎛鐏（下寺 M10：75）

4.6米，深 0.65～0.78 米，方向为 275 度（以马头方向为准）。坑内有车 6 辆，马 19 匹，其中四马一车的两乘，二马一车的四乘（南部只清出三匹马，未见车迹）。马是杀死后入葬的。1 号墓和 3 号墓位于 2 号墓的南北两侧，两墓均出土有佣器，发掘报告认为是令尹子庚的两位夫人之墓。15 座殉葬墓，都有棺无椁，仅出少量装饰品，应为奴婢之类的墓。

北部的丙组包括 10 号、11 号两座墓，时代为春秋晚期后段。两墓墓口长度均在 5 米以上，一椁二棺。10 号墓出土的铜器中有鼎 4 件、鎛 8 件（图一三）、纽钟 9 件，11 号墓也出一套铜礼器。两墓之西均有小型车马坑殉葬。这两墓墓主身份也相当高。

1990年，在下寺墓地之东0.4公里的和尚垴发掘了两座春秋楚墓[67]。1号墓墓口长6.8米，宽6.44米，深3.38米，方向为68度，墓壁略内收。墓葬被盗，还出土铜礼器，有鼎6件（其中有"克黄"升鼎2件），还有簋、壶残片。乐器有石磬9件。2号墓墓口长7.48米，宽7.36米，深7米，方向70度，墓壁内收明显。一椁重棺，另棺外有两具人骨架。墓内有铜礼器鼎7件，簋、壶各2件，敦、缶、器座、匜、斗、勺各1件；乐器有铜镈8件、铜钮钟9件、石磬12件。此两墓，时代断为春秋中期后段。据铜器铭文，1号墓为楚令尹子文之孙克黄的墓，而2号墓为克黄夫人的墓。1号墓出土的"克黄"升鼎是目前发现的时代最早的楚国升鼎。

1990年，还有和尚岭北3公里的徐家岭发掘楚墓10座[68]。9号、10号墓位于最高处。10号墓墓口长13.8米，宽13米，东边设斜坡墓道，一椁二棺，随葬铜礼器鼎10件、鬲5件、簋4件、盖豆2件、豆2件、簠2件、敦2件、壶4件、鉴2件，还有缶、盘、钟、镈和铜兵器、玉石器等，簋、鼎、戟上有铭文。9号墓墓口长13.6米，宽12米，深12米。有椁有棺，葬3人，其西北角有车马坑，残留车5辆和马17匹。墓内器物被盗，还出铜器鼎、鬲、簋、缶、鉴、盘、匜、怪兽、戈、矛、剑、车马饰等。怪兽形制罕见，纹饰精致。鼎、鬲上有"䣄子受"铭文，在和尚岭2号墓的编钟、镈钟上也有此铭文。徐家岭墓地的时代约为春秋晚期至战国早期。

1975年在下寺墓地之北32公里的毛坪发掘楚墓27座[69]。1991年至1992年在距下寺墓地不远的吉岗和大石头山发掘楚墓20座[70]。这些墓都属小型墓，墓坑为长方形土坑竖穴式，墓壁一般较直，有的墓底设二层台，葬具保存不好，多为单人仰身直肢葬式，也有两手交叉于胸前的，个别墓死者口内含玉一块。除毛坪有 2 座墓随葬铜礼器外，多随葬陶器。陶器基本组合有鬲、豆、罐；鬲、豆、长颈罐；鼎、豆、壶；鼎、豆、敦、壶；鼎、敦、壶、罍、�壶等。这些墓大体可分为四期，时代从春秋中期晚段至战国中期[71]。

2. 汉水中游地区

湖北郧西、郧县一带，西与陕南、汉中地区相接，是楚与周、秦的交通孔道。由于丹江水库的淹没等原因，这一地区发掘的楚文化遗址不多。而楚墓的发现则主要集中于郧县汉水岸边。

1990 年，在郧县肖家河发现重要的铜器墓 1 座[72]。此墓墓坑被破坏，据调查墓坑长约 4.5 米，宽约 2.5 米，深约 7 米，一椁一棺，出土随葬器物共 14 件。其中铜礼器鼎 2 件、缶 2 件、簠 2 件、匜 1 件，还有铜剑、玉鱼等。铜簠有"申王之孙叔姜"字样的铭文。剑为柳叶形。墓葬时代为春秋晚期，属楚国贵族墓。

1959～1960 年在郧县青龙泉、徐家坪、大寺、郧阳中学等地点发掘了小型东周墓葬 84 座[73]。青龙泉、徐家坪、大寺发掘的 59 座墓，均为长方形竖穴土坑墓，其中 6 座墓带墓道。多数墓口和底大小相当，有些较深的墓则口略大于底。墓向朝南的占 33 座，朝东的占 24 座，不明的有 2 座。葬具均腐朽，从灰迹看大多有棺无椁，少数有棺有椁。骨架保存不完好，一般为仰身直肢葬，多数两手相交于腹部。随葬器物一般都排成一列，置于棺外或椁室一侧，个别墓的陶器置于二层台上或棺头端。随葬器物主要为陶器，每墓用陶器 1～15 件。除陶器以

外，还有铜器小件和少量石、料、角器。随葬陶器组合有鬲、
盂或盆、壶；鬲、罐；鬲、罐、壶、豆；鬲、盆、壶、豆；
鼎、豆、壶；鼎、敦、壶，或加豆、盘、匜、杯、勺。这些陶
器中多有较精美的暗纹和彩绘。彩绘纹样较多，有窄条纹、栉
齿纹、连续人字纹、重叠人字纹、Z 字形纹、流云纹、三角形
纹、五角星纹、圆点纹、重环纹等。发掘报告将情况较清楚的
40 座墓分成四期，年代大约从春秋中期后段开始至战国中期
止。

1987 年在湖北丹江口市之西约 34 公里的肖川，发掘了战
国墓 5 座[74]。出土陶器有鼎、盂、豆、敦、缶、壶、盘、匜
等，还有部分铜器小件。1986 年和 1991 年在湖北房县盆地的
松嘴，发掘了一批东周墓[75]，大部分为战国小型楚墓，也有
一些中型偏小的墓。一般有棺椁痕迹，随葬器物大都为陶鼎、
敦、壶、豆，并往往成双出现。

豫西南至鄂西北地区的楚国墓葬，时代上限在春秋中期后
段。贵族墓集中于淅川下寺一带，墓葬多有车马坑殉葬，以随
葬铜礼器为主，并有上大夫一级的墓。分散于各地点的楚墓规
模都较小，这些小墓的陶器组合中，多用豆，特别是盖豆。一
般墓葬出土的器物形态较接近于中原的风格。特别是陶器的风
格尤为明显。总的来看，丹淅地区的楚国墓葬从墓制到随葬器
物均具有较浓厚的中原文化因素，而随着时代的发展，中原文
化因素逐渐减少，逐渐与沮漳河流域的楚墓相一致。

（四）鄂东一带

鄂东一带指汉水下游以东的长江以北一带，此区是中原商

周文化分布范围[76]，也是楚国城址分布较密集的区域。这里已发现有重要的随州安居、云梦楚王城、大悟吕王城、黄冈禹王城、孝昌草店坊城、黄陂作京等楚遗址，已在随州、云梦、汉阳、武汉、黄陂、孝感、广水、麻城、黄冈等地发现和发掘了楚墓。

1. 涢水至溵水一带

涢水至溵水一带是商周青铜器重要出土地域，也是"汉阳诸姬"的分布区。原来主要为随（曾）、郧等国活动的范围。

1977年，在随州西北3公里处发现了擂鼓墩东周墓地。擂鼓墩一带有一些低矮的山岗，在低岗上分布着一些土冢。1978年发掘了1号墓（曾侯乙墓）[77]，1981年发掘了2号墓[78]，1983年发掘了30座墓[79]。

1号墓为一座岩坑竖穴式木椁墓。墓口之上已被破坏，有无土冢，不能确知。残墓口最长21米，宽16.5米。墓坑形状特殊，平面呈不规则多边形，面积220平方米，方向正南。墓坑用青膏泥、木炭和石板密封。椁室分东、中、西、北四室，用171根长条方木垒成。椁四周及椁顶填塞木炭和白膏泥，填土中部用大石板横铺。东室置主棺，为重棺，外棺铜木结构，铜框架间嵌木板。东室还有陪葬棺8具和狗棺1具。西室置陪葬棺13具。中室主要放置编钟编磬等乐器和铜礼器，北室主要放置兵器、车马器、竹简和2件大尊缶。各室及棺内共出土乐器、铜礼器、兵器、金器、玉石器、漆木竹器、丝织品、竹简等共15404件。此墓出大量的"曾侯乙"铭文铜器，并用九鼎八簋、64件编钟和32件编磬，表明了墓主是君王身份的曾侯乙。在楚惠王赠送的一件镈钟上有铭文31字，与北宋"得于安陆"的钟铭相同，作于楚惠王五十六年（公元前433年），该墓下葬年代当即此年或稍后。此墓是东周考古断代的重要标尺。墓内出土的随葬器物级别高，种类多，造型美，制作精，文字资料丰富。钟、磬、琴、箫、篪等乐器；尊盘、大尊缶、铜人、鼓座、磬架、鹿角立鹤等铜器和金盏、16节龙凤玉挂饰、鸳鸯漆盒、甲胄等都是极其珍贵的文物。在一个漆衣箱盖上画有二十八宿图案，证明二十八宿源于中国。此墓有铜铭、竹简、刻书、墨书、漆书等文字12696字，记载了音乐、葬仪、器名、官名等方面的内容。有学者认为曾侯乙墓并非楚墓[80]，《曾侯乙墓》发掘报告也认为“不是楚墓”，但“已纳入楚文化的范畴”[81]。既然已纳入楚文化的范畴，就是属楚文化的墓，但不是楚人的墓。

2号墓位于1号墓西北侧，相距102米，也为岩坑竖穴式木椁墓。土冢已破坏，残墓口长7.3米，宽6.9米，残深1.4米，正东西向。墓底有青膏泥。被盗，棺椁腐朽。椁痕长5.74米，宽5.47米。椁内有二棺残迹。主棺置于北部偏西，长约3.3米，宽约2米，似为重棺，棺四周散布有铅、锡棺钉和鸟形、鱼形、方形铜片饰件。椁内西南部置陪棺一具。椁室内中部和椁东壁附近主要放置铜礼器；椁南壁附近主要放置编钟编磬；近椁西壁中部有编钟7件、铜鼓座1件；近椁西壁略偏北处和西南角主要放置车马器；椁室东北角有鹿角1对。共出土铜乐器、礼器、杂器、车马器及陶器、玉石器等2770余件。包括乐器铜编钟36件、石编磬12件；铜礼器升鼎9件、簋8件、盖鼎6件、小鬲9件、簠4件，盥缶、尊缶、方壶、钫、壶、豆各2件，镬鼎、大鬲、甗、提链小口鼎、盘、匜各1件。有铭文的器物只有1件铜簠，器内有“盛君豢之御簠”6字。2号墓的时代断为战国中期前段，墓中使用了最高级别的铜礼器九鼎八簋，墓主身份相当于国君。

13号墓位于1号墓西南约500米处，为长方形竖穴土坑墓，墓口长4.32米，宽3.5米，深3.75米，方向为160度。南部有斜坡墓道，墓壁垂直，墓底有高1.8米的生土二层台，墓底中部偏北有腰坑。墓底有青膏泥。葬具、尸骨均已腐朽。椁痕长2.83米，宽1.9米。墓室南端放置铜礼器鼎2件、敦1件、壶2件、勺2件和陶罐1件，墓室西边放置铜剑1件、戈2件、镞2件和陶罐1件。其中铜鼎为铁足，铜敦有精致的花纹图案。墓葬年代为战国中期，出土器物特征与典型楚器无异。

1973～1978年，在云梦楚王城遗址东南方的珍珠坡上发现战国早、中期小型楚墓10余座，并发掘了1号墓[82]。珍珠坡1号墓，方向为170度，墓口长3.8米，宽2.17米，深3.08米。墓壁较直，墓内填青膏泥，并经夯筑。葬具为一椁一棺，椁内分主室、头室和边室。棺置于主室，为弧形悬底棺，长2.12米，宽0.78米，高0.77米。用麻绳横三道、直一道捆绑。骨架尚存，仰身直肢，用竹席包裹，胸、腰、膝部各缠丝带一道。头室内置卧鹿立鸟、木梳、铜剑及盾、木弓。边室放置仿铜陶礼器鼎5件、盖豆2件、高柄豆4件、敦2件、壶2件、高足壶2件、钫2件、罍、镳壶、匜各1件。棺与东椁壁之间还有木戟、木柲各1件。所出仿铜陶礼器制作较精细，器表涂漆，并有彩绘。盖豆、壶等器还使用金粉描绘。盖豆和敦的造型、花纹图案均有特色。此墓下葬年代为战国中期。

50年代修建京汉铁路复线时，在武汉东北郊谌家矶挖出过战国陶器和铜剑、铜镞之类的器物，经调查是战国小型土坑楚墓随葬品[83]。70 年代以来，在安陆的涢水两岸的死土岗、王家山等地有东周墓葬的铜礼器、兵器出土[84]；在孝感东南距出"安州六器"和大批楚蚁鼻钱[85]不远的天津湖清理了 1 座小型战国楚墓，出铜鼎 1 件，铜戈、剑各 1 件和双耳陶罐 1 件[86]。1977 年，在黄陂鲁台山发掘的 30 座东周小墓[87]较为重要。东周墓分布在鲁台山南部，大体分 3 组。东组有 10 座，分布在南北宽 65 米、东西宽 50 米范围内。其中墓向朝南者 6 座，朝东者 4 座。西组共 16 座，分布于直径约 50 米范围内。墓向除 1 座朝东外，其余皆朝南。南组仅 4 座，墓向均朝东，并列成行排列。各组墓均为长方形竖穴土坑墓，无墓道，口大于底，葬具和骨架已腐朽难辨。有 2 座墓没有随葬品，其余墓以随葬陶器为主，铜器仅见兵器。陶器组合有鬲、罐，或加豆、盖豆；鬲、盂、壶，或加豆；鼎、敦、壶；鼎、豆、壶。27 号墓出土并体陶壶为别处未见。12 号墓出有铭铜戈 1 件，刻有地名"阳春"、马夫小吏名"啬夫"、"工师"等字样，具有三晋风格。鲁台山位于黄陂城关东部的滠水左岸，是一处大型的两周遗址，在发掘东周墓的同时，还发掘了属中原文化系统的重要西周墓 5 座。鲁台山东周墓具有楚墓的基本特征，但也有一定的地域特点，例如陶器中有鬲、豆、圈足壶的组合，而组合中有双耳罐，并有较多的豆、盖豆等，从西周的中原墓到东周的楚墓存在较明显的逐渐演变过程。

80 年代，在汉阳熊家岭发掘了战国楚墓 19 座[88]，在广水彭家湾发掘战国楚墓 4 座[89]，在孝感花园发掘了一批战国楚墓[90]。彭家湾 1 号墓出土铜礼器鼎 2 件、壶 2 件、盘 1 件、匜 1 件、勺 1 件。熊家岭楚国墓地在发掘前已有器物出土，发掘时墓葬土冢已被夷平。发掘的 6 座墓，只有 1 座带斜坡墓道和二级台阶，稍大的椁室分头室、主室和边室。随葬器物主要为仿铜陶礼器，有鼎、敦、壶、豆，还有少量簠、盘、勺。铜器有兵器和车马器。还有一些玉石器、玻璃珠和青瓷罐。据调查，附近有同期的临嶂古城遗址。

2．举水和巴河流域

举水、巴河两流域的楚墓，主要发现于麻城和黄冈。1984年，在麻城白骨墩发现东周墓 6 座[91]。白骨墩位于麻城西南举水西岸。长方形竖穴土坑墓 4 座，近方形竖穴土坑墓 2 座，最大的墓墓口长 10.5 米。五座墓朝东，一座墓向南。填土下部有白膏泥或青膏泥。五座墓都为一椁一棺，一座墓葬具不清。棺均为悬底弧棺，放于椁室一侧，空出一端或一侧放置随葬器物。六座墓共出器物 262 件，主要为陶器、铜器和少量漆木器、石器。1 号墓出土铜、陶礼器各一套，还出印纹硬陶罐 1 件。随葬器物组合有鬲、豆、盂、罐；鼎、敦、壶；鼎、敦、钫或鼎、盒、钫，另加豆、盘、匜、勺、高圈足壶，器物也多成双出现。器物组合中不见簠、缶，所出陶壶不见铺首衔环。六座墓的时代，除 3 号墓为春秋外，其余皆为战国。1982年，在举水、巴河之间的黄冈禹王城南郊国儿冲发掘了战国墓 5 座[92]。五座墓均为长方形竖穴土坑墓，南北向，墓口残长 3.15～5.5 米，宽 2.6～5 米，深 0.52～2.7 米。1 号墓较大，有斜坡墓道，一椁一棺，并填青膏泥。椁室内空长 2.74 米，宽 1.7 米，高 1.1 米。棺置于椁内中央，棺四周有隔板，东西两边隔板作仿门楣结构，隔板之外椁室四周都留出空间，呈"回"形箱室。棺为悬底弧棺。棺盖有棕绳和竹编织物。棺长 1.92 米，宽 0.88 米，高 0.96 米。五座墓共出器物 150 余件，分铜、陶、瓷、漆木竹、玉石等类，其中 5 号墓出铜礼器鼎 2

件、匜 1 件、勺 1 件，还出双耳瓷罐 1 件；1 号墓出仿铜陶礼器鼎 4 件、敦 4 件、壶 2 件、钫 2 件、缶 2 件、盘 2 件、匜 2 件、勺 2 件、壶形器 4 件，还出彩绘豆、"魔方"形座的镇墓兽、漆盒等重要器物。1976 年，在禹王城北郊发现了罗汉山楚国墓地。1982 年发掘了罗汉山 1 号、2 号楚墓[93]。两墓均有一椁一棺，墓坑近方形，墓壁较直，1 号墓带阶梯式墓道。两墓均早年被盗。1 号墓残存陶器鼎 2 件、豆 2 件、罐 2 件、壶 1 件。2 号墓残存陶器鼎 2 件、敦 1 件、壶 1 件、玉璧 1 件。在罗汉山收集的铜器中，有越式鼎和楚式壶、盉、铙、匜、勺等。

鄂东一带典型的楚墓，时代多属战国中晚期，在春秋至战国早期的墓葬中，例如战国早期的曾侯乙墓尚保留着浓厚的中原文化因素；从西周中原系统的墓到战国楚墓之间具有明显的因袭关系和逐渐演变过程。例如随州一带的春秋曾墓到曾侯乙墓，再到擂鼓墩 2 号墓和 13 号墓，可以看到中原文化因素的逐渐减少，楚文化因素的逐渐增加。又如黄陂鲁台山墓地，时代上限早至楚国直接统治之前，此墓地的早、晚期墓葬之间也具有显著的直接演变关系。在墓制方面，楚墓一般墓壁较直，有阶梯式墓道（鲁台山 30 号西周早期墓墓道为阶梯式，阶梯式墓道是鄂东西周墓葬的传统）和"回"形椁室；在随葬器物方面也有不少特点，例如陶器中少见小口鬲和长颈罐，盉为平底，罐有双耳，有些器物的盖为平顶，壶形器较常见等。

（五）豫东南

大别山以北的淮河上游至颍水流域一带的豫东南地区，是西周至春秋诸侯申、息、江、弦、黄、番、蓼、蒋、许、蔡、陈等国活动范围。"楚文王伐申，过邓"之后，这些诸侯国陆续被楚所灭，诸国故地成为楚北进中原、东伐吴越的重要基地。这里有信阳楚王城、潢川黄国故城、上蔡蔡国故城、淮阳陈城、淮滨期思故城、固始寝丘故城等一系列楚城址。楚墓主要发现于信阳、正阳、罗山、光山、叶县、上蔡、淮阳等地。

1. 淮河上游地区

河南信阳一带是楚国活动的重要区域。已发现许多级别相当高的楚国墓葬。

1983 年，在固始县城东北约 2.5 公里的寝丘故城附近清理了万营山 2 号铜器墓[94]。有铜鼎 2 件、簋 1 件、簠 1 件、缶 1 件、盘 1 件、匜 1 件、铲 1 件、马衔 2 件、马镳 4 件，为春秋中期后段楚墓。

1978 年，在固始县城东南 2 公里处（寝丘故城南）发掘了侯古堆 1 号墓[95]。此墓有直径 55 米的土冢，墓口长 12 米，宽 10.5 米，深 16 米，墓向 87 度，东边有斜坡墓道，墓壁略内收。墓坑内积沙、积石，墓底有青膏泥。墓内重椁单棺。在内外椁之间和外椁四周另有殉葬棺 17 具。在墓坑北侧 13 米处有陪葬坑一座。墓室早年被盗，铜礼器、乐器和肩舆等主要随葬器物均出在陪葬坑内。铜礼乐器包括鼎 9 件、簋 2 件、方豆 2 件、壶 2 件、编镈 8 件、编钟 9 件，3 乘肩舆是我国考古史上的首次发现。此墓还出土有漆木竹器、玉器、陶瓷器等。铜簠铭文有"有殷天乙唐（汤）孙宋公䜌作其妹句敔夫人季子媵簠"的记载。墓主或说是吴王夫人，或说是楚国贵族。下葬年代定为春秋战国之际。墓葬葬俗和出土遗物兼有中原、楚和吴文化因素，是研究淮河上游地区东周墓葬演变的重要资料。

1980年，在固始县城东南约1.5公里处的白狮子地发掘了1号、2号墓[96]。1号墓有高1.5米的土冢，墓口长12米，宽11米，方向正东。墓坑四壁有二层台。填土内有十几块料礓石。重椁一棺，外椁用麻栎树大方木垒砌。内椁用木板结筑，并由四根立柱固定联结。主棺已腐。在椁外和内外椁之间发现13具薄木陪葬棺，椁外5具陪葬尸骨鉴定为40岁左右的男性。出土铜礼器有鼎2件、壶2件、匜2件，还有较多的铜兵器、车马器、漆木竹器和陶器等。出土铜器与湖南长沙浏城桥1号墓的铜器相似，时代定在春秋晚期或战国早期。2号墓在1号墓东南35米，墓坑较小，但出土了"甫王"铜剑1件，时代与1号墓相当。

信阳楚王城原称为城阳，《战国策·楚策四》："（楚）襄王流揜于城阳"，因楚王临时居住过而称为楚王城，其位置在信阳长台关。在楚王城西南有一南北长约10公里的土岗，土岗上分布着6个冢墓。1957～1958年，对其中的两冢进行了发掘，是为长台关1号、2号楚墓[97]。两墓东西并列，1号墓在西，2号墓在东。1号墓墓口长14.5米，宽12.05～12.55米，深10.35米，方向朝东。东边有斜坡墓道，四级台阶。椁四周有青灰泥填塞。一椁重棺。椁长8.95米，宽7.6米，高3.25米，共分7个室。外棺长2.25米，宽1.18米，高1.1米。棺外表涂黑漆，棺内表髹朱漆。墓内随葬器物共903件，包括铜礼器鼎5件、敦1件、盒2件、壶2件、盘4件、匜1件、高足壶形器2件、编钟（钮钟）13件，还有铜兵器、工具、车马器，陶礼器、漆木器、玉器、竹简、丝织品、果核等。一件钮钟上铸有铭文12字："唯荆（荆）𣄼（历）屈栾晋人救戎于楚境。"编钟经测音，音律准确，音质悠扬。一件彩绘瑟，用多色绘出射猎、宴乐、神巫等图案。彩绘鼓、镇墓兽等大批漆木器色泽鲜艳，光彩夺目。竹简 148 支，分两组。其中一组 29 支，残存 957 字，应为遣策；另一组 119 支，残存 470 余字，是一部竹书。2 号墓形制大小与 1 号墓近似，被盗。墓口长 14.5 米，宽 12.1 米，东边有斜坡墓道，七级台阶，三椁重棺，出土器物 414 件。器物中以漆木器居多，还有铜、铁、陶器和农作物遗存。其中乐器有纽钟 13 件、钟槌 2 件、钟架磬架各 1 件、木编磬 18 件、木瑟 3 件、鼓 2 件、鼓座 1 件。据棺椁和随葬器物，两墓墓主身份均相当于大夫，而下葬年代为战国中期。

1992~1993 年，在新蔡县城西北 26 公里处的葛陵村发掘了一座大型楚墓[98]。此墓有土冢，墓口长 25 米，宽 23 米，深 9 米，方向朝东。墓坑东边有斜坡墓道，七级台阶。葬具为重椁重棺，椁分 5 个室，分别为前室、后室、南侧室、北侧室和棺室。外棺和椁底部均有垫木。内棺底板、挡板、盖板用铅条和燕尾榫现场套接而成。后室发现 4 具人殉骨架。南侧室有马车 1 辆。墓葬虽被盗严重，但仍出有许多重要器物。包括青铜器、漆木器、玉石器和竹简。青铜器可分礼器、兵器、车马器、乐器、工具、装饰品等。礼器有簠、豆，乐器有编钟。兵器中 7 件戈上有同铭 7 字。工具有锛、凿、镰、削等。竹简数量较多，是中原地区继信阳长台关竹简发现之后的一批珍贵竹简资料。墓葬时代为战国中期，墓主身份应为楚国的封君。

1986 年，在正阳县城东北 30 公里的寒冻发掘了苏庄 1 号楚墓[99]。在一土岗上自南而北分布着 5 座冢墓，苏庄 1 号楚墓是其中的一座。此墓冢高 3 米余，墓口长 10.7 米，宽 8.95 米，东边有斜坡墓道，墓口有二级台阶。填有青膏泥。椁室长

5.24 米，宽 4.14 米，高 2.5 米，分棺室、头箱、边箱。棺室有三层椁，头箱和边箱均为双层椁。棺长 2.06 米，宽 1.06 米，高 1.14 米，棺底四角及中部两侧共有六堆拌有朱砂的花椒。随葬器物被盗，残存器物以陶器为主，还有铁器、漆器和玉器。陶器有鼎、敦、壶、钫、豆、罐、盂、盘、盉、井等。其中陶井为楚墓中罕见。漆木器有杯、圆盘豆、案、俎、勺、大鼓、小鼓、鼓杖、瑟、木杖、床等。墓主身份相当于大夫，下葬年代为战国晚期。

1980 年，在罗山县城西南蟒张发掘了天湖楚墓 20 座[100]。这些墓都为近方形土坑竖穴墓，大部分没有椁木痕迹，方向基本朝东或朝西，只有两墓偏南。随葬器物主要是陶器，有的墓还有一两件铜兵器。器物放置于墓坑一侧，无头箱、腰坑和朱砂。36 号墓墓口长 3.4 米，宽 2.6 米，深 3.5 米，东西向。随葬品有仿铜陶礼器鼎 3 件、豆 3 件、壶 2 件、罐 2 件、勺 1 件，铜戈和剑各 1 件，还有漆木器残迹。这些器物均放置于墓底南侧。38 号墓墓口长 2.4 米，宽 1.9 米，深 3.5 米，南北向。随葬品放置于墓底东侧，出土仿铜陶礼器鼎 3 件、豆 3 件、壶 2 件、罐 2 件。这批墓均属小型楚墓，下葬年代最早为战国早期，最晚为战国晚期。

淮河上游一带的楚墓时代上限也在春秋中期，较早的墓多为铜器墓（贵族墓），并且具有较浓厚的当地文化色彩。在罗山天湖商周两代延续埋葬的墓地中，可以反映这一地区不同性质的墓葬的变化，商代墓应属中原商文化，周代墓属于楚文化。在该墓地的发掘报告中说："可以肯定的是，叠压在罗山蟒张天湖商代晚期息族墓葬上面的是战国楚族墓葬。周灭商以后，息族在罗山一带保持了一段很短的时间，以后很可能迁到息县一带，变成西周姬姓息国。到了战国，楚族才开始把罗山蟒张天湖作为墓地。"[101]此墓地反映出楚人定居于天湖一带的时代并不很早。春秋战国之际的固始侯古堆1号墓还反映出许多不属于楚文化的因素。就是楚国统治这一地区已久的战国阶段墓葬，仍保留许多自身特点，例如一般墓葬随葬陶器的基本组合为鼎、豆、壶、罐，使用豆和盖豆的情况显然十分普遍；在器物形态方面，陶鼎较矮胖，盂底不内凹，罐多绳纹和双耳，平底器较常见。这些与江陵战国楚墓相比差别相当明显。

2．汝水至颍水一带

这里有蔡国故城、陈城等重要楚城址，春秋时期为楚国与中原诸国的接触地带，战国晚期为楚国活动的中心地区。

叶县城南15公里处有楚叶城（旧县）遗址[102]，在城址东北分布着10余座土冢。1985～1986年发掘了其中的一座，为旧县1号墓[103]。此墓墓口长17.44米，宽13.12米，深12米。东边有斜坡墓道，墓道东端向南折，呈曲尺状。墓坑内有积石。葬具为双椁重棺，外棺四周有数枚铅质棺钉。随葬品被盗，70年代当地农民又从墓内取出铜鼎八九件，钮钟六七件和一些车马器、陶器。发掘所获器物70余件。现存此墓出土器物有铜器、漆木器、玉器、陶器等，其中有铜升鼎2件、编钟6件。编钟大小依次递减，钲部铭文被锉去，还能辨认出"康乐□□"、"□保眉□"等字样。墓葬年代为战国早期。

1984年和1985年，在上蔡县城西4公里处发掘了卧龙岗楚墓4座[104]。1990年又发掘了楚墓1座[105]。1号墓墓口长5.5米，宽4.5米，深5米，东边有阶梯形墓道，有一级台阶，有一椁一棺残迹。墓被盗，仅剩一些陶器和铜环、石环各1件。2号墓墓口长22米，宽20米，深7.3米，东边有斜坡墓道，有十二级台阶，有一椁一棺遗迹。器物也被盗，残存仿铜陶礼器有鼎、簠、敦、壶、钫、方豆、豆、高足壶等，其中鼎有大、中、小之分。另还出铜残片和其它小件。在2号墓之西10多米处发现有车马器和马骨，可能为该墓车马坑。4号墓，发掘时土冢和墓口均已破坏。墓口呈不规则长方形，东、西壁长11.5米，南壁长12.7米，北壁长13.8米，深11.6米。墓坑四壁有四级台阶，各台阶面上铺有苇席和蒲席。墓坑东边设墓道，墓道东部为斜坡形，近墓坑处有四级阶梯。葬具均朽。椁室呈不大规则的长方形，北长5.1米，南长4.7米，东长3.75米，西长3.85米，高1.6米。东、西两边沟槽一条。椁室内有分室现象，墓内器物被盗，残存遗物包括铜、铁、陶、骨、玉器等类。铜器主要为车马器。陶器能复原的很少，能辨器形有鼎、簋、簠、盂、豆、壶等。1号、2号、4号墓出土器物风格同属战国晚期。2号、4号墓规模较大，应为楚迁陈之前的楚国高级贵族墓。

在淮阳陈城遗址东南方有马鞍冢、貆黄冢、双冢等有名字的较大型土冢分布。1981～1983年，对马鞍冢进行了发掘[106]。马鞍冢为南北并列的两个呈马鞍状的土冢。北冢为2号墓，冢高4米，墓室系夯筑而成，墓口高出地面，长16.6米，宽15.3米，方向104度。墓坑有七级台阶，东边设斜坡墓道。墓道两壁镶有壶形铜片，并插旗杆。墓坑内填土层层夯实。葬具已朽。墓室南部有隋末的盗洞，墓内大部分器物被盗。在北冢西有一车马坑，为1号车马坑。南北长35米，东西宽4.72米，西部正中有两个斜坡通道。坑内填土部分夯打，埋葬车8辆、马24匹、狗2只。坑内西北角随葬陶礼器鼎、敦、壶、钫、簠、簋、豆、高足壶、匜和箕等，南部随葬肩舆和泥质器物。马头均朝西，多置于车前，腿北背南，马当是杀死后放置的。出土的陶鼎有镬鼎、升鼎和盖鼎等，镬鼎高达79厘米。南冢即1号墓，冢高2米。墓室也是夯筑而成，墓壁上残留版筑遗迹。墓口长14.5米，宽13.48米，方向为100度。墓坑有五级台阶，东、西边均有斜坡墓道。东边墓道为主墓道，南北壁上镶壶形铜片，底铺编织物。西边墓道较窄，两壁无铜片，底也铺编织物。墓内有木椁，已朽。墓室北部有东汉末的盗洞。南冢的车马坑也在墓西侧，为2号车马坑。南北长40米，东西宽3.7米，东边偏北设一斜坡通道。坑内填土全部经夯打，埋葬车23辆、泥马20多匹、旌旗6面。车的木质部分已朽，象牙、骨、铜、铁质构件均保存在原来位置上。泥马为泥塑，高度约为真马的1/2。没有按照驾车的马数摆在车前，而是分置于车马坑北部的两侧，有站、卧、奔等不同姿势，马身上涂白色或棕色，耳、目、嘴等细部线条已不清晰。旌旗发现于坑的南半部，顺车马坑的方向放置，旗杆有墩，压于1号至12号车的辕上。原竖插在23号战车上的一面旗较罕见，此旗为红色，一面每组8枚海贝，另一面每组4枚海贝，用线缀成四瓣花纹，排列整齐，相当精致。两座车马坑共出土车31辆，多为单辕车，也有双辕车。除双辕车用服马1匹外，单辕车多为一衡二轭，驾车马有2匹、4匹和6匹三种。这些车包括战车、安车，还有供游戏的小轮车。战车车箱不高，长方形，有的设后门。安车车身较长，有的车箱分前、后室，均有车盖、车耳。轮在车耳下，车盖形制各不同。出土的车马器种类多，特别是部位清楚的车构件，对于研究楚车价值极高。两座冢墓的时代均为战国晚期。据考证，南冢墓主可能为楚顷襄王[107]，北冢为南冢的陪葬墓，墓主则有可能是顷襄王的夫人。

1979~1980 年，在马鞍冢之西约 300 余米的平粮台龙山文化古城址内发掘了一批战国、两汉墓葬，其中 4 号和 16 号墓为重要的楚墓。平粮台 4 号墓[108]，墓口长 3.64 米，宽 2.32 米。墓坑四壁有二级台阶，东边有斜墓道。棺椁遗迹不清，随葬品放置于死者两侧，出土鼎、壶、高足壶等陶器 10 件，鼎、镜、蚁鼻钱、"越王"剑等铜器 26 件。平粮台 16 号墓[109]，墓口长 14.2 米，宽 10.32 米。墓向 107 度。墓坑四壁设六级台阶，东边设斜坡墓道。棺椁已朽。椁长 4.76 米，宽 3.4 米，棺位于椁正中。墓主头向东，为老年男性，佩戴大批精美玉器。椁室东部和棺两侧放置大部分器物，其中仿铜陶礼器有鼎 9 件（包括升鼎 4 件、盖鼎 2 件）、簋 2 件、豆 6 件、壶 2 件、钫 2 件，可复原的陶编钟、编磬各 5 件。出土的玉器中，有多种龙形佩、鼓形佩、镜架等精品。还出土玻璃珠 2 件、骨簪 1 束。此墓断为楚都于陈三十八年期间的墓。在平粮台古城址内发掘的楚墓已有 20 多座，多为小型墓，出土器物多为陶器，少量铜、玉器。陶器有鼎、敦、壶、高足壶、盘、盆、罍、罐等。

汝、颍二水一带发现不少身份高的楚国贵族墓，又有许多平民楚墓，墓葬类别较全，内容也丰富，而时代多属战国晚期。这些楚墓具有地域特点，同时具有时代特征，是研究当地楚文化和战国晚期楚墓特点的重要资料。

（六）湘西北

湘西北，即洞庭湖之西的澧水、沅江流域。这一区域与鄂西相邻，为楚向江南首先开拓的区域。在湖南境内发现的楚城址大部分均集中于此。这里还发现了楚国重要的麻阳古铜矿遗址。已发掘的楚墓数量已超过 1200 座[110]，但发掘资料尚未全部发表。据墓葬特点，此区当分为两个亚区。

1. 澧水和沅江下游

澧水和沅江下游，即洞庭湖西岸的湘北地区，此区已发现了时代大约为春秋中期前后的楚墓。1984 年，在澧县边境附近的湖北公安石子滩发现春秋楚墓 2 座[111]。两座墓都是受破坏的残墓，较大的 1 号墓，长 3.3 米，宽 2.4 米，残深 1.5 米。两墓方向分别为 115 度和 106 度，均有一椁一棺。1 号墓随葬铜器和少量漆木器，铜器有鼎 1 件、盏 1 件、缶 1 件、剑 1 件。推断墓主为士一级贵族，两墓主可能属同一家族成员，时代为春秋中期。墓葬附近还有春秋楚遗址。1979 年，在澧县丁家岗新石器时代遗址中发掘的三座东周墓[112]，应属楚墓。三座墓均为带头龛的长方形竖穴土坑小墓，随葬器物全置于头龛内。出陶器组合分别为鬲、盂、罐，鬲、盂、豆和鼎、盂、罐，墓葬形制和器物特征近似鄂西沮漳河流域春秋中期的楚墓。报告执笔者定三墓年代为春秋前期，而高至喜认为"定在春秋中期更为适宜"[113]。

湘西北一带发掘的楚墓，绝大部分属战国时期。分布于常德、临澧、澧县、桃源、汉寿、慈利、津市等地。1979～1981 年，在临澧九里发掘了楚墓 24 座[114]。九里墓地是湖南境内迄今发现的规模最大的楚国墓地，地面上分布大小土冢近百座，其中冢底直径在 30 米以上的有 20 座，并分 9 组。1980 年发掘的 1 号墓规模与江陵天星观 1 号墓相当。墓口长 34.5 米，宽 32.8 米。十一级台阶，东边有一斜坡墓道，冢顶至墓底深 20 米。木质葬具平面正方形，边长 8.8 米，由二椁三棺组成，有 4 个不呈井字状的边箱。随葬器物早年被盗，残存器物 300 余件，分漆器、木器、铜器、玉器、陶器、琉璃器、果品、竹简等类。包括双虎双凤鼓架、五边形漆木箱、高柄方形豆、大型镇墓兽、木瑟、竹简等重要器物。墓主身份相当于封君，下葬年代为战国中期。其它墓规模为中、小型，较大的墓有斜坡墓道，有冢墓往往两个或三个相连，葬具中有 2 座墓的弧棺为平底。11 号墓和 13 号墓之西有车马坑，11 号墓的车马坑埋车 2 辆，13 号墓的车马坑埋车 1 辆和马 2 匹。这些墓随葬的陶器基本组合是鼎、敦、豆，或再加壶、罐、瓿中的一种、两种或三种。铜礼器有鼎、敦、壶、匜、勺等，还有不少铜车马器、铜兵器、漆木器、玉石器等。17 号墓出土重要的"君"字铭文车害。小型墓中有 4 座未见随葬器物，可能属贵族墓的殉葬墓。九里墓地规模较大，墓葬特点较接近江陵楚墓，而时代为战国早期至战国中期前段，推测可能为楚国某封君的家族墓地。

1956 年，在常德东郊的德山清理战国墓 44 座[115]。1958 年，又在德山清理东周墓 84 座[116]。1983 年，在常德官山清理战国墓 2 座[117]。1983 年以来，在常德的德山、德郊、黄土山、樟树山、四运停车场等地点发掘楚墓约 400 座以上[118]。常德一带为楚墓的一个密集区。据 1980 年在官山一带调查，发现山地上有上百座小山似的土堆，初步认为是有冢墓。发掘的 1 号墓和 2 号墓也有 2 米左右的土冢，墓口有一至二级台阶，2 号墓有斜坡墓道。1 号墓墓口长 5.59 米，宽 4.64 米，深 4.8 米。出土仿铜陶礼器鼎、敦、壶、豆各 2 件，盘、匜各 1 件，还出铜器剑、矛、戈和残漆片。两墓时代断为战国中

期。1958年发掘的德山楚墓可分早、中、晚三期。早期墓墓
坑多为长方形窄坑，带壁龛，随葬品陶器为主，器形有鬲、
盂、豆、瓿、罐、盘等；中期墓有较多的长方形宽坑，有的还
带斜坡墓道和阶梯墓道，有的木椁保存较好，个别墓用二椁一
棺，出土陶器有鼎、敦、壶、罐、盂、盘等；晚期墓随葬陶器
有鼎、敦、壶、盘、匜、豆、盂、盒，铜器有鼎、壶、匜等。
常德一带的楚墓还出成组的天平砝码、铜印章、铭文戈、蚁鼻
钱、"正阳"铜鼎、长方形铜镜、纪事竹简、彩绘木俑、双虎
头船形漆木琴、漆皮甲等重要楚器。墓葬的时代为春秋晚期至
战国末期。

　　1972年，在汉寿风包岭清理的一座一椁二棺墓[119]，出土
陶鼎、敦、壶、豆和龙纹木笭床等文物17件。1985年和1987
年，在桃源三元村发掘楚墓2座[120]，出"中阳"铜鼎、错金
铭文铜剑、刻字漆耳杯等重要文物。1984年，在桃源狮子山
发掘战国墓41座[121]，出土的陶器具有明显的地域特点。
1986年，在临澧太山庙发掘战国楚墓29座[122]，棺均为平底
长方盒形。出土陶器中有短足罐形鼎、双耳带盖罐、单耳盆等
少见器物。出土的铜器中则有越式鼎、巴式匕首和具有西南夷
风格的匕首等非楚文化遗物。1984年在津市金鱼岭清理的12
座楚墓[123]中仅有的2件铜鼎，也为越式鼎。1978年至1987
年，在慈利城关附近发掘的战国墓[124]，有带壁龛和不带壁龛
的长方形竖穴墓。较大的墓有一至三级台阶，并有斜坡墓道，
用一椁一棺。带壁龛墓随葬陶器组合为豆、壶或豆、罐，不带
壁龛的小墓随葬陶器组合为鼎、敦、壶、豆、盘或鼎、豆、罐
（壶）。石板村墓地在白公城东郊。此墓地已报道的18座墓中，
36号墓较重要，该墓有冢，墓口长8.4米，宽6.64米，深

5.34 米，方向为 105 度。墓壁有三级台阶，东边有斜坡墓道，用白膏泥封椁。葬具为一椁一棺。椁室长 3.33 米，宽 1.8 米，高 1.3 米。椁内分棺室、边室和头室。棺为弧形悬底。随葬器物有铜器鼎、钺、剑、戈、矛各 2 件，铲形勺、钲、黑漆方镜、斧各 1 件，镞 19 件；陶器鼎、缶、盘、匜、铲、勺各 1 件，敦、壶各 2 件；漆器奁、瑟各 1 件；木器筐、杵、镇墓兽、弓各 1 件；竹简约 1000 支，21000 多字，内容以记载吴越二国史事为主。该墓年代断为战国中期前段，墓主身份相当于下大夫一级。

2. 澧水和沅江上游

澧水、沅江上游的湘西属武陵山区，位于楚国西南，是与商周濮人和战国巴人关系密切的区域，发现的东周墓葬数量不少，但类别不高，文化因素较复杂。

1984 年，在古丈西北约 15 公里处的白鹤湾清理楚墓 64 座[125]。其中 16 座墓有头龛，3 座墓有斜坡墓道，58 座墓有随葬器物。头龛墓中有 3 座有二层台，15 座墓为窄长形，随葬陶器组合以绳纹鼓腹罐（壶）、盂（钵）、豆为主。有墓道的墓皆为长方形宽坑，随葬陶器组合为施彩绘的鼎、敦、壶，并有成双现象。其它墓也有一些窄长形坑，陶器组合多以鼎、敦、壶、豆为主。这批墓葬的时代为战国早期和中期。白鹤湾楚墓具有某些地方性特征和巴、楚文化遗物共存现象。随葬陶器组合中的炊器为绳纹罐的一种窄长形墓，推测可能是楚国境内的巴人墓[126]。

1978 年以来，在溆浦、辰溪、保靖、大庸、黔阳、沅陵等地清理发掘了多批战国墓葬。其中以溆浦马田坪发掘的墓数最多[127]，溆浦江口[128]、保靖四方城[129]、辰溪米家滩[130]等墓地发掘的墓数也不少。这几批墓葬特点较接近,墓坑都为竖穴式,墓口以长方形的为多,有部分墓坑较窄,少数窄坑墓有头龛,个别墓口呈楔形或亚腰形,有的长方形宽坑墓设斜坡墓道,并残存木质棺椁。随葬器物多为数件或十余件陶器,有的墓还出铜器剑、戈、矛、砝码、镜,铁器刀、锄,也有一些玉器和漆器。随葬陶器组合有鬲、盂;鬲、豆、罐;罐、盂、豆;鼎、敦、壶、豆;鼎、盒、壶、豆等,用豆较普遍。发掘报告或简报往往将这些战国墓分成楚墓、巴墓和秦墓等部分作报道。

(七) 湘东北

湘东北主要指资水、湘江下游至洞庭湖东岸一带。这一地区是江南发现楚墓最早、发掘楚墓数量最多的地区。已在十多个市、县 60 余处地点共发掘楚墓约 3000 座[131]。

此区时代较早或较大型的重要墓葬主要发现于岳阳、长沙、湘乡等地。1986 年,在岳阳凤形嘴山发掘墓葬 3 座[132]。其中 1 号墓保存较好,墓口残长 5.5 米,宽 4 米,深 7.1 米,东西向,南壁设龛,葬具仅存木痕,坑底有白膏泥,并铺卵石,随葬品主要放在龛内。出土铜礼器鼎 2 件,盏、簠、盉、盘、匜、匕各 1 件,还有铜戈和漆器残迹。铜盏上有铭文 8 字,自称"盏盂"。铜器作风近似于沮漳河流域春秋中期晚段墓葬的铜器。此墓是湘东北地区较典型的春秋较早阶段的楚贵族墓。

1977 年和 1982 年,在湘乡五里桥、何家湾发掘古墓 4 座[133]。五里桥 1 号墓,带壁龛,墓底长 5.7 米,宽 2.2 米,

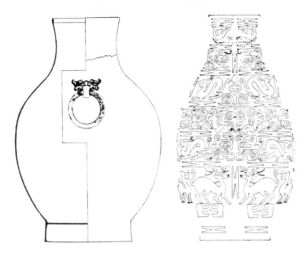

图一四　镶嵌动物纹铜壶（五里桥 M1∶25）

墓口略大，方向为 55 度。出铜器鼎 3 件、壶 1 件、盆 1 件，还有铜兵器、玉器和砺石等。铜鼎为越式鼎，铜壶有精致的镶嵌动物纹图案（图一四）。何家湾 1 号墓，也带壁龛，墓底长 7.2 米，宽 2.7 米，方向为 60 度。出铜器鼎 4 件、敦 2 件、缶 1 件和削 1 件，其中有 3 件越式铜鼎。两墓时代约春秋晚期至战国早期，说明这个阶段的楚国贵族墓仍具有较浓厚的越文化因素。

1971 年，在长沙发掘了浏城桥 1 号墓[134]，为长沙一带较典型的中型楚墓。墓室长 5.84 米，宽 3.47 米，四级台阶，墓道在东，有一椁重棺（报告将外棺称作内椁），棺为弧形悬底。椁与外棺之间分为东、南、西三个边箱置随葬器物。西、南两边箱之间还横放一小棺，可能为殉葬棺。墓中出土遗物 260 余件，有鬲、鼎、敦、壶、方壶、簠、簋、镶壶、鉴、盘、匜、豆等仿铜陶礼器，有蟠虺纹铜鼎 4 件、铜勺 1 件和铜兵器剑、戈、戟、矛等，还有制作甚精的漆木鹿形座、镇墓兽、二十四弦瑟、鼓及车马器。兵器的积竹柄和木柄长达 3 米以上。墓葬年代曾定为春秋晚期或春秋战国之交，后据 80 年代之后的楚墓年代学研究，改定为战国早期。

湘东北地区发掘了丰富的战国楚墓资料，并集中于长沙、益阳、湘乡、汨罗等地。1951 年以来，在长沙东、南、北郊发掘中小型楚墓约 2000 座[135]，皆为中小型长方形土坑竖穴墓。墓坑一般长度不足 5 米，少见土冢和台阶。个别中型墓头端有墓道。小型墓时代较早者墓坑窄长，常带头龛；时代较晚者墓坑变宽，常设边龛。有的墓底设生土二层台。中型墓多填白膏泥。葬具以一椁一棺的较多见。多层棺椁者较少。椁室常用木板隔成 1～3 个箱室。棺为长方盒形，悬底棺罕见。随葬品以陶器为主，还有铜器、铁器、漆木器、玉石器和琉璃器。陶礼器中少见簠和长颈罐。铜礼器有鼎、敦、壶、盘、匜，其它铜器多为镜和剑，乐器和车马器较少。漆木器中的镇墓兽也不多。铁器中有 20 余件属中国的早期铁器。五里牌 406 号墓[136]，用五层棺椁，内棺有棺束。椁板上刻有"自"、"自右"、"自上一"、"右"、"又"等文字，是椁板安装记号。出土木俑 30 个，有的俑胸前有墨书文字。此墓还出竹简 37 支。子弹库 1 号墓[137]，曾于 1942 年被盗，当时出有帛书等著名文物。该墓有土冢，墓口长 3.8 米，宽 2.72 米，深 7.42 米，方向为 115 度。东有斜坡墓道，墓内填白膏泥，一椁重棺，出仿铜陶礼器鼎 3 件、敦 2 件、壶 2 件、匜 1 件、勺 1 件，还出丝麻织物和一些竹木漆器。在椁盖板下面的隔板上面平放"人物御龙帛画"一幅，是我国出土的战国时期第二幅帛画。墓葬年代为战国中晚期之交。仰天湖 25 号墓[138]，带墓道，重椁重

棺，底部垫有透雕龙纹花板。随葬品有女侍俑、武士俑各 4
个，竹简 43 支，还有铜器剑、鼎足和陶器鼎、敦、壶各 2 件，
以及漆木器残件、铁镬、丝织品、皮带、木梳等。此墓为战国
晚期的楚国小贵族墓。杨家湾 6 号墓[139]，墓向东偏南，东端
有墓道，一椁一棺，棺、椁之间用木板隔成左、右、足三个边
箱置随葬器物。骨架保存较好，头骨内尚有未腐烂脑髓。出土
乐俑、炊厨俑等 50 个和竹简 72 支（有文字者 54 支）。一件漆
盒盖上阴刻"王二"两字。漆木器有木方壶、木剑、木梳、漆
盒、漆奁、漆耳杯等。随葬陶器有鼎、盒、盘、匜和熏炉，是
长沙典型的战国晚期楚墓之一。左家公山 15 号墓[140]，墓坑
平面略呈正方形，南北向，头端有墓道，一椁一棺，人骨架保
存较完整。尸体男性，以丝帛包裹，仰身交腿，年龄约 35 岁，
头骨内保存了大部脑髓，尚有视神经存在。出土天平、砝码、
毛笔、皮甲等珍贵文物。砝码大小共 9 个，重量依次相差一
倍，最重者 4 市两，最轻者 0.026 两，共重 250.5 克，应为当
时的一斤。天平的木杆长 27 厘米，中间有一丝线提纽，两端
系有铜盘。毛笔是用上好兔箭毛制成，套有竹笔筒，同出有铁
削、竹片、小竹笥等整套文具。随葬陶器鼎、敦、壶、盘、
匜、镳壶、泥金饼，还有漆木竹器、铜兵器和铜镜。墓葬年代
为战国中期。荷花池 1 号墓[141]，带斜坡墓道，墓向正东。有
二椁二棺，内椁四周均有特殊的门楣结构与箱室相通。随葬器
物分铜器、陶器、漆木器和其它器物。其中铜器 30 件，包括
鼎 2 件、敦 1 件、壶 2 件、铎 1 件，还有兵器和车马器；陶器
7 件，包括鼎 2 件、敦 1 件、壶 2 件和小口鼎、豆、镳壶、罍
各 1 件。这是一座典型的战国中期楚墓。

　　1978 年以来，在益阳附近的新桥山、赫山镇、桃花仑、

天成坑、赫山庙、羊舞岭等墓区发掘楚墓 300 余座[142]。少量墓有土冢，较大的墓有斜坡墓道，有的墓壁挖脚窝。窄坑墓有头龛和生土二层台，葬具为一棺。宽坑墓有一椁一棺，椁设头箱、边箱放置器物。随葬器物分陶、铜、铁、琉璃、玉石、漆木等类。铜器以兵器较多，并有工具、权衡器、镜、印章等；铁器包括剑、削、镢、镬、锄等。出土陶器组合主要有三种：绳纹罐、盂、深盘矮柄豆；鼎、敦、豆、壶；鼎、敦、壶、钫、豆或鼎、盒、壶、钫、豆。礼器也有成双现象。墓葬时代为春秋晚期至战国末期。益阳楚墓具有一定地域特征，并存在越、巴文化因素。赫山庙 4 号墓出越王州勾铜剑和"敚作郊王戟"铭文铜戈。新桥山的 25 座墓随葬品以铜兵器为主，有的墓出成组的剑、戈、矛。墓坑分布集中，排列方向基本一致，推测为军人墓地。

1965 年，在湘乡韶山灌区清理东周墓葬 76 座[143]，可分为早（春秋）、中（战国）、晚（战国末）三期。春秋墓中有"特长型"土坑墓，带头龛，墓坑有腰坑，随葬器物主要为铜器，可能为当地越人墓。战国墓随葬器物主要为鼎、敦、壶、豆。豆在长沙出得较少，这里出土较多。琉璃器的种类也较多。战国末期墓室由长变方，出碗形陶敦，并有陶盒与陶敦共存的情况。

1983 年，在汨罗城关之北的永春、楚塘、楚南等地清理东周墓 67 座[144]。永春一带有 12 个土冢，较大的冢径有 30 多米。清理的墓中有 2 座属中型墓。41 号墓有土冢，墓口长 9.6 米，宽 8.4 米，二级台阶，东边有斜坡墓道，墓葬被盗。其余均属小型墓，以长方形窄坑墓为主。有的墓设头龛或边龛，也有墓底置腰坑的。出随葬品的墓有 48 座，出土器物包括陶器 162 件、铜器 30 件、铁器 5 件、琉璃器 4 件、玉器 3 件，个别墓有漆器残片。出土的陶器具有一定特色，其组合形式有：罐、盂、豆；鼎、敦、壶、豆；鼎、盒、壶、豆。有的墓出土越式铜鼎和矛。墓葬时代为春秋晚期至战国晚期。汨罗发现的楚墓具有相当规模，可能与境内的古罗城遗址有关。

湘东北楚国墓地的时代多数上限为春秋晚期，下限为战国末期。墓坑以窄长形的较多，并往往设二层台，有头龛或边龛。长方形墓中的墓道多设于墓坑一端，也使墓显得窄长。椁室内用薄板隔箱室，平底方棺较多。墓中含越文化因素随时代变化而越来越少。随葬品中，陶器的形态、组合变化均较明显，使用豆的情况较普遍，铜镜和铁器数量较多，漆木竹器、琉璃器、玺印、帛画、竹简均较丰富。

（八）鄂东南至赣西北

鄂东南与赣西北为楚国强盛时期的东境，是所谓的"吴头楚尾"之地。这里矿产资源丰富，是古代矿冶遗址集中的区域。

1. 鄂东南

西周时，楚熊渠兴兵伐"杨越，至于鄂"，并封中子红为鄂王（《史记·楚世家》）。鄂东南应属楚的鄂地。宋政和三年（1113 年）在这区域内出土了"楚公逆铸（钟）"。70 年代以来，在大冶、阳新一带发现了铜绿山、港下等矿冶遗址和鄂王城、草王城、大箕铺城等楚城遗址。楚墓主要发现于大冶和鄂城两地。

1955～1956 年，在武（武汉）大（大冶）铁路修筑工程中，于鄂城、大冶境内发掘楚墓 29 座[145]，为竖穴土坑墓，个别有墓道或棺椁保存较好。随葬器物主要为陶器，还有铜兵器和少量漆木器，铜鼎仅有 1 件。鄂城七里界 1 号墓[146]，墓口长 3.26 米，深 5.1 米，一椁一棺。出土陶器有鼎 2 件、豆 1 件、盒 2 件、壶 2 件、盘 3 件、杯 2 件、碟 2 件、勺 4 件，漆器有耳杯、杯各 2 件，铜器有剑、戈各 1 件。

1971~1980 年，在鄂州南郊百子畈、洋澜湖、鄂城钢铁厂、五里墩等地发掘战国墓 29 座[147]。这些墓可分三类：一类为一椁重棺墓，3 座。每墓均有陪葬棺 1~2 具；二类为一椁一棺，24 座；三类为单棺墓，3 座。随葬器物也主要有三大类。一类为铜器，组合为鼎、敦、壶，另有勺、剑、戈、镞、削刀、镜、车害、马衔、襻钉、印章等，共 105 件。二类为陶器，大部分为仿铜陶礼器，组合有鼎、簠、敦、壶、鼎、敦、壶、鼎、盒、壶。还有甗、缶、钫、豆、高足小壶、盘、匜、镳壶、熏炉、虎座鼓等，共 314 件。陶器具有地方特色，陶虎座鼓为少见器物。三类为漆木器，有耳杯、樽、盘、豆、盒、六博棋、酒具盒、几、瑟、飞鸟、鸟架鼓、虎座鸟架鼓、镇墓兽、梳、俑、剑椟等 73 件。另外还有少量玉、锡、竹、瓷器和果核。百子畈 4 号墓，规模最大，墓口长 6.5~7.2 米，宽 5.6 米，深 1.3 米，墓向为 90 度。墓壁较直，有二层台。一椁重棺，另有陪葬棺 2 具。百子畈 5 号墓，椁室长 4.66 米，宽 3.24 米，高 1.95 米，共分 5 室，箱室之间有隔梁。外棺为长方形平底，内棺为弧形悬底。二具陪葬棺为长方形悬底。百子畈 4 号墓随葬仿铜陶礼器鼎 7 件，簠、敦、壶、高足小壶各 2 件，小口鼎、匜各 1 件。还有较多的铜兵器、车马器和漆木器。百子畈 5 号墓随葬仿铜陶礼器鼎 6 件，壶 4 件，敦、盖、豆、器盖各 3 件，簠、高足小壶、绳纹罐各 2 件，小口鼎、罍各 1 件，此外还有一些漆木、瓷、铜器和果核。这两座墓的时代定为战国中期偏早。鄂城钢铁厂 53 号墓，墓口长 5.5 米，宽 4.29 米，深 1.6 米，方向为 10 度，在墓坑北边设斜坡形墓道，在道底两侧修成阶梯形。墓底有一椁一棺，在棺上保存捆棺的绳索，棺盖上有竹条 30 根，并有布带相串的锡环。随葬铜礼器鼎、敦各 1 件，壶、勺各 2 件，还有铜器剑、戈、镞、带钩，漆木器有耳杯 6 件、木俑 2 件和梳、棋盘、剑椟等。墓葬时代断为战国晚期。

1982 年，在大冶鄂王城遗址的西部、西南部和西北部一带发现土冢 117 座[148]，应为该城址墓区。经钻探，除一部分为较晚的砖室墓之外，大部可能为楚墓，有的坑内有白膏泥和卵石层，并有棺椁腐烂痕迹。1984 年，在大冶大箕铺古城址不远发掘战国晚期墓葬 1 座[149]，出陶器鼎、壶各 2 件，还有陶敦、豆和铜剑。

2．赣西北

楚昭王七年（公元前 509 年）"吴大败楚于豫章"（《史记·楚世家》）。楚昭王十一年（公元前 505 年）吴王伐楚"取番"（《史记·伍子胥列传》）。"豫章"和"番"均在今赣北一带。赣西北是我国商周青铜器发现的重要地区之一，也有一些春秋中晚期的楚器出土[150]。楚墓主要发现于武宁、上高、清江、高安、新建等地。

武宁毕家坪曾清理过楚墓[151]，随葬品中有铜器剑、舌、矛镦、斧、戈和铁斧等，还有越式青瓷器。墓葬时代可早至战国早期。高安郭家山发现的楚墓[152]，为一椁重棺墓，随葬器物有铜器剑、戈、镜，陶器鼎、敦、豆、钫、盘、杯、耳杯，漆木竹器奁、席,还有丝带。陶钫上有铜片镶嵌的花纹。1975～1976 年,在新建昌邑发掘楚墓 1 座[153]。长方形竖穴墓坑,有台阶,无墓道,墓口长 2.65 米,宽 2 米,深 7.95 米。随葬陶器鼎、敦、豆、壶各 2 件,小口鼎、罐、盘、匜、勺、高足小壶各 1 件;铜器剑、戈、矛共 17 件。高安、新建发现的楚墓时代多为战国中晚期。

鄂东南至赣西北一带发现的楚墓时代大都属战国,并以战国晚期的较多。出土器物的地方特色主要表现在越文化因素较明显,而越文化因素又有逐渐减少的趋势。

(九) 湘南地区

湘江上游,衡阳以南的湘南地区,大体是古代的“苍梧”之地。当地土著是一支古越人。楚墓发现地分布于衡阳、耒阳、郴州、资兴和永州等县市。

1953 年以来,在衡阳苗圃、蒋家公山、公行山、百沙洲、周家坟山、五马归槽、赤石等墓地发掘春秋战国墓约 200 座[154]。在赤石的 66 座春秋墓中,大都墓坑狭长,有的墓底长宽比例大于 6∶1。265 号墓最大,墓底长 4.8 米,宽 1.15 米,残深 1.8 米。267 号墓最小,墓底长 2 米,宽 0.6 米,残深 1 米。这些墓墓壁多垂直。墓内葬具与尸骨均腐朽无存。据墓葬形制,可分成狭长形竖穴土坑墓和长方形竖穴土坑墓两类。狭长形墓墓底长宽比例均在 4∶1 以上,随葬品较少而小件较多,并有意识地随葬陶鼎的耳、口沿、足残件,这类墓断为西周末期春秋早期的古越族墓。长方形墓墓底长宽比例在 4∶1 以下,半数墓有头龛,随葬品多为陶器,组合为绳纹罐、盂、绳纹罐、豆，绳纹罐、盘，盂、豆等。这类墓断为春秋晚期楚墓。315 号墓级别最高，墓底长 3 米，宽 1 米，深 1.1 米，方向为 318 度。有头龛，出铜器鼎、甗、提梁卣、斧各 1 件。此墓断为春秋早期古越族墓。1981 年在苗圃、五马归槽、茅坪发掘的 56 座古墓中，分为四类，第四类时代属西汉。第一至三类为楚墓，时代为春秋晚期至战国晚期。楚墓墓坑由窄逐渐变宽，二层台与龛坑逐渐消失，第三类墓墓坑一角有脚窝，个别墓用白膏泥。随葬器物，第一类甚少，只有小件；第二类多用日用陶器绳纹罐、盂；第三类多用陶礼器鼎、敦、壶、豆。1991 年在苗圃涂家山清理的 7 座战国墓中，墓制情况雷同。而在随葬品中，用陶豆的较少，并有彩绘陶器和越式铜鼎，陶壶、敦的形态也较特殊。

1959 年，在郴州马家坪清理战国墓 3 座[155]。1978 年以来，在资兴旧市清理战国墓 80 座[156]，在郴州近郊清理战国墓 7 座[157]，在耒阳县城内发掘战国墓 21 座[158]，在耒阳阴间巷清理战国墓 2 座[159]，在永州鹞子岭清理战国墓 4 座[160]。几批墓都为竖穴土坑墓。资兴旧市墓地发掘的墓葬较多，保存较完整，以小墓居多。最大的 584 号墓，长 3.75 米，宽 2.7 米，深 6.4 米。最小的 464 号墓，长 2.3 米，宽 0.4 米，深 2.65 米。24 座窄坑墓中有 10 座设头龛，1 座设边龛，10 座有二层台，3 座设腰坑。腰坑内置 1 至 2 件硬陶或空无一物。56 座长方形宽坑墓中有 39 座设横枕木沟，1 座设头龛，均无墓道。随葬器物有的放在坑内一侧或两侧，有的呈曲尺形排列。出土有陶、铜、铁、铅、琉璃、玉石等类器物。器物组合分为四类：一类为绳纹陶罐（壶）或扁茎无格铜剑为主；二类为陶鼎、敦（豆）、壶；三类为陶鼎、盒、壶或陶鼎、豆、钫；四

类为陶瓮、罐、碗、杯、瓿、筒等。这批墓时代定为战国早期
至战国末期。第四类器物具有百越文化特征，这批墓墓主有的
属楚国境内的越人。

湘南楚墓一方面反映了当地的楚文化具有较多的越文化因
素，例如窄长形墓坑较多，随葬兵器、工具、日用品等小型器
物和印纹硬陶较多而车马器罕见，器物组合中常出现瓮、碗、
瓿、扁茎短剑等种器物而少见鬲，这些显然与当地土著的百越
文化相关。另一方面表现出当地的土著文化，随着时代的变化
而逐渐融合于楚文化之中，发生重大转变的时代约在春秋与战
国之交。

（十）皖中地区

安徽中部为楚国晚期活动中心区，寿县是楚都寿春城所
在。商周以来，华夏、东夷、吴越、荆楚多支民族集团先后都
在此交汇相争，级别最高的蔡、楚器均发现在这里。已发掘
的楚墓主要分布在长丰、寿县、淮南、舒城、六安、枞阳、潜
山、宣城等县市。

在寿县寿春城遗址之东南约20余公里处，即长丰杨公至
朱家集一带（原属寿县）是大型冢墓分布区。现存冢墓数十
座，一般相互距离3～5公里，有所谓赖山孤堆、大孤堆、小
孤堆、武王墩、李三孤堆等，多数是大型楚冢。1933年、
1935年和1938年，位于朱家集的李三孤堆楚墓连续三次被盗
掘[161]，破坏严重。1981～1983年，对此墓进行钻探清
理[162]。此墓有直径约200米的土冢，墓口长41.2米，宽
40.2米，深约15米。墓口九级台阶，东边有长22.4米的斜

坡墓道。据有关记载，墓底有椁有棺，椁内分多室，而郭德维推测椁内分 9 室[163]。随葬器物历次被盗出铜器、陶器等，总数至少 1000 余件（有说 4000 余件或 7000～8000 件者）。保存下来的主要是铜器，包括鼎、簋、簠、鬲、甗、壶、缶、敦、豆、俎、盘、鉴、勺、量、箕、炉盘和成套编钟、兵器、生产工具等。其中升鼎 9 件，有铭文者 30 余件。铭文铜器中有熊肯鼎 2 件、熊肯簠 3 件、熊感铻鼎和熊感盘各 1 件。一般认为熊感为楚幽王熊悼，熊肯为楚考烈王熊元。此墓是发现最早的大型楚墓，也是唯一能确认的楚王墓。该墓盗出文物，现约有700 件收藏在安徽省博物馆，部分分散于北京故宫博物院、中国历史博物馆、天津市艺术博物馆、上海博物馆，还有部分流散民间和海外。1977～1982 年，在杨公发掘楚墓 11 座[164]，其中有一大一小、南北并列的夫妻异穴合葬墓。两墓之间用白土筑茔界，各墓土冢与墓口之间铺一层白土。这些墓方向多朝东，墓口面积在 100 平方米以上，有 3 座墓面积超过 210 平方米。每墓一般有二至五级台阶和斜坡墓道（个别墓道为阶梯式），墓底留生土二层台。葬具分一棺、一椁一棺、一椁重棺、重椁重棺四种。9 号墓土冢高 3.4 米，墓口长 16.3 米，宽13.6 米，深 8.9 米，方向为 80 度，东边有斜坡墓道，重椁重棺，椁内分 5 室。5 号墓为石椁墓。这批墓被盗多次，出土铜礼器虽较少，但仍有较多的精致器物。包括铜兵器矛、镦、戈、镈和兽形铜座；玉器璧、璜、佩、圭；陶器鼎、敦、壶、盒、钫、罐、簠、簋、镶壶，组合形式有鼎、敦、盒、钫和鼎、豆、盒、壶、罐两种；铁器矛、剑等。墓葬时代为战国晚期，墓主身份为大夫和士一级的楚国贵族及其眷属。

在寿春城遗址之西约 10 余公里的双桥一带有密集的战国

晚期楚墓。1955 年和 1984 年，在双桥清理过 3 座楚墓[165]。1
号、2 号墓为无墓道的木椁墓，其中一墓出仿铜陶礼器鼎、
豆、壶、盘、勺等。3 号墓为有墓道的石椁墓，墓坑两侧有彩
绘图，坑内有白膏泥。出土陶器鼎、盒、钫、匜、匕和一些
铜、玉器。

六安一带相传是皋陶后裔封地，春秋时为六国地域。90
年代初，在六安城西、城北已发掘了成批的楚墓。1991 年发
掘了较典型的 2 座楚墓[166]。两墓均为竖穴土坑木椁墓。城西
窑厂 2 号墓较大，墓坑东边有阶梯式墓道，葬具有重椁重棺和
2 具陪棺。内棺和陪棺均为悬底方棺。随葬铜礼器鼎、敦各 2
件，盘、匜各 1 件；仿铜陶礼器盖鼎、豆、Ⅰ式壶、Ⅱ式壶各
2 件，簋、罍、罐形鼎各 1 件；陶乐器纽钟 12 件、镈钟 5 件、
磬 12 件；还有较多的铜兵器、车马器、工具及杂器等。该墓
时代约为战国早期，墓主身份相当于大夫。城北的一座规模略
小，出土器物亦相当丰富，其中两件印纹硬陶坛具有地域特
点。

"群舒"所在的舒城，春秋末之后属楚。1978 年以来，在
舒城秦家桥、凤凰嘴、河口清理发掘了战国楚墓共 5 座[167]。
秦家桥一带是一处重要楚国墓地，从 50 年代开始就有木椁墓
暴露，并出土不少楚文物。已清理的 3 座墓中，1 号墓与 2 号
墓并列。三座墓均为竖穴土坑墓，墓底有青灰泥。1 号墓为一
椁重棺，椁内分一室一箱，方向为 280 度。随葬器物有铜器
鼎、壶、勺各 2 件，盘、匜、盉各 1 件；陶器有鼎、盘、勺、
瓶各 1 件，豆、盒、壶、深腹罐各 2 件，罐 3 件；金扣漆盒 1
件，漆耳杯 2 件，还有一些玉器、木俑和铜镜。3 号墓，葬具
有一椁一棺和 笭床，椁内分一室一箱和一耳箱，墓向为 270

度。耳箱附在椁外，内装木俑 20 个。出土陶器鼎、豆、盒、罐、勺各 2 件，壶 1 件；其它器物有铜剑、戈、镜，漆耳杯、奁，木器和残片。

皖中楚墓除墓制、出土器物具有一定的地方特色之外，还有两个明显特点：一是墓葬时代基本为战国，而且绝大部分属于楚迁都寿春至楚灭亡期间的墓葬；二是集中分布于江淮西部的窄长地带。

（十一）其它地区

具有浓厚楚文化因素的东周墓葬，还分布于长江下游、岭南和四川盆地。长江下游为吴越文化分布区，战国时属楚春申君封邑。发现的东周墓中有一部分具有十分浓厚的楚文化因素，例如江苏苏州虎丘东周墓[168]出土的一套铜礼器；浙江绍兴凤凰山木椁墓[169]，墓坑内填白膏泥，木质葬具和棺椁铺竹席，出土的陶盘、匜、豆和漆木豆、梳、案等；上海嘉定外岗古墓[170]，出土的一套仿铜陶礼器和陶郢爰，这些都是楚文化的风格，可归为楚墓。而苏州真山 1 号墩（墓）则可能是楚春申君墓[171]。江浙地区还有一些东周墓，虽出土一些楚器，但墓葬的基本特征则属吴越[172]。岭南地区的东周墓一般都属越墓，而楚文化因素主要表现在出土的一部分铜器特点上。例如广东罗定南门峒 1 号墓[173]出土的铜盉、尊缶、盘，广西平乐银山岭 110 座战国墓[174]中的铜盘、铜兵器和铁器均属楚器。四川盆地也发掘过具有一些楚文化特征的战国墓葬，典型的为新都战国木椁墓[175]。此墓墓制和出土的铜礼器，包括有铭文的"邵之飤鼎"，均有明显的楚文化特点。但该墓出现独木棺和出土大量的巴蜀文化器物，如铜罍、鍪、釜，巴蜀兵器、印章、图语等，这样的墓当不属楚墓。

注 释

[1] 李景聃：《寿县楚墓调查报告》，《田野考古报告》第一册，1936 年；邓峙一：《李品仙盗掘楚王墓亲历记》，《安徽文史资料选辑》，1960 年 6 月。

[2] 楚文化研究会：《楚文化考古大事记》第 13 页，文物出版社 1984 年版。帛书现藏美国华盛顿沙可乐美术馆。

[3] 中国科学院考古研究所：《长沙发掘报告》，科学出版社 1957 年版。

[4] 郭德维：《楚系墓葬研究》第 5 页、172 页，湖北教育出版社 1995 年版。

[5] 高至喜：《楚文化的南渐》第 59 页、100 页、191 页，湖北教育出版社 1996 年版。

[6] 郭德维：《楚系墓葬研究》第 3～11 页，湖北教育出版社 1995 年版。

[7] 此书是张正明主编，湖北教育出版社出版的《楚学文库》18 部之一。

[8] 余秀翠：《当阳何家山楚墓发掘简报》，《江汉考古》1991 年第 1 期。

[9] 杨权喜等：《当阳窑湾陈家坡东周墓葬清理简报》，《江汉考古》1990 年第 1 期。

[10] 湖北省宜昌地区博物馆等：《当阳赵家湖楚墓》，文物出版社 1992 年版。

[11] 宜昌地区博物馆：《湖北当阳赵巷 4 号春秋楚墓发掘简报》，《文物》1990 年第 10 期；余秀翠：《当阳赵巷第二次发掘简报》，《江汉考古》1991 年第 1 期。

[12] 湖北省宜昌地区博物馆：《当阳曹家岗 5 号楚墓》，《考古学报》1988 年第 4 期。

[13] 湖北省博物馆：《当阳季家湖楚城址》，《文物》1980 年第 10 期；余秀翠：《当阳季家湖楚墓发掘简报》，《江汉考古》1991 年第 1 期。

[14] 湖北省博物馆：《湖北枝江百里洲发现春秋铜器》，《文物》1972 年第 3 期。

[15] 黄道华：《湖北枝江关庙山一号春秋墓》，《江汉考古》1990 年第 1 期。

[16] 枝江县博物馆：《枝江近年出土的周代铜器》，《江汉考古》1991 年第 1 期。

[17] 杨华：《枝江县青山古墓群调查简报》，《江汉考古》1987 年第 2 期。

[18] 湖北省宜昌地区博物馆：《湖北枝江姚家港高山庙两座春秋楚墓》，《文物》1989 年第 3 期。

[19] 湖北省宜昌地区博物馆：《湖北枝江县姚家港楚墓发掘报告》，《考古》1988年第2期；宜昌地区博物馆：《湖北枝江姚家港楚墓第四次发掘简报》，《文物》1990年第10期。

[20] 《史记集解》引张莹说句亶王在"今江陵"。

[21] 荆州地区博物馆：《江陵岳山大队出土一批春秋铜器》，《文物》1982年第10期。

[22] 湖北省博物馆：《楚都纪南城的勘查与发掘》（下），《考古学报》1982年第4期；湖北省文物考古研究所江陵工作站：《江陵纪南城陈家湾楚墓发掘简报》，《江汉考古》1989年第4期。

[23] 湖北省博物馆：《楚都纪南城的勘查与发掘》（下），《考古学报》1982年第4期。

[24] 湖北省荆州地区博物馆：《江陵雨台山楚墓》，文物出版社1984年版。

[25] 湖北省文物考古研究所：《江陵九店东周墓》，科学出版社1995年版。

[26] 郭德维：《楚系墓葬研究》第109、119页，湖北教育出版社1995年版。

[27] 江陵县文物工作组：《湖北江陵楚冢调查》，《考古学集刊》第4辑，中国社会科学出版社1984年版；陈跃钧：《荆州地区楚文化调查与探索》，《楚文化研究论集》第一集，荆楚书社1987年版。

[28] 郭德维：《楚系墓葬研究》第109、119页，湖北教育出版社1995年版。

[29] 湖北省荆州地区博物馆：《江陵雨台山楚墓》，文物出版社1984年版。

[30] 湖北省荆州地区博物馆：《江陵天星观1号墓》，《考古学报》，1982年第1期。

[31] 湖北省荆沙铁路考古队：《包山楚墓》（上、下），文物出版社1991年版。

[32] 湖北省文物考古研究所：《江陵望山沙冢楚墓》，文物出版社1996年版。

[33] 荆州地区博物馆：《湖北江陵藤店一号墓发掘简报》，《文物》1973年第9期。

[34] 湖北省荆门市博物馆：《荆门郭店一号楚墓》，《文物》1997年第7期。

[35] 陈上岷：《江陵发现战国木椁墓》，《文物》1959年第2期。

[36] 楚文化研究会：《楚文化考古大事记》第47页，文物出版社1984年版。

[37] 湖北省博物馆：《湖北江陵太晖观楚墓清理简报》，《考古》1973年第6期；湖北省文物管理委员会：《湖北省江陵出土虎座鸟架鼓两座楚墓的清理简报》，《文物》1964年第9期；湖北省博物馆等发掘小组：《湖北江陵拍马山楚墓发掘简报》，《考古》1973年第3期。

[38] 湖北省荆州地区博物馆：《江陵马山一号楚墓》，文物出版社1984年版。

[39] 湖北省博物馆江陵工作站:《江陵马山十座楚墓》,《江汉考古》1988 年第 3 期;荆州地区博物馆:《江陵马山砖厂二号楚墓发掘简报》,《江汉考古》1987 年第 3 期。

[40] 湖北省文物考古研究所:《江陵望山沙冢楚墓》,文物出版社 1996 年版。

[41] 湖北省荆州地区博物馆:《江陵雨台山楚墓》,文物出版社 1984 年版;湖北省文物考古研究所:《江陵雨台山楚墓发掘简报》,《江汉考古》1990 年第 3 期。

[42] 湖北省文物考古研究所:《江陵九店东周墓》,科学出版社 1995 年版。

[43] 荆沙铁路考古队:《江陵秦家嘴楚墓发掘简报》,《江汉考古》1988 年第 2 期。

[44] 江陵县文物工作组:《湖北江陵楚冢调查》,《考古学集刊》第 4 辑,中国社会科学出版社 1984 年版。

[45] 杨权喜:《西陵峡商周文化的初步讨论》,《中国考古学会第七次年会论文集》,文物出版社 1989 年版。

[46] 湖北省博物馆:《宜昌前坪战国两汉墓葬》,《考古学报》1976 年第 2 期。

[47] 宜昌市文管处等:《宜昌市前、后坪古墓 1981 年发掘简报》,《江汉考古》1985 年第 2 期。

[48] 杨权喜:《江汉地区发现的商周青铜器》,《中国考古学会第三次年会论文集》第 218 页,文物出版社 1981 年版。

[49] 王家德:《鄂西发现一批周代巴蜀青铜器》;张新明:《秭归县出土的几件青铜器》,《葛洲坝工程文物考古成果汇编》,武汉大学出版社 1990 年版。

[50] 宜昌地区博物馆等:《秭归卜庄河古墓发掘简报》,《江汉考古》1991 年第 4 期。

[51] 邓辉:《巴东西瀼口古墓群发掘简况》,《葛洲坝工程文物考古成果汇编》,武汉大学出版社 1990 年版。

[52] 张吟午等:《湖北宜城骆家山一号墓出土青铜器》,《江汉考古》1983 年第 1 期。

[53] 郭德维:《楚系墓葬研究》第 43 页,湖北教育出版社 1995 年版。

[54] 湖北省文物考古研究所等:《湖北宜城罗岗车马坑》,《文物》1993 年第 12 期。

[55] 楚皇城考古发掘队:《湖北宜城楚皇城战国秦汉墓》,《考古》1980 年第 2 期。

[56] 湖北省博物馆:《襄阳山湾东周墓葬发掘报告》,《江汉考古》1983 年第 2

期；湖北省博物馆：《襄阳山湾出土的东周青铜器》，《江汉考古》1988 年第
1 期；杨权喜：《襄阳山湾出土的鄀国和邓国铜器》，《江汉考古》1983 年第
1 期；王少泉：《襄樊市博物馆收藏的襄阳山湾铜器》，《江汉考古》1988 年
第 3 期。

[57] 襄樊市博物馆：《湖北襄阳团山东周墓》，《考古》1991 年第 9 期。

[58] 湖北省博物馆：《襄阳蔡坡战国墓发掘报告》，《江汉考古》1985 年第 1 期；
襄阳首届亦工亦农考古训练班：《襄阳蔡坡 12 号墓出土吴王夫差剑等文物》，
《文物》1976 年第 11 期。

[59] 襄阳县博物馆收集。

[60] 杨权喜：《襄阳余岗楚墓陶器的分期研究》，《江汉考古》1993 年第 1 期。

[61] 何浩：《楚灭国研究》，武汉出版社 1989 年版。

[62] 襄樊市博物馆：《湖北谷城、枣阳出土周代青铜器》，《考古》1987 年第 5
期。

[63] 湖北省文物考古研究所等：《谷城过山战国西汉墓葬》，《江汉考古》1990 年
第 3 期。

[64] 河南省文物研究所等：《淅川下寺春秋楚墓》，文物出版社 1991 年版。

[65] 李零：《"楚叔之孙倗"究竟是谁》，《中原文物》1981 年第 4 期。

[66] 张亚初：《淅川下寺二号墓年代与一号墓编钟的名称问题》，《文物》1985 年
第 4 期。

[67] 河南省文物研究所等：《淅川县和尚岭春秋楚墓的发掘》，《华夏考古》1992
年第 3 期。

[68] 《丹江口水库发现楚国贵族墓》，《中国文物报》1992 年 8 月 30 日。

[69] 淅川县博物馆等：《淅川县毛坪楚墓发掘简报》，《中原文物》1982 年第 1
期。

[70] 河南省文物研究所等：《河南淅川大石头山楚墓发掘报告》、《河南淅川吉岗
楚墓发掘简报》，《华夏考古》1993 年第 3 期。

[71] 胡永庆：《试论淅川县境内的小型楚墓》，《楚文化研究论集》第四集，河南
人民出版社 1994 年版。

[72] 郧阳地区博物馆：《湖北郧县肖家河春秋楚墓》，《考古》1998 年第 4 期。

[73] 中国社会科学院考古研究所长江工作队：《湖北郧县东周西汉墓》，《考古学
集刊》第 6 辑，中国社会科学出版社 1989 年版；楚文化研究会：《楚文化考
古大事记》第 40 页，文物出版社 1984 年版。

[74] 湖北省博物馆等：《丹江口市肖川战国两汉墓葬》，《江汉考古》1988 年第 4

期。

[75] 湖北省文物考古研究所等：《1986～1987 年湖北房县松嘴战国两汉墓发掘报告》，《考古学报》1992 年第 2 期；《湖北房县松嘴战国两汉墓地第三、四次发掘报告》，1998 年第 2 期。

[76] 杨权喜：《湖北商文化与商朝南土》，《中国商文化国际学术讨论会论文集》，中国大百科全书出版社 1998 年版。

[77] 湖北省博物馆：《曾侯乙墓》（上、下），文物出版社 1989 年版。

[78] 湖北省博物馆等：《湖北随州擂鼓墩二号墓发掘简报》，《文物》1985 年第 1期。

[79] 随州市博物馆：《随州擂鼓墩砖瓦厂十三号墓发掘简报》，《江汉考古》1984年第 3 期。

[80] 郭德维：《曾侯乙墓并非楚墓》，《江汉论坛》1980 年第 1 期。

[81] 湖北省博物馆：《曾侯乙墓》（上）第 470 页，文物出版社 1989 年版。

[82] 云梦县文化馆：《湖北云梦县珍珠坡一号楚墓》，《考古学集刊》第 1 辑，中国社会科学出版社 1981 年版。

[83] 郭水廉：《汉口东北郊谌家矶发现战国铜兵器》，《文物》1959 年第 5 期。

[84] 安陆市博物馆：《安陆发现一批东周时期的青铜器》，《江汉考古》1990 年第2 期。

[85] 程欣人：《孝感县发现的楚贝整理完毕》（文博简讯），《文物》1965 年第 12期。

[86] 孝感市博物馆：《孝感市天津湖战国墓清理》，《江汉考古》1990 年第 2 期。

[87] 黄陂县文化馆等：《湖北黄陂鲁台山两周遗址与墓葬》，《江汉考古》1982 年第 2 期。

[88] 武汉市考古队等：《武汉市汉阳县熊家岭楚墓》，《考古》1988 年第 12 期；《武汉市汉阳县熊家岭东周墓发掘》，《文物》1993 年第 6 期。

[89] 广水市博物馆：《湖北省广水彭家湾古墓清理简报》，《江汉考古》1990 年第2 期。

[90] 周厚强等：《孝感花园发现战国秦汉墓群》，《江汉考古》1987 年第 1 期。

[91] 湖北省博物馆江陵工作站等：《麻城楚墓》，《江汉考古》1986 年第 2 期。

[92] 黄州古墓发掘队：《湖北黄州国儿冲楚墓发掘简报》，《江汉考古》1983 年第3 期。

[93] 黄州古墓发掘队：《黄冈罗汉山楚墓》，《江汉考古》1981 年第 1 期。

[94] 信阳地区文管会等：《河南固始万营山春秋墓清理简报》，《考古》1992 年第

3 期。

[95] 固始侯古堆一号墓发掘组：《河南固始侯古堆一号墓发掘简报》，《文物》1981 年第 1 期。

[96] 信阳地区文管会等：《固始白狮子地一号和二号墓清理简报》，《中原文物》1981 年第 4 期。

[97] 河南省文物研究所：《信阳楚墓》，文物出版社 1986 年版。

[98] 宋国定等：《新蔡发掘一座大型楚墓》，《中国文物报》1994 年 10 月 23 日。

[99] 驻马店地区文化局等：《河南正阳苏庄楚墓发掘报告》，《华夏考古》1988 年第 2 期。

[100] 河南省信阳地区文管会等：《罗山天湖商周墓地》，《考古学报》1986 年第 2 期。

[101] 河南省信阳地区文管会等：《罗山天湖商周墓地》，《考古学报》1986 年第 2 期。

[102] 马世之：《中原楚文化研究》第 210 页，湖北教育出版社 1995 年版。

[103] 河南省文物研究所等：《河南省叶县旧县 1 号墓的清理》，《华夏考古》1988 年第 3 期。

[104] 河南省文物研究所：《上蔡砖瓦厂战国楚墓清理简报》，《中原文物》1986 年第 1 期。

[105] 河南省文物研究所：《上蔡砖瓦厂四号战国楚墓清理简报》，《华夏考古》1992 年第 2 期。

[106] 河南省文物研究所等：《河南淮阳马鞍冢楚墓发掘简报》，《文物》1984 年第 10 期。

[107] 马全：《马鞍冢楚墓墓主考》，《楚文化研究论集》第一集，荆楚书社 1987 年版。

[108] 曹桂岑等：《淮阳平粮台四号墓发掘简报》，《河南文博通讯》1980 年第 1 期。

[109] 河南省文物研究所等：《河南淮阳平粮台十六号楚墓发掘简报》，《文物》1984 年第 10 期。

[110] 高至喜：《楚文化的南渐》第 59 页，湖北教育出版社 1996 年版。

[111] 荆州地区博物馆：《湖北公安石子滩春秋遗址及墓葬》，《文物》1993 年第 3 期。

[112] 湖南省博物馆：《澧县东田丁家岗新石器时代遗址》，《湖南考古辑刊》第 1 辑，岳麓书社 1982 年版。

[113] 高至喜：《楚文化的南渐》第 46 页，岳麓书社 1982 年版。

[114] 湖南省博物馆等：《临澧九里楚墓》，《湖南考古辑刊》第 3 辑，岳麓书社 1986 年版；湖南省文物局：《1979 年以来湖南省的考古发现》，《文物考古工作十年》第 211 页，文物出版社 1990 年版。

[115] 湖南省博物馆：《湖南常德德山战国墓葬》，《考古》1959 年第 12 期。

[116] 湖南省博物馆：《湖南常德德山楚墓发掘报告》，《考古》1963 年第 9 期。

[117] 湖南省常德地区文物工作队：《常德县官山战国墓清理简报》，《考古》1985 年第 12 期。

[118] 高至喜：《楚文化的南渐》第 59~60 页，湖北教育出版社 1996 年版。

[119] 高至喜等：《楚人在湖南的活动遗迹概述》，《文物》1980 年第 10 期。

[120] 常德地区文物工作队等：《桃源三元村 1 号楚墓》，《湖南考古辑刊》第 4 辑，岳麓书社 1987 年版；王英党：《湖南三元村 2 号楚墓》，《考古》1990 年第 11 期。

[121] 湖南省文物考古研究所等：《湖南桃源县狮子山战国墓发掘》，《文物》1992 年第 7 期。

[122] 湖南省文物考古研究所等：《临澧太山庙楚墓》，《湖南文物》第 3 辑，1988 年。

[123] 津市市文物管理所：《津市市金鱼岭东周墓葬》，《湖南考古辑刊》第 5 辑，《求索》增刊，1989 年。

[124] 高中晓等：《湖南慈利官地战国墓地》，《湖南考古辑刊》第 2 辑，岳麓书社 1984 年版；湖南省文物考古研究所等：《湖南慈利县石板村战国墓》，《考古学报》1995 年第 2 期。

[125] 湖南省博物馆等：《古丈白鹤湾楚墓》，《考古学报》1986 年第 3 期。

[126] 杨权喜：《荆楚地区巴蜀文化因素的初步分析》，《三星堆与巴蜀文化》第 238、239 页，巴蜀书社 1993 年版。

[127] 湖南省博物馆等：《湖南溆浦马田坪战国西汉墓发掘报告》，《湖南考古辑刊》第 2 辑，岳麓书社 1987 年版；湖南省博物馆：《湖南省溆浦马田坪战国、西汉墓》，《文物资料丛刊》第 10 辑，文物出版社 1987 年版；怀化地区文物队等：《溆浦县中林、丰收楚、秦、西汉墓清理简报》，《湖南博物馆文集》，岳麓书社 1991 年版；怀化地区文物工作队等：《溆浦县高低村春秋战国墓清理简报》，《湖南考古辑刊》第 5 辑，《求索》增刊，1989 年。

[128] 溆浦县文化局：《溆浦江口战国西汉墓》，《湖南考古辑刊》第 3 辑，岳麓书社 1986 年版；怀化地区文物工作队等：《1990 年湖南溆浦大江口战国西汉

墓发掘简报》,《考古》1994 年第 1 期。

[129] 湘西土家族苗族自治州文物工作队:《湘西保靖县四方城战国墓发掘简报》,《湖南考古辑刊》第 3 辑,岳麓书社 1986 年版。

[130] 怀化地区文物工作队等:《米家滩战国墓发掘简报》,《湖南考古辑刊》第 4 辑,岳麓书社 1987 年版。

[131] 高至喜:《楚文化的南渐》第 109 页,湖北教育出版社 1996 年版。

[132] 岳阳市文物工作队:《湖南省岳阳县凤形嘴山一号墓发掘简报》,《文物》1993 年第 1 期。

[133] 湘乡县博物馆:《湘乡县五里桥、何家湾古墓葬发掘简报》,《湖南考古辑刊》第 3 辑,岳麓书社 1986 年版。

[134] 湖南省博物馆:《长沙浏城桥一号墓》,《考古学报》1972 年第 1 期。

[135] 高至喜:《楚文化的南渐》第 100~106 页,湖北教育出版社 1996 年版。

[136] 中国科学院考古研究所:《长沙发掘报告》,科学出版社 1957 年版。

[137] 湖南省博物馆:《长沙子弹库战国木椁墓》,《文物》1974 年第 2 期。

[138] 湖南省文物管理委员会:《长沙仰天湖 25 号木椁墓》,《考古学报》1957 年第 2 期。

[139] 湖南省文物管理委员会:《长沙杨家湾 M006 号墓清理简报》,《文物参考资料》1954 年第 12 期。

[140] 湖南省文物管理委员会:《长沙左家公山的战国木椁墓》,《文物参考资料》1954 年第 12 期。

[141] 长沙市文物工作队:《长沙市荷花池 1 号战国木椁墓发掘报告》,《湖南考古辑刊》第 5 辑,《求索》增刊,1989 年。

[142] 湖南省博物馆等:《湖南益阳战国两汉墓》,《考古学报》1981 年第 4 期;益阳地区文物工作队:《益阳羊舞岭战国东汉墓清理简报》,《湖南考古辑刊》第 2 辑,岳麓书社 1984 年版;湖南省益阳地区文物工作队:《益阳楚墓》,《考古学报》1985 年第 1 期。

[143] 湖南省博物馆:《湖南韶山灌区湘乡东周墓清理简报》,《文物》1977 年第 3 期。

[144] 湖南省博物馆:《汨罗县东周、秦、西汉、南朝墓发掘报告》,《湖南考古辑刊》第 3 辑,岳麓书社 1986 年版。

[145] 楚文化研究会:《楚文化考古大事记》第 27、28 页,文物出版社 1984 年版。

[146] 熊亚云:《湖北鄂城七里界战国木椁墓清理》,《考古通讯》1958 年第 8 期。

[147] 湖北省鄂城县博物馆：《鄂城楚墓》，《考古学报》1983 年第 2 期。

[148] 大冶县博物馆：《鄂王城遗址调查简报》，《江汉考古》1983 年第 3 期。

[149] 大冶县博物馆：《大冶县发现一战国墓葬》，《江汉考古》1984 年第 4 期。

[150] 李科友：《东周时期江西地区的楚文化及其有关问题》，《中国考古学会第二次年会论文集》第 53 页，文物出版社 1980 年版。

[151] 彭适凡：《武宁战国墓葬的清理》，《文物工作资料》（内部）1976 年第 4 期。

[152] 黄颐寿：《宜春地区文物考古收获及有关问题》，《江西文物》1990 年第 1 期。

[153] 唐昌朴：《新建昌邑战国墓》，《江西历史文物》1978 年第 6 期；石凡：《江西出土部分楚文物介绍》，《江西历史文物》1985 年第 2 期。

[154] 李正光：《湖南衡阳苗圃、蒋家公山发现战国及东汉时代墓葬》，《文物参考资料》1954 年第 4 期；衡阳市博物馆：《衡阳市苗圃五马归槽茅坪古墓发掘简报》，《考古》1984 年第 10 期；衡阳市文物管理处：《湖南衡阳市苗圃涂家山战国墓》，《考古》1997 年第 12 期；衡阳市博物馆：《湖南衡阳县赤石春秋墓发掘简报》，《考古》1998 年第 6 期。

[155] 张中一：《湖南郴州市马家坪古墓清理》，《考古》1961 年第 9 期。

[156] 湖南省博物馆：《湖南资兴旧市战国墓》，《考古学报》1983 年第 1 期。

[157] 郴州地区文物工作队：《湖南郴州东周墓发掘简报》，《文物》1990 年第 10 期。

[158] 湖南省博物馆等：《耒阳春秋、战国墓》，《文物》1985 年第 6 期。

[159] 向新民：《湖南耒阳市阴间巷发现战国墓》，《考古》1990 年第 8 期。

[160] 零陵地区文物工作队：《永州市鹞子岭战国墓发掘简报》，《湖南考古辑刊》第 4 辑，岳麓书社 1987 年版。

[161] 李景聃：《寿县楚墓调查报告》，《田野考古报告》第一册，1936 年。

[162] 李德文：《朱家集楚王墓的形制与棺椁制度》，《楚文化研究论集》第一集，荆楚书社 1987 年版。

[163] 郭德维：《楚系墓葬研究》第 80～81 页，湖北教育出版社 1995 年版。

[164] 安徽省文物工作队：《安徽长丰杨公发掘九座战国墓》，《考古学集刊》第 2 辑，中国社会科学出版社 1982 年版；杨鸠霞：《长丰战国晚期楚墓》，《文物研究》第 4 辑，黄山书社 1988 年版。

[165] 马人权：《安徽寿县双桥发现战国墓》，《考古通讯》1956 年第 3 期；寿县博物馆：《寿县双桥战国墓调查》，《文物研究》第 2 辑，1986 年。

[166] 褚金华：《安徽省六安县城北楚墓》，《文物》1993 年第 1 期；六安县文物
管理所：《安徽六安县城西窑厂 2 号楚墓》，《考古》1995 年第 2 期。

[167] 舒城县文物管理所：《舒城县秦家桥战国楚墓清理简报》，《文物研究》第 6
辑，黄山书社 1990 年版；安徽省文物考古研究所：《舒城凤凰嘴发现二座
战国西汉墓》，《考古》1987 年第 8 期；安徽省文物考古研究所等：《安徽
舒城河口春秋墓》，《文物》1990 年第 6 期。

[168] 苏州博物馆考古组：《苏州虎丘东周墓》，《文物》1981 年第 11 期。

[169] 绍兴县文物管理委员会：《绍兴凤凰山木椁墓》，《考古》1976 年第 6 期。

[170] 黄宣佩：《上海市嘉定县外岗古墓清理》，《考古》1959 年第 12 期。

[171]《苏州真山墓地出土大量珍贵文物》，《中国文物报》1995 年 11 月 19 日。

[172] 杨权喜：《绍兴 306 号墓文化性质的分析》，《国际百越文化研究》，中国社
会科学出版社 1994 年版。

[173] 广东省博物馆：《广东罗定出土一批战国青铜器》，《考古》1983 年第 1 期。

[174] 广西壮族自治区文物工作队：《平乐银山岭战国墓》，《考古学报》1978 年
第 2 期。

[175] 四川省博物馆等：《四川新都战国木椁墓》，《文物》1981 年第 6 期。

四

楚文化遗物

楚文化的丰富多彩，主要反映在出土的遗物方面。而楚文化遗物又集中出土于楚国墓葬之中。楚国活动中心位于两湖平原，重要的楚国墓地往往设在平原的低岗上。墓地土层受雨水长期湿润、浸泡，土质黏性大，而楚墓又具有坑深、墓室用白膏泥密封、填土经夯打、墓口筑冢等特点，墓室能保持相对稳定的温度和湿度，使墓内随葬的器物，包括许多有机物质均能较好地保存下来。本世纪从地下出土的楚文化遗物，包括铜、铁、铅、锌、金、银器，漆、木、竹器，陶、瓷器，玉、石、骨、蚌、琉璃器，丝、麻织物，竹、木简牍，板栗、荸荠、藕、生姜、柿核、杏核、梨核、花椒籽等作物遗存，以及牛、猪、羊、狗、鸡、鸟、鱼等动物遗骸[1]。用途涉及楚国社会生活的各领域，反映了楚国政治经济、文化艺术、风俗信仰等各方面的状况和所达到的水平。

（一）青　铜　器

早在宋代，已有几件楚青铜器被金石学著录。1935 年，郭沫若先生所著《两周金文辞大系考释》收录了楚铭文铜器12 件。30 年代以来，随着各地楚墓的发现和楚遗址考古工作的开展，成批成批的楚铜器不断出土，为楚铜器的系统研究[2]积累了丰富资料。

楚铜器的出土有如下一些情况:

一、大部分铜器发现于楚墓内,并以楚国高级贵族墓葬出土的铜器种类较全,用途广泛,器物精致,文化特征明显。其中又以铜礼乐器最为重要。从铜器出土地点来看,铜礼乐器又集中出土于湖北的江陵、当阳、襄阳、随州,河南的淅川、固始,湖南的长沙,安徽的寿县等地。这些地点正是楚国活动的要地。

二、除楚墓出土铜器外,楚遗址也出土一些铜器。遗址出土的铜器,如构件、工具、用器、货币等,一般都是实用器物,对于楚文化研究具有更为珍贵的价值。

三、楚铜器中,包括蔡器、徐器、黄器、曾器等诸国铜器。这些有铭文标记的诸国铜器多具楚文化基本特征,实际已归为楚文化铜器。为了便于研究,往往将这部分铜器另列[3],或称为"楚系铜器"[4]以示区别。大批具有共同文化特征的这些诸国铜器,反映了楚文化的一些重要因素,包括铜器风格产生于楚国统治之前,表明楚文化体系是在江汉淮地区青铜文化发展基础上,随楚国的统一事业而逐渐形成的[5]。

四、楚国墓地或楚遗址出土的铜器中,往往有许多不属于楚文化的铜器。常见的越式鼎[6]和巴式器物[7]分别属于越文化和巴文化。这些越文化器物和巴文化器物,不但常见于楚国江南边远地带,而且屡见于江陵楚都纪南城周围。表明楚国国内除楚人之外,还有越人、巴人和其它民族存在,同时反映了楚文化容纳和融合其它文化的情形。

五、不少楚国贵族墓内还出一些重要它国兵器。例如越王勾践剑、越王州句剑、吴王夫差矛、徐王义楚剑等均出于典型楚墓中。这些它国兵器,大多属楚国的战利品。出这些兵器的墓，有的级别并不很高。

六、楚铜器还出土于楚国境外，除广东、广西和四川一些战国墓出土之外，陕西、山西、山东等省内也有一些出土。其中山西天马－曲村北赵晋侯墓地出土的"楚公逆"编钟 8 件[8]最为重要。

出土的楚铜器可分礼器、乐器、兵器、车马器、工具、构件、生活器具、货币和度量衡等类。

铜礼器主要发现于不同等级的贵族墓中，这些铜礼器铸造水平高，发现数量多，问题复杂，不但是楚文化分期的基本依据（表一），而且为楚国礼器研究提供了丰富资料。据墓内器物组合，铜礼器一般包括食器、酒器、水器三类，食器又多由炊器、盛牲器、盛饭器、挹食器组成。食器有鼎、鬲、甗、簋、簠、盏、盆、豆、敦、盒、匕、俎等；酒器有尊缶、壶、钫、盉、钟、勺、禁等；水器有浴缶、盥缶、鉴、盘、匜、斗等。各器类的组合较复杂多变，并主要表现在盛器和储酒器方面。鼎的型式多样，并有镬鼎、鼒鼎（饤鼎）、䚉鼎（铇鼎）、馈鼎、升鼎之称，对此已有专门的研究[9]。楚鼎并非都是单纯的炊煮器，更多的兼有炊、盛、食的功用，显然有盛牲、烹牲、煮饭、温酒等不同功用的鼎。用鼎的不同与数量多少、尺寸大小，主要取决于墓主的身份贵贱与等级高低，并各与不同的盛饭器、水器、酒器相配。簋、豆、簠、盏、盆、敦、盒均为盛饭器（图一五、一六、一七）。各器的出现有先有后，而作用也不尽相同，并与身份等级具有联系。战国墓中有簋和簠的，其墓主身份显然较高。铜礼器的基本组合，春秋阶段多为鼎、簠、浴缶、盘（图一八）、匜（图一九）、斗（图二〇），战国阶段多为鼎、敦、壶、盘、匜、勺（图二一），并以成双为

图一五　铜簋（山湾 M15:2）

图一六　铜簠（山湾 M6:3）

图一七　铜敦（山湾墓地采集）

图一八　铜盘（山湾 M6:5）

图一九　铜匜（山湾采:9）

图二〇　铜斗（山湾采:5）

图二一　铜铲形勺（蔡坡 M9:5）

特点。《仪礼·既夕礼》郑玄注：“大夫以上，兼用鬼器、人器也。”[10]使用多套器物，当包括“鬼器”与“人器”。楚国不但使用礼器的形态与中原有所不同，而且礼器的配置也有独自的制度。楚国的铜礼器反映了楚国的礼制是承周制而来，并又有新的发展。

表一   典型楚墓出土的铜器统计表

时代	地点与单位	名称与数量	参考文献编号
春秋早期	当阳赵家塝 M2	鼎 1、簋 2	2
春秋中期	当阳赵家塝 M4	鼎 1、簋 2、鱼饰 6	2
	当阳金家山 M9	鼎 2、簋 2、盏 1、铜 1、鱼饰 19	2
	江陵岳山	鼎 1、有铭簋 1、盏 1、浴缶 1、盘 1、匜 1	59
	襄阳山湾 M6	鼎 2、簋 1、浴缶 2、盘 1、匜 1、斗 1、戈 1	68
	襄阳山湾 M15	鼎 1、盏 1、浴缶 1、盘 1、匜 1	68
	淅川下寺 M2	鼎 19（含升鼎 7）、鬲 2、簠 2、簋 1、尊缶 2、浴缶 2、盘 1、匜 1、甬钟 26、俎 1、禁 1，还有盏、豆、盆、鉴、壶、盉、勺、斗、匕以及车马器、兵器、工具、杂器共 551 件（许多有铭）	3
	淅川下寺 M1	鼎 13（含升鼎 2）、鬲 2、簠 1、盏 1、簋 2、尊缶 2、浴缶 2、方壶 2、盘 1、匜 1、盉 1、斗 1、勺 2、匕 3、钮钟 9、器座 1（许多有铭）	3
	岳阳凤形嘴山 M1	鼎 2、簋 1、有铭盏 1、盉 1、盘 1、匜 1、匕 1、戈 2	101

表一（续）

时代	地点与单位	名称与数量	参考文献编号
春秋晚期	当阳曹家岗 M5	鼎4、簠1、有铭簠1、浴缶1、铘1、斗1、勺1，以及较多的兵器、车马器、杂器等	52
	枝江高山庙 M14	鼎2、簠2、浴缶1、盘1、匜1、斗1	55
	襄阳山湾 M33	鼎2、有铭簠1、有铭敦1、浴缶1、盘1、匜1、斗1、匕首1、戈1、箭头9、马衔2	68
	襄阳山湾 M14	鼎1、簠1、浴缶1、盘1、匜1、斗1，锥1、匕首1、箭头2	68
	淅川下寺 M10	鼎4、簠2、敦1、尊缶2、浴缶2、盘1、匜1、斗1、勺2、镈8、钮钟9，以及较多的车马器、兵器等。镈和钟有铭	3
战国早期	襄阳蔡坡 M4	鼎2、簠1、敦1、盒2、壶2、有铭浴缶1、盘1、匜1、斗1、勺2，以及较多的车马器、兵器（有铭剑1）、工具等	70
	固始白狮子地 M1	鼎2、壶2、匜2、熏炉1，以及较多的车马器、兵器、工具等	85
	长沙浏城桥 M1	鼎4、勺1，以及较多的兵器、车马器、工具等	103
战国中期	江陵望山 M1	鼎9（小口鼎1）、敦2、壶4、尊缶2、浴缶2、盘2、匜2、勺3、盂1、炉1、箕1、镜1，以及较多的兵器（越王勾践剑1）、工具、车马器、杂器等	7

表一（续）

时代	地点与单位	名称与数量	参考文献编号
战国中期	荆门包山 M2	鼎 19（含升鼎 2、镬鼎 2）、簠 2、敦 2、盒 3（浅盒 2）、壶 6（含溜肩壶 2）、尊缶 2、浴缶 4、鉴 2、盘 4、匜 1、勺 1、匕 6、甗 1、箕 1、铙 1，以及较多的兵器、车马器、工具、杂器等	10
	江陵九店 M294	鼎 2、敦 2、壶 2、勺 1、铃 22	5
	信阳长台关 M1	鼎 5、敦 1、盒 2、壶 2、盘 4、匜 1、高足壶形器 2、钮钟 13（有铭），以及较多的兵器、工具、车马器等	6
	长沙荷花池 M1	鼎 2、敦 1、壶 2、铎 1，还有不少兵器和少量车马器	108
战国晚期	江陵雨台山 M480	鼎 1、盒 1、壶 1、兵器	8
	寿县朱家集楚王墓	大批铜器，包括鼎、簠、簋、鬲、甗、壶、缶、敦、豆、俎、盘、鉴、勺、量、箕、炉盘和成套编钟、兵器、生产工具等，其中升鼎 9，有铭者 30 余件	50
	舒城秦家桥 M1	鼎 2、有铭壶 2、盘 1、匜 1、勺 2、盉 1	124

　　铜乐器主要为编钟及编钟、编磬、鼓的构件。出土的成组成套的编钟主要有下寺 2 号墓的王孙诰甬钟 26 件、下寺 1 号墓的钮钟 9 件、下寺 10 号墓的𫔶钟 9 件和𫔶镈 8 件、固始侯古堆 1 号墓的编镈 8 件和钮钟 9 件、曾侯乙编钟 65 件（钮钟 19 件、甬钟 45 件，另加镈钟 1 件）、天星观 1 号墓的钮钟 4

件、长台关1号墓的钮钟13件、擂鼓墩2号墓的甬钟36件、旧县1号墓的钮钟6件、李三孤堆楚王墓出土的编钟（称为铎）约30余件。此外，还有季家湖楚城遗址出"秦王卑命钟"1件、包山2号墓出铙1件。王孙诰甬钟时代较早，数量较多，钟体大而音域广。钟上不但有成篇的铭文，而且有器主王孙诰和铸造年代可考，为楚国春秋编钟中最重要的一套。曾侯乙编钟为级别最高的一套，每件能敲两个不同的音，出土时还悬挂于钟架上。曲尺形钟架分三层，钟架有铜座、铜人、铜套、铜钟钩等精致构件。编钟共重2567公斤，加上钟架铜构件总重4421.48公斤。钟上共有铭文2828字，加上钟架上的铭文总达3755字，主要是关于音乐方面的内容。曾侯乙墓全套编钟，不仅为研究我国古代青铜工艺提供了珍贵资料，而且为我国古代音乐的研究填补了许多空白。50年代当长台关1号墓的编钟刚出土时，对其国别、年代存在不同看法[11]。随着70~80年代楚墓成套编钟的不断发现，对楚文化系统的编钟已有了较明确的认识[12]。

铜兵器主要有剑、戈及戈镈、矛及镈、戟、殳、杖、匕首、铍、弩、镞等。铜兵器是楚墓随葬品的基本器类之一，浏城桥1号墓、曾侯乙墓、天星观1号墓、包山2号墓等，都保存了许多重要铜兵器。楚墓中以铜剑最为多见，如天星观1号墓随葬铜剑有32件，望山2号墓随葬铜剑有7件。楚墓出土的铜剑以喇叭形空茎剑和双凸箍实茎剑最多，这两种剑与越王剑、徐王剑形制相同，表明楚、越文化具有一些共同的文化因素。除这两种剑外，还有扁茎剑和短剑。高贵的楚剑应用复合金嵌铸、镶嵌装饰等精密工艺制作而成，十分锋利美观（图二二）。戈、矛、戟、殳等均属长兵器，因其出土时保存完整最

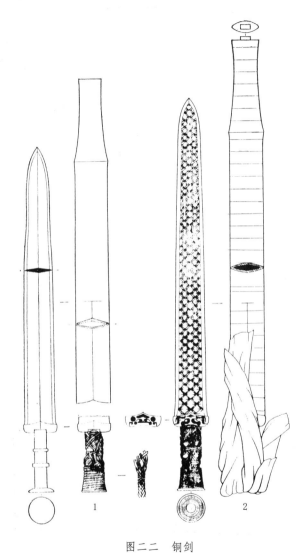

图二二　铜剑

1.带鞘铜剑,包山 M4:34—1　2.菱形纹铜剑,包山 M4:58

有资料价值，为了解这些兵器的安装使用、柄柲制作、尺寸长短提供了大批实件。曾侯乙墓的殳与晋杸、包山2号墓的龙首杖、长沙扫把塘138号墓的全弩[13]、江陵秦家嘴47号墓的双孔连发弩机[14]等，则是一批较难得的先秦铜兵器珍品。

铜车马器也是楚墓随葬品的基本器类之一。一般楚墓的车马器较简单，最常见的有车舁、马衔两种。复杂的车马器出在较大型楚墓中或其陪葬的车马坑内。下寺2号、蔡坡4号、曾侯乙、天星观1号、包山2号、六安城西窑厂2号等墓和马鞍冢两座车马坑出土的铜车马器种类较齐全，主要有车舁、辕头、轭帽、甲板、柱头、柄套、插筒、活页、盖弓帽、马衔、马镳、环、带扣、节约、镎、车饰、圆片饰等。不少车马器还贴金箔或嵌错花纹。马鞍冢2号车马坑出的错金银龙首辕头具有很高的艺术价值。

铜工具有斧、锛、钺、凿、锄、畬、镰（图二三）、铲、刀、削刀（图二四）、夹刻刀、锯、锉、锥、针等种。主要发现于古矿井和部分楚墓中。其中铜绿山矿冶遗址出土的大型

图二三　铜镰（山湾 M2:10）

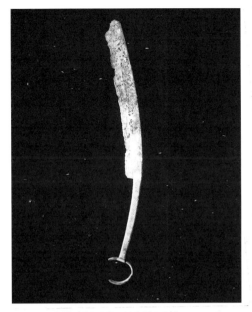

图二四 铜削刀（山湾 M2:9）

斧、小型斧、锛、凿、锄等，应是春秋时期的主要采矿工具。大型铜斧有的重达 14 公斤以上。下寺 2 号墓、山湾 2 号和 11 号墓均出土有春秋铜镰，雨台山 403 号墓则出有战国铜镰。望山 1 号、包山 2 号等墓出土的锛、削刀、夹刻刀等成套的文书工具，曾侯乙墓的钩形器，李三孤堆墓的锉、锯等都是古代工具珍品。

铜构件主要有季家湖楚城的曲状钉形，湖南的凹槽板形、曲状钉形、凹形、筒形、管状锥形[15]，纪南城遗址的长方套形[16]等种套装构件，还有纪南城 30 号台基的镶嵌门环。楚墓中也有铜构件出土。最重要的是曾侯乙墓外棺的铜框架、钟架铜构件等。许多楚墓中有棺木的铺首衔环和车饰、饰件中的部分器物也属于构件。这些铜构件，具有加固、装饰的作用，一般安装于器物或木构建筑的关键部位，不少属于所谓"金钉"[17]。季家湖楚城的曲状钉形构件，通长 50 厘米，通宽 24.5 厘米，端部口宽 13.2～16.3 厘米，壁厚 0.5～1 厘米。尺寸大于车乘、家具之类的用料，当为殿堂建筑的构件。铜构件的出土，对于研究楚国的铜木结构器物和木构建筑都有重要价值。

生活器具主要有樽、镂孔杯、炉、箕、漏、铲、灯、熏、镇、量、镜、带钩、印章、装饰品、符节等。这类器物有许多重要精品。例如包山 2 号墓和望山 2 号墓的铜樽，包山 2 号墓和望山 1 号墓的铜镂孔杯，曾侯乙墓、长台关 1 号墓和望山 1 号墓的铜炉，包山 2 号墓的铜人擎灯，望山 2 号墓的人骑驼形灯，包山 2 号墓的装饰品铜鸟，寿县发现的鄂君启节[18]（图二五）等，都具有重要研究价值。

铜镜主要出土于楚墓中，分布甚广，以长沙、江陵的战国楚墓中最多见。据高至喜先生 1980 年统计，长沙楚墓出土铜镜总数超过 470 面[19]，当时江陵一带楚墓出土的铜镜还数量较少。80 年代之后，江陵楚墓出土的铜镜数量逐渐多起来，只九店楚墓就出土 39 面（图二六）。江陵楚墓出土的铜镜，不但证明该地的铜镜质量并不粗劣，而且证明不少"素镜"原应为彩绘镜。马山 1 号墓和九店楚墓的铜镜，出土时有的包裹在镜衣内，平放于专用的竹笥中，有些钮上束系丝带和料珠。淮阳 16 号墓出有安装铜镜的玉架。楚镜大约从春秋晚期、战国早期开始埋入墓葬中，可分圆形、方形两种。镜背纹饰主要有蟠螭纹、山字纹、龙纹、羽状纹、四叶纹、兽纹、龙凤纹、连弧纹、菱形纹等。还有在镜背附加透雕纹饰，称为透雕镜。彩

图二五　鄂君启节铭文摹本

图二六　铜镜（九店 M15:1）拓片

绘镜是在镜背髹黑漆地，再用色漆绘花纹。楚铜镜资料丰富，工艺技术水平高，具有鲜明的地方特点，代表了我国战国时代铸镜工艺的先进水平，是考古研究的重要对象[20]。印章多出于战国中期之后的墓中，并以长沙一带较多见[21]，纪南城 30号台基也出土过 1 件。楚印章以小型方印为主。

铜货币的主要发现为蚁鼻钱和钱牌。蚁鼻钱是楚国特有的货币，呈鬼脸状，由商周海贝发展而来，又称铜贝。在湖北、河南、湖南、安徽及江苏、浙江、山东、陕西等地均有出土。1962 年，在陕西咸阳长陵出土蚁鼻钱 116 枚[22]。1963 年，在湖北孝感野猪湖发现窖藏蚁鼻钱约 5000 枚[23]。1972 年，在山东曲阜董大城村出土蚁鼻钱 15978 枚[24]。蚁鼻钱是当时诸国金属货币中最轻小的一种，每枚重量在 5.5 克以下，有阴文

"𡉚"字，或"坙朱"，"贝"或释为"坙朱"。一般有 1 个小穿孔。进入 80 年代之后，在湖北大冶、蕲春、阳新一带先后出土良金铜钱牌 12 枚："良金一朱" 5 枚、"良金二朱" 2 枚、"良金四朱" 5 枚[25]。这些钱均呈长方形牌状。良金一朱长 9.2 厘米，宽 3.1～3.3 厘米，厚 0.15～0.2 厘米。良金二朱长 9.2～10.5 厘米，宽 3.2～3.6 厘米，厚 0.32 厘米。良金四朱长 13 厘米，宽 4 厘米，厚 0.3 厘米，外圈凸脊直径 3.1 厘米。钱牌正面中央有两圈圆形凸棱，两圈之间顺时针铸铭 4 字，背面四周边缘有廓，时代约战国中、晚期。这种钱牌是新发现的一种楚铜币，被认为是由称金派生出来，或同黄金作比价的货币。

楚度量衡器具一般为铜质，有尺、天平、砝码和量。铜尺仅见 2 件，一件出于寿县李三孤堆楚王墓中，长 22.5 厘米；一件在长沙战国楚墓出土，长 23 厘米。可见楚尺与洛阳金村出土的中原战国尺长度基本相同。一套天平包括天平杆和天平盘。天平、砝码常见于楚墓中，以江陵楚墓和长沙楚墓出土较多。长沙左家山 15 号墓的一套天平、长沙近郊出土的"钧益"砝码[26]、江陵雨台山 419 号墓的一套砝码、常德德山 25 号墓的一套天平、益阳赫山庙 26 号墓的一套砝码、江陵九店 423 号墓和 246 号墓的一套天平，还有 1933 年寿县朱家集出土的"𦥑子"铜环权（砝码）等都是楚国衡器的重要发现。据研究推算，楚国衡制大致如下：

$$1 \text{ 斤} = 16 \text{ 两} \approx 250 \text{ 克}$$

$$1 \text{ 两} = 24 \text{ 铢} \approx 15.6 \text{ 克}$$

$$1 \text{ 铢} \approx 0.69 \text{ 克}^{[27]}$$

楚铜量为平底、筒形，中腹有一环钮。较重要的铜量有安

图二七　楚屈子赤角簠（随州鲢鱼嘴出土）铭文拓片

徽出土的 4 件[28] 和湖南长沙的 1 件[29]。据出土的铜量研究，楚量制大致如下：

$$1 斗 = 10 升 \approx 2000 毫升（或 2250 毫升）$$

$$1\ 笭 = 5\ 升 \approx 1125\ 毫升$$

$$1\ 升 = 225\ 毫升^{[30]}$$

出土的楚铜器中有大量的铭文资料（图二七）。有铭铜器，主要包括了礼器、乐器、兵器，还有符节、衡量器等（表二）。

表二　　　　　　出土的楚铭文铜器登记表

器名	数量	时代	出土时间、地点	铭文数字	著录
楚公逆钟	8	西周晚期	1993 年山西天马－曲村北赵晋侯墓地 M64	68	《文物》1994 年第 8 期
楚公豪戈	1	西周晚期	1959 年长沙拣选	5	《文物》1959 年第 12 期
申公彭宇簠	2	春秋早期	1975 年南阳西关	32	《中原文物》1982 年第 1 期
考叔脂父簠	2	春秋早期	1969 年枝江百里洲	30	《文物》1972 年第 3 期
公孙脂父匜	1			29	
樊君夔盆	1	春秋中期	1978 年信阳平桥 M1	11	《文物》1981 年第 1 期
樊君夔匜	1	春秋中期	建国前长沙	18	《考古》1963 年第 12 期
曾孟嬭谏盆	1	春秋中期	20 世纪初襄阳太平店	12	《江汉考古》1980 年第 1 期

表二（续）

器名	数量	时代	出土时间、地点	铭文数字	著录
子諆盂	1	春秋中期	1975 年潢川磨盘山收集	15	《文物》1980 年第 1 期
郎子行盆	1	春秋中期	1975 年随州涢阳	11	《江汉考古》1980 年第 1 期
上鄀公簠	1	春秋中期	1978 年淅川下寺 M8	36	《淅川下寺春秋楚墓》
鄰伯受簠	1	春秋中期	1970 年江陵岳山楚墓	26	《文物》1982 年第 10 期
以邓鼎	1	春秋中期	1979 年淅川下寺 M8	25	《淅川下寺春秋楚墓》
以邓匜	1			29	
以邓戟	2			4	
何次镈簠	1			34	
何次飤簠	2			30	
邓公乘鼎	1	春秋中期	1974 年襄阳山湾墓地	16	《江汉考古》1983 年第 1 期
王子婴次炉	1	春秋中期	1923 年新郑郑伯大墓	7	《新郑彝器》

表二（续）

器名	数量	时代	出土时间、地点	铭文数字	著录
楚屈子赤角篚	1	春秋中期	1975 年随州涢阳	31	《江汉考古》1980 年第 1 期
中妃卫旅簠	2	春秋中期	1979 年淅川下寺 M7	22	《淅川下寺春秋楚墓》
东姬会匜	1			37	
鄡子妆戈	1		1979 年淅川下寺 M36	5	
克黄升鼎	2	春秋中期	1990 年淅川和尚岭 M1	4	《华夏考古》1992 年第 3 期
伽子受钮钟	9		1990 年淅川和尚岭 M2	每组 27	
伽子受镈	8				
邥叔鬲鬲	1	春秋晚期	1978 年淅川下寺 M1	13	《淅川下寺春秋楚墓》
倗之飤鼎	2			8	
倗之簠	2			3	
倗之尊缶	2			4	
倗之缶	1			3	
孟縢姬缶	1			22	
敬事天王钟	9			24	
王子午鼎	7		1978 年淅川下寺 M2	86	
王子午戟	2			6	

表二（续）

器名	数量	时代	出土时间、地点	铭文数字	著录
荐鬲	2	春秋晚期	1978年淅川下寺M2	15	《淅川下寺春秋楚墓》
王孙诰钟	26			113	
王孙诰戟	2			6	
倗之飤鼎汀	4			4	
倗之飤鬵	2			4	
倗之㵻鼎	1			8	
邛子倗簠	2			9	
邛子倗之浴缶	2			10	
倗之尊缶	2			6	
倗之盥盘	1			4	
倗之盥匜	1			4	
倗之用矛	1			4	
倗戈	1			24	
倗之飤鼎	1	春秋晚期	1978年淅川下寺M3	4	《淅川下寺春秋楚墓》
浴鐴	1			21	
倗之缶	2			3	
飤簠	4			16	
倗之尊缶	2			4	
邛中姬丹盘	1			34	
邛中姬丹匜	1			34	
䴗镈	8	春秋晚期	1979年淅川下寺M10	最多79	
䴗钟	9			5～49	

表二（续）

器名	数量	时代	出土时间、地点	铭文数字	著录
上鄀府簠	1	春秋晚期	1972 年 襄阳山湾墓地	32	《江汉考古》1983 年第 1 期
弃疾簠	1	春秋晚期	1978 年南阳征集	12	《中国文物报》1989 年 5 月 26 日
楚子趚鼎	1	春秋晚期	1974 年当阳慈化	6	《江汉考古》1983 年第 1 期
王孙雹簠	1	春秋晚期	1975 年 当阳曹家岗 M5	8	《考古学报》1988 年第 4 期
愳儿盏	2	春秋晚期	1987 年 岳阳凤形嘴 M1	8	《文物》1993 年第 1 期
邓尳鼎	1	春秋晚期	京山出土	5	藏荆州博物馆
纂儿缶	1	春秋晚期	1977 年谷城出土	28	《考古与文物》1988 年第 3 期
许公买簠	1	春秋晚期	武汉收集	35	《江汉考古》1983 年第 2 期
楚子夜陾敦	1	春秋晚期	1972 年 襄阳山湾 M33	7	《江汉考古》1983 年第 2 期
子季嬴青簠	1			24	

表二（续）

器名	数量	时代	出土时间、地点	铭文数字	著录
楚叔之孙途为盉	1	春秋晚期	1980 年吴县何山	8	《文物》1984 年第 5 期
中子鬶浴缶	1	春秋晚期	1983 年谷城楚墓出土	6	《江汉考古》1983 年第 3 期
邓尹疾鼎	1	春秋晚期	襄阳山湾墓地	6	《江汉考古》1988 年第 3 期
邓子午鼎	1	春秋晚期	1971 年武汉收集	6	《江汉考古》1983 年第 2 期
蔡侯朱之缶	1	春秋晚期	1958 年宜城安乐坑	5	《文物》1962 年第 11 期
㚤之鼎	1	春秋晚期	1976 年随州义地岗	6	《江汉考古》1983 年第 1 期
㚤之盏	1			4	
永陈尊缶盖	1	春秋晚期	1987 年枝江关庙山一墓出土	5	《江汉考古》1990 年第 1 期
蔡昭侯墓铜器	50 余	春秋晚期	1955 年寿县城西蔡侯墓		《寿县蔡侯墓出土遗物》

表二（续）

器名	数量	时代	出土时间、地点	铭文数字	著录
郑臧公之孙鼎	1	春秋晚期	1988 年 襄阳团山 M1	46	《考古》 1991 年 第 9 期
郑臧公之孙缶	1			54	
伖子受 鼎、鬲、簋等		春秋晚期	1990 年淅川徐家 岭 M9、M10		《中国文物 报》1992 年 8 月 30 日
申王之孙簠	1	春秋晚期	1990 年 郧县肖家河墓地	19	《考古》 1998 年 第 4 期
"康乐"编钟	6	战国早期	1985 年叶县 旧县 M1		《华夏考古》 1988 年 第 3 期
曾侯乙墓铜器		战国早期	1978 年 随州曾侯乙墓	共计 4947	《曾侯 乙墓》
鄱成周钟	9	战国早期	1978 年 固始侯古堆 M1	4	《文物》 1981 年 第 1 期
郪之宝戈	1	战国早期	1975 年江陵雨 台山 M133	4	《江陵雨台 山楚墓》
周阳戈	1		1975 年江陵雨 台山 M100	4	
楚王孙鱼戟	1	战国早期	1958 年 江陵长湖边	6	《文物》 1963 年第 3 期
番仲作伯戟	1	战国早期	1978 年当阳金 家山 M43	8	《当阳赵家 湖楚墓》
许之造戈	1		1978 年当阳金 家山 M45	4	

表二（续）

器名	数量	时代	出土时间、地点	铭文数字	著录
蔡公子缶	1	战国早期	1973 年襄阳蔡坡 M4	8	《江汉考古》1985 年第 1 期
邵之盨（豆）	1	战国早期	1975 年随州刘家崖	4	《江汉考古》1986 年第 2 期
邵之飤鼎	1	战国早期	1980 年新都战国墓	4	《文物》1981 年第 6 期
王卑命钟	1	战国中期	1973 年当阳季家湖楚城	12	《文物》1980 年第 10 期
盛君縈之御簠	1	战国中期	1981 年随州擂鼓墩 M2	6	《文物》1985 年第 1 期
荆历钟	1	战国中期	1957 年信阳长台关 M1	12	《信阳楚墓》
鄂君启节	5	战国中期	1957 年、1960 年寿县丘家花园	共 795	《文物参考资料》1958 年第 4 期
正阳鼎	1	战国中期	1958 年常德德山 M26	2	《考古》1963 年第 9 期
燕客铜量	1	战国中期	1984 年长沙收集	56	《江汉考古》1987 年第 2 期

表二（续）

器名	数量	时代	出土时间、地点	铭文数字	著录
陈往戈	1	战国中期	大冶鄂王城遗址	2	《江汉考古》1983年第3期
鄺君戈	1	战国中期	1971年江陵拍马山M10	5	《考古》1973年第3期
陇公戈	1	战国中期	1975年江陵雨台山M169	3	《江陵雨台山楚墓》
新弨戟	1	战国中期	1958年南漳	6	《文物》1962年第11期
邦之新都戈	1	战国中期	长沙近郊	4	《湖南考古辑刊》第1辑
王命节	1	战国中期	1946年长沙黄泥坑	9	《文物》1960年第8~9期
中阳鼎	1	战国晚期	1985年桃源三元村M1	12	《湖南考古辑刊》第4辑
巨萱鼎	3	战国晚期	1955年蚌埠八里桥	18	《文物参考资料》1957年第11期

表二（续）

器名	数量	时代	出土时间、地点	铭文数字	著录
李三孤堆楚王墓铜器	57以上	战国晚期	30年代寿县朱家集李三孤堆楚王墓		《寿县朱家集铜器群研究》，载《考古学文化论集》，文物出版社1987年版
楚高缶	2	战国晚期	1953年泰安	5	《文物参考资料》1956年第6期
兼陵公戈	1	战国晚期	武汉收集	14	《江汉考古》1983年第2期
长郙戈	1	战国晚期	1974年长沙识字岭M1	2	《湖南考古辑刊》第1辑
敓作郏王戟	1	战国晚期	1978年益阳赫山庙M4	5	《考古学报》1981年第4期
王作剑	1	战国晚期	1963年湘潭易俗河	4	《湖南考古辑刊》第4辑
大腐铜牛	1	战国晚期	1956年寿县丘家花园	4	《文物》1959年第4期

表二（续）

器名	数量	时代	出土时间、地点	铭文数字	著录
大膚铜量	1	战国晚期	1976 年 凤台收集	7	《文物》 1978 年 第 5 期
钧益环权	1	战国晚期	1945 年长沙近郊	2	《考古》 1972 年 第 4 期
王字衡杆	1	战国晚期	寿县出土	6	《文物》 1979 年 第 4 期
郳陵君王 子申攸鉴	1	战 国 晚 期	1973 年无锡前洲乡	35	《文物》 1980 年 第 8 期
郳陵君王 子申攸豆	2			52	

　　楚铜器研究开始于 50 年代，顾铁符先生对信阳楚墓出土的铜器进行了分析[31]，指出信阳楚墓铜器"主要是战国时代楚国铜器的作风"。而较深入的研究则集中在"鄂君启节"铭文内容方面[32]。70 年代之后，楚铜器研究形成热潮，除对其年代分期、种类组合、形态变化、铭文内容进行研究之外，还对其纹饰特点、铸造工艺等方面进行了探讨[33]，并取得了许多重要成果。

（二）铁器及其它金属器具

　　楚文化遗址和墓葬都出土铁器，除江陵纪南城遗址和大冶铜绿山矿冶遗址出土较多的铁器外，值得注意的是最近湖北省

图二八　铁锤　　　　　　　　　图二九　铁钻

（铜绿山矿冶遗址出土）　　　　　（铜绿山矿冶遗址出土）

文物考古研究所在三峡库区的宜昌上磨垴遗址发掘中，也出土较多的东周铁臿、铁斧和一些与铸铁相关的遗物。目前发现的楚铁器较多，可分容器、兵器、生产工具和杂器等类。容器主要有鼎、铁足铜鼎、釜、坩埚；兵器主要有剑、矛、匕首、戈、镞；生产工具和杂器主要有锄、铲、臿、耒、镰、耙、镢、斧、锛、凿、锥、锤（图二八）、钻（图二九）、夯锤、削、刮刀、鱼钩、带钩、钢针、铁丸、铁条、钉、环、片等。黄展岳先生 80 年代初据已发表的资料统计，属于春秋时代的铁器共 8 件，战国早期的铁器共 19 件，战国中期的铁器有 69 件，战国晚期的铁器有 52 件，未分期的战国铁器 20 件[34]。而高至喜先生 90 年代统计，已发表的江南楚墓和楚遗址出土的铁器总数已达 400 余件[35]。

　　铁鼎，在长沙窑岭 15 号墓出土 1 件，含有少量石墨，属亚共晶铸铁，浅腹瘦蹄足，口径 23 厘米，重 3250 克[36]。另在长沙杨家山 65 号墓和桂花园 108 号墓也出过铁鼎。楚墓中常见一些铜鼎的足为铁质，称为铁足铜鼎。襄阳蔡坡 9 号墓、宜昌前坪 23 号墓、长沙识字岭 314 号和 315 号墓等都出铁足铜鼎（图三〇）。铁釜和坩埚，在纪南城龙桥河西段水井中各出土 1 件[37]。铁釜为小口，鼓肩，窄底，腹部有 2 小环耳，腹径 47.2 厘米，高 38.4 厘米。铁坩埚为敞口，腹壁内收，窄圜底，内外表涂黏土，口径 23.5 厘米，高 16 厘米，重 14.4 公斤。这两件较大型铁容器和铁鼎的时代均为战国中期或更早，为我国时代最早的一批铁容器。

铁剑，出土数量较多，一般比铜剑窄长，前锋尖锐，茎圆或扁，多另装铜格、铜首，或另装玉茎、玉首。一般通长 70～80 厘米，宽 4.5 厘米。长沙杨家山 65 号墓出土的春秋晚期的一件钢剑较短[38]，长 38.4 厘米，圆柱形茎，铜格，有锻打层次，经鉴定为碳钢，是我国目前发现的时代较早的钢剑。淅川下寺 10 号墓出土的春秋晚期玉茎铁剑，长仅 22 厘米，玉

图三〇　铁足铜鼎（蔡坡 M9∶1）

柄长 10.5 厘米。益阳赫山庙 11 号墓出土的战国早期的一件钢剑[39]，长 78 厘米，剑身是用块炼铁反复锻打而成的块炼钢。宜昌前坪 23 号墓的铁剑，通长达 120 厘米，格首用铜制，刃尚锋利，上面残存木鞘痕迹。长沙桂花园 19 号墓的铁剑，长 106 厘米[40]。《史记·范雎蔡泽列传》记载秦昭王的话："吾闻楚之铁剑利而倡优拙。"楚之铁剑当时就以其锋利闻名于世。从钢剑等实物证明，楚人在我国历史上可能最先掌握炼钢技术。

《国语·齐语》："美金以铸剑戟，试诸狗马；恶金以铸钼夷斤劚，试诸壤土。"《管子·小匡》："美金以铸戈剑矛戟，试诸狗马……恶金以铸斤斧钼夷锯欘，试诸木土。"春秋战国时期以"美金"铸造兵器，以"恶金"铸造工具和农具。"恶金"可能主要指铁。铁工具、农具普遍发现于楚遗址中，楚墓填土内也往往出土。在铜绿山遗址中，春秋矿井出土的工具多为铜质，战国矿井出土的工具则基本为铁质，证明铁器的广泛使用大约始于春秋战国之交。我国出土的早期铁器以楚地出土最多，楚铁器又以生产工具占大部分。楚国铁制生产工具不但种类相当齐全，而且具有极高的生产功效。除未见铁犁之外，当时流行的其它生产工具种类几乎都有铁制的。铜绿山矿井出土的铁斧、凿、锤、六角形锄，纪南城龙桥河西段水井出土的铁口耒、荆门郭店 1 号墓出土的铁镰、荆门包山 2 号墓出土的钢针等都是重要的楚国铁工具标本。信阳长台关 1 号墓出土的错金嵌玉或错金银铁带钩，江陵望山 1 号墓出土的长达 46.2 厘米的错金嵌玉铁带钩则是楚铁器精品。长沙龙洞坡 826 号墓出土的春秋晚期铁削，长 19.3 厘米，柄上有纺织物缠裹的痕迹。这件铁削的发现，被认为是春秋晚期已使用锻造铁工具的第一个证据[41]。长沙左家塘 44 号墓出土的"凹"字形铁口锄，经金相鉴定是属于珠光体和铁素体为基体的展性铸铁[42]。大冶铜绿山古矿井中的六角形铁锄和铁斧，经金相鉴定为可锻铸铁[43]。实际都是韧性铸铁。为了克服白口铁的脆性，楚国发明了将生铁长时间加热的柔化技术，使碳化铁分解为铁和石墨，消除了大块渗碳体，得到了展性铸铁。以这种铁制作的生产工具，同时具有硬性和韧性，大大提高了生产的功效。由于韧性铸铁的广泛应用，战国时代楚国的经济得到了高速发展。

其它金属器具，主要包括金、银、铅、锡等金属制品。有少量容器和装饰品，较多的为货币和饰件，还有些属于锭饼。

战国早期的曾侯乙墓出土金器有盏、杯、器盖、漏匕、带钩和大量金箔，包括了一批我国时代最早的黄金器皿。战国中期的信阳长台关楚墓则出土了鎏金铜带钩，是已知年代最早的鎏金器。黄金除用于嵌错器物花纹或制成金箔装饰器物之外，主要用于铸造货币。金币是楚国的主要货币形式之一，迄今我国出土的先秦黄金货币都属楚国铸造的，楚国是世界上最早使用黄金货币的古国之一。楚金币出土地分布广泛，在安徽、河南、山东、湖北、江苏、浙江、陕西等省均有发现，其中以安徽、江苏两省出土数量较多。楚金币的重要发现有五批：1970年安徽临泉艾亭集和阜南朱大湾庄出土金币分别重 799.2 克、5737 克[44]；1974 年河南扶沟古城出土金币 392 块，重 8183.3 克[45]；1979 年安徽寿县花园大队出土金币 19 块（18 整块），重 5187.25 克[46]；1982 年江苏盱眙南窑庄发现郢爰金版 11 块，重 3243.4 克[47]；1986 年安徽寿县出土郢爰金版 38 块，重 10055 克[48]。楚金币主要分金版和金饼两种。金版上有阴文，包括郢爰、陈爰、鄟镪、䣜、卢金、鄟爰六种。以郢爰最为常见，"郢"字即指郢都，是郢都铸造的金版。但在江陵纪南城遗址内只出土过金块（重达 500 克以上），而从未出土过郢爰。在湖北境内出土的郢爰，一般见于秦汉遗址或秦汉墓中。陈爰也较常见，是楚之陈地铸行的一种金币。其它金版较少见。金饼有实心和空心两种，略呈龟形。1972 年陕西咸阳发现 3 件金饼戳印有"陈爰"二字[49]。无论是金版，还是金饼都有无印记或文字的。据黄德馨先生研究，金饼比金版铸行时代早，金币中的"爰"非通常认为的重量单位而是"易"、"换"的意思[50]。金币一般不作楚墓随葬品，楚墓只出冥币，如长沙子弹库 1 号墓、左家公山 15 号墓、杨家山 6 号墓等都出"泥金版"或"泥饼金"。

1974 年河南扶沟古城与金币同出的还有铲形银币 18 块，为银布。除 1 件为空首布外，其余均为实首布，无铸文，通长 10～15.7 厘米，总重量为 3072.9 克。这些银布的发现，结束了长期以来关于楚国有无铸行银币的争论。

楚遗址和楚墓中往往出土一些锡、铅制品。江陵纪南城陈家台作坊遗址出土过锡锭和锡襻钉[51]。在当阳曹家岗 5 号墓和随州曾侯乙墓中都出土许多以铅锡为主合成的金属附饰。当阳、江陵、鄂城等地楚墓的棺椁常见用锡襻钉加固的情况，墓内也往往存在一些铅锡饼、珠、弹簧之类的器物。当阳赵家塝 8 号墓则出土有锡篦 2 件。李家洼子 13 号墓出土有锡马衔 2 件[52]。锡、铅是制作青铜器的基本合金原料，同时也是青铜铸造工艺中焊接的重要原料。据曾侯乙墓钟架焊接的镴焊合金化验分析，其合金成分铅占 58.48%、锡占 36.98%、铜占 0.23%、锌占 0.19%。有关专家认为，这是我国古代镴焊技术及其所用合金的最早实物[53]。

（三）漆木竹器

　　《韩非子·十过》："尧禅天下，虞舜受之，作为食器，斩山木而财之，削锯修之迹，流漆墨其上，输之于宫以为食器。诸侯以为益侈，国之不服者十三。舜禅天下而传之于禹，禹作为祭器，墨染其外，而朱画其内。"据文献记载我国早在传说时代已制作日用漆器。而出土的新石器时代至商代、西周时期的漆器数量还比较少，表明当时漆器的使用范围并不广泛。《尚书·禹贡》记豫州"厥贡漆枲"，《山海经·中山经》："京山多漆木。"本世纪的考古发现表明，楚国是春秋战国时期我国漆器的主要产地，丰富多彩的漆器是楚文化基本特征之一。

　　楚漆器的胎骨以木、竹为主，还有夹纻胎、皮胎等。精工的木、竹器，一般均髹漆，属漆器。漆的用途极广，在楚遗物中，陶器、铜器等类器物上也有一些髹漆器皿。漆木竹器类器物，包括了漆器和精工的木、竹器。

　　春秋早、中期的当阳赵家湖楚墓和春秋中、晚期的襄阳山湾楚墓中，常见漆棺和漆器剥落下来的漆皮。春秋中、晚期的淅川下寺楚墓也出有漆棺和嵌漆铜鼎。春秋中期的当阳赵巷 4 号墓[54]和 2 号墓[55]出土了一批以礼器为主的精美彩绘漆器，包括漆木棺、方壶、簋、瓒、豆、俎、瑟和镇墓兽等。以花斑兽为主体的图案十分珍贵。带柄的瓒为仅见。当阳曹家岗 5 号墓出土漆瑟 1 件[56]，为时代最早的楚瑟。这些木胎漆器虽然品种较少，胎壁较厚实，显得较笨重。但其制作工艺、绘画技巧均已达到了相当高的水平，说明春秋时期楚国的漆器生产已经有很大发展。

战国时期的楚漆器广泛发现于湖北、湖南楚墓中，特别是江陵、长沙一带的楚墓出土数量最多。江陵纪南城和大冶铜绿山遗址也有一些漆器残件出土。河南楚漆器主要见于信阳长台关1、2号墓。安徽楚漆器主要见于舒城楚墓。出土的战国时期的楚漆木竹器品种繁多，可分为生活器具、娱乐器具、兵器和车器、丧葬用品和艺术品等四大类。

1. 生活器具

生活器具主要有耳杯、豆（图三一）、樽（卮）、盒、盘、匜、勺、杯、碗、扁壶、几、案、俎、禁、床、枕、笥、箱、桶、杖、席、扇、梳、篦、筷、虎子等。其中数量最多的是耳杯，其次就是豆、樽、盒。

耳杯杯口呈椭圆形，耳有方形和弧形两种，腹壁弧形，平

图三一　漆豆（藤店 M1：43）

底，少数有假圈足。一般器内髹红漆并绘花纹，器外髹黑漆。江陵沙冢1号墓出土的漆耳杯，保存如新。椭圆形、弧壁平底，新月形耳，里红外黑，在口沿、耳上用红漆绘鸟头纹、云纹。江陵望山1号墓出方形耳漆耳杯。江陵天星观1号墓的漆耳杯，方形双耳平侈，耳特别宽[57]。信阳长台关楚墓出土有带座耳杯，简文称之为"杯豆"。漆豆，有的带盖，有的作盒形，有的作鸟形。江陵纪城1号墓出土的浅盘彩绘豆[58]，器形保存完整。柄上、下均有榫头与盘、座卯接。江陵雨台山427号墓出土的鸳鸯形漆豆[59]，盖与豆盘合成一只侧视略翘尾的鸳鸯，尾部两侧还绘对称的金凤。周身用朱、金、黄等漆彩描绘，使鸳鸯栩栩如生。曾侯乙墓出土的漆盖豆，盘口椭圆形，方形耳，盖隆起。盖顶及两耳上精细浮雕盘龙纹，并描以彩色。周身在黑漆地上用色漆绘变形凤纹、菱形纹、网格纹，使整器和谐美观。漆盒的品种最多，有方形、圆形、椭圆形、长方形，还有罐形、船形、龟形、鸟形等种。用途包括盛食、装食具、装酒具、装工具、盛梳妆品等方面。荆门包山2号墓的漆奁盒[60]，周围绘人物车马出行图，在黑漆地上，用红、黄、褐等色绘车4、马10、人26、树5、鸟9、犬2、豕1。曾侯乙墓的撞钟击鼓鸳鸯盒、江陵望山1号墓和纪城1号墓的酒具盒、安徽舒城秦桥楚墓的铜扣漆盒[61]、长沙左家公山15号墓的盛镜圆盒[62]、长沙杨家湾6号墓的刻字奁盒[63]等都是有代表性的楚漆盒。漆樽（卮），也是一种常见楚漆器，为圆筒状器皿。战国中期已有铜足樽。江陵雨台山554号墓出土的漆樽，底安三个兽首形铜足，器外壁有对称的铜铺首。长沙颜家岭35号墓出土的狩猎纹漆樽[64]，所绘狩猎场面形象生动。绘有人物3、动物9、树1、弓箭1、戟1。此器无盖，底安三个蹄形铜足。由于铜足直接安装于器底,尚不牢固,还不是"钔器"。至战国晚期,"钔器"在湖南楚墓的漆樽中出现。桃源三元村 1 号墓出土的两件漆樽,盖上有三个环形铜钮,器身一侧有环形铜鋬,底下部有铜箍和铜蹄足[65]。这种底部加铜箍的樽,应属"钔器"。类似的漆樽还常见于长沙楚墓中,如杨家湾 6 号墓、沙湖桥 9 号墓[66]、魏家大堆 1 号墓[67]等都出有属"钔器"的漆樽。魏家大堆 1 号墓的漆樽的周边为夹纻胎。这些资料表明较先进的"钔器"早在战国晚期已在楚国江南一带流行了。江陵拍马山楚墓出竹卮(樽)3 件[68],19 号墓所出的一件,用带竹节的竹筒雕刻制作,有盖,两侧突出成耳,底安三蹄足。漆盘、匜、勺、碗、杯等的数量均较少。江陵马山 1 号墓的漆盘[69]、信阳长台关 1 号墓的漆匜和漆勺[70]、鄂城百子畈 4 号墓的漆碗[71]、江陵拍马山 23 号墓的蛋形杯[72]、荆门包山 2 号墓的凤鸟形双联杯[73]、江陵雨台山楚墓的漆扁壶和小香盒[74]等为珍贵的漆器标本。

漆几、案、俎、禁,在楚墓中也较为常见。在荆门包山 2 号墓中,这四种器物均有,案有高低、俎有宽窄之分。长沙浏城桥 1 号墓出土的战国早期漆几[75]是时代最早的一件楚漆几。几面下弧外鼓,几下两端有四根直柱足和四根斜柱足支撑,并有底座加固和装饰,几面浅刻云纹,两端刻兽面纹,髹黑漆。信阳长台关 2 号墓出土的漆几[76],由两立板和一横板构成,立板外面和横板侧面嵌白玉 20 块。这种嵌玉几为战国少见。漆案是一种短脚的盛食托盘。江陵望山 1 号墓的漆案[77],整木斫制而成,案面微凹,四边凸起,红地黑绘涡纹,四角镶铜,两端各有铜足和铜铺首衔环。漆俎有圆形、长形之分。贵族墓出土俎的数量较多。江陵望山 1 号墓出土俎 20 件。较小的墓也出俎。江陵雨台山楚墓共出俎 5 件[78]，其中 161 号墓的圆形俎，下安三蹄足，有使用痕迹，背面涂红漆。漆床、枕、虎子，在楚墓中也有出土。漆床，在信阳长台关 1、2 号墓和荆门包山 2 号墓[79]各出髹黑漆木床 1 件。长台关 1 号墓的床，床身用纵 3 根、横 6 根的方木做成，为长方框架，长225 厘米，宽 136 厘米。床足 6 只，高 42.5 厘米。床栏用竹、木条做成方格状，角上镶铜角，床身前后两边中部不设栏。床身周围和床足上有朱绘或雕刻的云纹。包山 2 号墓的床为折叠床，由两个尺寸和结构完全相同的半边拼合而成，并分床身、床栏、床屉三部分，制作相当精致。整床长 220.8 厘米，宽135.6 厘米，通高 38.4 厘米。同墓出土的枕，分框形座枕和盒形座枕。盒形座枕未漆，盒内置花椒，属于"药枕"。长台关 2 号墓出土的漆枕，是髹黑漆的框架，正面雕卷曲的双龙。湘乡牛形山 1 号墓出土的漆枕[80]，仅存两端的枕座，也是用木条或竹片构成枕面的彩绘漆枕。江陵马山 1 号墓的枕为竹枕[81]。漆虎子，仅在长沙五里牌邮电大楼 3 号墓中见到过 1件[82]。全器用整木雕成，外形为一昂首匍匐的虎，内空，尾反卷至头部为提手。器外在黑地上用黄、褐色绘云纹、凤纹，用褐色勾勒眼、耳、臀部。形态逼真。此器也是目前所见第一件先秦虎子。漆梳、篦，在战国楚墓中常见，均作半椭圆形，弧背，齿部平齐，梳约 20～30 齿，篦约 70～100 齿，背端一般施彩绘。漆箱，曾侯乙墓出有用于存放衣物、食具、酒具、磬的箱，其中一漆箱盖上绘有二十八宿图象。曾侯乙墓还出漆桶 2 件。江陵雨台山 163 号墓、277 号墓则各出藤制漆杖 1根[83]。

　　席、扇、筒等是用竹篾编织而成的器物。这类器物在楚墓

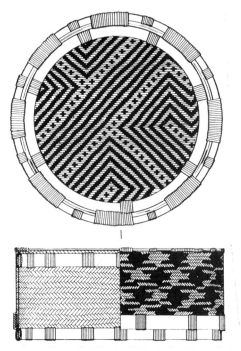

图三二　竹编圆盒（九店 M712∶15）

中保存很多。级别较高的楚墓出土的这类器物，往往编织工
细，髹漆图案鲜艳，充分体现了楚国竹器制造业所达到的高超
水平。竹篾编织物的花纹（图三二），有人字形纹、回字形纹、
十字形纹、矩形纹、透空菱形纹等[84]。江陵沙冢 1 号墓的竹
席[85]，篾丝编织出工整图案，并髹红、黑二色漆。江陵马山
一号墓的竹扇[86]，篾丝仅宽 0.10 厘米，整器呈刀形，扇面近
梯形，用三经一纬的细篾编法，经篾髹红漆，纬篾髹黑漆，彩
色鲜艳，保存如新。天星观 1 号墓的扇[87]，竹制的扇骨呈心
形，扇面用羽毛联缀而成，柄长过人，为楚扇的一种重要式

样。

2. 娱乐器具

娱乐器具有鼓、瑟、琴、笙、排箫、篪、六博棋盘等。以曾侯乙墓出土的漆乐器种类最多。

鼓，有虎座凤架鼓、手鼓、鹿架鼓和建鼓等。虎座凤架鼓，属于悬鼓，是常见的典型楚式鼓。江陵天星观1号出土的一件，双虎伏地相背，虎背上各立一昂首相背的凤，圆形扁鼓悬于二凤之间，以绳索勾挂于凤冠、尾上，并附鼓槌两根。虎、凤通体髹黑漆，并用红、黄、金色绘虎斑纹和鸟羽纹。鼓边有三个铜铺首衔环，并有红、黄、金三色菱形纹。手鼓，为小鼓，有的带柄。江陵藤店一号墓的一件带柄小鼓[88]，圆形，直径15.7厘米，鼓腔一面有竹钉，皮质已朽，另一面为木质。鼓腔上有彩绘纹饰。江陵溪峨山7号墓的一件为鹿架鼓[89]，在卧鹿身后部凿孔装小鼓。建鼓仅见于曾侯乙墓，为横置的大鼓，鼓长106厘米，直径74厘米，木柱贯穿鼓腔，底有直径80厘米的蟠龙铜座。

漆瑟，也在较大的楚墓中习见，弦一般有23、24、25根之分。曾侯乙墓出12件，江陵天星观1号墓出5件。江陵望山1号和2号墓、长沙浏城桥1号墓、信阳长台关1号墓都出土有重的楚瑟。漆琴仅见3件。曾侯乙墓出五弦琴、十弦琴各1件，长沙五里牌邮电大楼3号墓出十弦琴1件[90]。笙，出土数量也不多，曾侯乙墓、天星观1号墓、浏城桥1号墓、江陵雨台山394号和140号墓[91]出土过实用笙或明器笙，有的髹漆，笙斗有木质和葫芦两种，笙可分为10、12、14管（或孔）等种。排箫和篪仅见于曾侯乙墓，各出2件，排箫有13管，篪有7孔。鄂城楚墓[92]和江陵雨台山、纪城楚墓均出土有六博盘。雨台山 314 号墓出的六博盘，作长方形，正中一长方形孔，盘下装三小足，盘面髹黑漆，用红色漆画边框和"—"、"L"形符号。盘带盖，内装小卵石骰子，包括红、黑色骰子各 9 颗，白色骰子 6 颗。纪城 1 号墓的六博棋有边框，装四足。这些六博盘是目前发现最早的楚对弈用具。

3. 兵器和车器

兵器主要有弓、箭杆、箭箙（图三三）、盾、甲、胄、剑鞘、剑椟、柲、弩木臂等。车器，除整车外，主要有伞柄、伞盖、车舆栏杆、车辕等车器构件。

江陵溪峨山 3 号墓的木弓[93]，中间宽，两端窄，黑漆，再用宽约 2 厘米的丝条缠绕，展开长度 116 厘米。荆门包山 2 号墓

图三三　木箭箙
（包山 M2:265）

的木弓有半月形和马鞍形两种，都由多块木片用丝线缠绕髹漆而成。弓身长分别为 128.8 厘米和 127.2 厘米。竹弓较多见，中部用三块竹片叠合。江陵藤店 1 号墓的竹弓[94]，缠丝线，后涂朱漆，再绘黄漆花纹。长沙浏城桥 1 号墓保存 8 支完整的箭，全长 75.5 厘米，箭杆为小竹杆，长 68.4 厘米，尾端长 14.5 厘米，设羽。这些箭出土时装于一个竹箭箙内。竹箭箙用两块半边竹子制成，两端有孔，表面有漆彩绘。长 81 厘米，直径 3.4 厘米。长沙左家公山 15 号墓也出土一个装有 6 支箭的梯形木箭箙[95]，箭全长 70 厘米，箙长 77 厘米。

盾和甲胄属于防御兵器。盾，在江

陵、长沙两地楚墓中常出，有木质和皮质，多髹漆，并饰彩绘。江陵雨台山楚墓出盾17件，天星观1号墓出盾19件，但大部分保存不佳。天星观1号墓中有5件保存较好的盾，均系整木制成，圆角长方形，正面为凸弧状，有弧形柄。其中一件，盾面两边缠等距的10条皮革，外裹麻布，髹黑漆。江陵李家台4号墓出盾3件[96]。其中一件，呈有弧线的长方形，长94.2厘米，宽60厘米，厚0.3～2.5厘米。由左、右两半拼合，接合处两边有许多相对的小孔，背面压有一根长木条，再穿绳捆紧，背面安柄。通体黑漆，并用红、黄、蓝等色绘各式几何纹，背面还绘有凤、龙、树和人物图案。长沙406号墓出漆盾2件[97]，为皮革制作，有精美的龙凤纹和云纹。荆门包山2号墓也出革盾，革已朽，残存漆皮，也有彩绘龙凤卷云纹图案。关于甲胄，虽然过去出皮甲片的楚墓较多，但都较凌乱，多不能复原。淅川下寺2号墓出土了两件有金箔装饰的春秋皮马甲[98]，可惜不能完全复原。曾侯乙墓和荆门包山2号墓发掘以后，获得了完整的战国皮甲胄，并可分为人甲和马甲。甲片根据人、马身不同部位制成不同的形状，用皮条缀合，一般髹黑漆。人甲由胄、身、袖、裙四部分组成。马甲由胄、胸颈甲、身甲三部分组成。荆门包山2号墓的一件马身甲上有红漆书和刻划"郜公"二字。木甲，仅见于天星观1号墓，甲片为木胎，外贴皮革，髹黑漆。

　　剑鞘、剑椟、柲等属于兵器附件或复合兵器的组成部分。剑鞘制法：用两块木片相合，粘漆，缠丝或布条，再髹漆而成。剑鞘两面有凸棱，长度一般比剑身长些。长沙仰天湖25号墓出土的短剑剑鞘[99]，几乎比剑身长一倍，尾部装白玉珌，中部有谷纹玉珥，剑茎部绕丝呈人字形。这是首次见到的较完整的楚"玉具剑"。荆门包山 2 号墓的玉首剑剑鞘,前端有木柲;骨首剑剑鞘,由两块薄骨片拼合,并附两骨质耳和浮雕兽面纹骨片。长沙左家公山 15 号墓出的带鞘剑置于木剑椟内。还发现有装戈的漆木箙[100]。柲,即长兵器的柄杆,为戈、矛、戟、殳等种兵器的重要组成部分。曾侯乙墓、长沙浏城桥 1 号墓和荆门包山 2 号墓保存许多完整的柲。柲有木、竹、藤和复合质料制作的。制作精细,有长有短,具有良好的坚硬性和柔韧性。浏城桥 1 号墓出土戈柲、矛柲、戟柲共约 30 件。髹漆云纹短戈柲,木质,断面前窄后圆,全长 1.4 米,应为"徒戈"。髹漆长戈柲,一种由一根四棱形木棒和周围各加一根弧形薄木条相合、绕丝髹漆而成,全戈长 3.14 米;另一种为积竹柲,用一根四棱形木棒和外夹青竹篾 16 根、再密缠丝线髹漆而成,断面前窄后圆,长度在 3 米以上。长柲戈当属车兵。还有一种云纹竹节形漆木戈柲,仅长 91 厘米。矛柲,以木质居多。短矛柲长仅 1 米多。长矛柲中有积竹和藤质的。积竹矛柲与戈柲制法相同,但其中心为圆木棒,外包竹篾 18 根,长度在 3 米以内。戟为戈、矛合装于积竹柲上,柲长 2.835米。包山 2 号墓出有缠羽的矛、戟柲,最长的矛通长达 3.908米,有的戈和矛套有鞘。曾侯乙墓有安装三戈的长柲,还有装成殳和晋杸的柲。天星观 1 号墓和曾侯乙墓出土的殳柲长度为3.13~3.55 厘米,直径 2~3 厘米。

楚车的资料,主要有淅川下寺车马坑[101]、淮阳马鞍冢车马坑[102]、宜城罗岗车马坑[103]和裴明相先生的《谈楚车》[104]。九店楚墓车马坑中也有可复原的车(图三四)。发现的楚车为安伞马车,主要框架为木质,如辕、轴、轮、厢、伞衡等,都需用木料和髹漆。楚车分战车、安车两大类。战车造

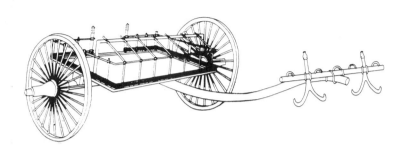

图三四 九店 M104 车马坑 2 号车复原图

型新颖，结构复杂，还可分主帅车和普通车。安车车厢分前、后，御者在前，乘者在后，可容 8～12 人。在较大型的楚墓中也往往出一些漆木车器，如天星观 1 号墓、望山 1 号墓、曾侯乙墓、包山 2 号墓、浏城桥 1 号墓等都有辕、栏杆、伞之类的车构件出土。包山 2 号墓还出有精致花纹的髹漆皮质车壁袋。

4.丧葬用品和艺术品

丧葬用品和艺术品类漆器，以木质为主。主要器物包括棺、笭床、镇墓兽、座屏、虎座，飞凤、卧鹿、木俑等。

精美的漆棺有曾侯乙墓铜框彩绘棺、包山 2 号墓龙凤纹彩棺（图三五）、长台关 1 号和 2 号墓金银彩绘棺等。笭床，置于棺内作底板的器物，江陵望山 2 号墓出的雕花笭床[105]，绘有红黑彩漆图案，四缘嵌入棺壁槽内。长沙仰天湖 25 号墓出的透雕花纹笭床[106]，长 1.8 米，共雕龙 6 条。长沙杨家湾 6号墓出的笭床[107]，为几何形纹笭床。

镇墓兽是楚墓的典型器物之一。一般包括方座、兽身、鹿角三大部分，兽身榫接于方座上，有单、双身之分，并有兽面

图三五　包山 M2 彩棺龙凤纹

形、龙面形、人面形等种，头顶多插一对真鹿角。座、身、角多有彩绘纹饰，角上还往往包贴金箔，以一件置于墓室头端。襄阳山湾[108]等地春秋贵族墓常出鹿角，可能与腐朽的镇墓兽有关。当阳赵巷 4 号墓出土了春秋中期的镇墓兽，为目前见到的时代最早的镇墓兽。它还未显出凶恶的形态，头作圆角方形，身为长四棱柱形，无角、眼和长舌。战国中期的镇墓兽，不但数量最多，形象也较复杂。江陵天星观 1 号墓出的为双身龙面形镇墓兽。信阳长台关 1 号墓出的为无座兽形镇墓兽，短角、圆眼、长舌[109]。江陵雨台山 555 号墓出的为长舌人面形镇墓兽[110]。江陵马山 1 号墓出的"辟邪"[111]，形似龙，应属镇墓一类器物。关于镇墓兽的寓意，尚存在镇墓、山神、土伯、兵主等多种说法[112]。

座屏，出土数量不多。江陵望山 1 号墓出土的彩绘木雕小座屏（图三六）是一件工艺水平很高的漆木器佳作。座屏高15 厘米，宽 51.8 厘米，厚 3 厘米。工匠运用浮雕与透雕相结

图三六　彩绘木雕小座屏（望山 M1：B84）

合的手法，雕刻出 4 只鹿、4 只凤、4 只鸟、15 条蛇、25 条
蟒、2 只蛙等可装拆的动物共 54 个。这些动物组成相互缠绕
咬斗的立体画面，施以细腻调和的彩色油漆，各种动物都表现
得栩栩如生。江陵天星观 1 号墓出土座屏 5 件。座为伏地的
虎，屏透雕双龙或四龙，整器黑漆地，彩绘有红、黄、金三
色。虎座飞凤发现的数量也多，并集中于江陵纪南城四周的楚
墓中。一般分虎座、飞凤、鹿角三部分，髹漆彩绘，形象奇
美。江陵天星观 1 号墓和雨台山楚墓、荆门包山 1 号墓[113]、
江陵李家台 4 号墓[114]等有立于虎背的昂首飞凤，包山 1 号墓
的无鹿角。在益阳羊舞岭农机厂 3 号墓则出有木板座双飞
凤[115]。卧鹿也是楚墓中具有特色的器物。湖南仅在浏城桥 1
号墓中见过 1 件。江陵藤店 1 号墓[116]、江陵拍马山 16 号
墓[117]都各出有 1 件彩绘鹿（图三七）。云梦珍珠坡 1 号墓还
出有卧鹿立鸟[118]。

　　木器中的木俑是代替奴隶殉葬的人偶。木俑以长沙、湘乡

图三七　彩绘木鹿（藤店 M1 出土）

楚墓出土的数量和种类最多，江陵等地楚墓也有不少发现。长沙五里牌 406 号墓出 30 件[119]，杨家湾 6 号墓出 49 件[120]。湘乡牛形山 1 号墓出 18 件[121]。木俑分彩绘、着衣两大类，有侍俑、武士俑、伎乐俑、厨俑等种。江陵武昌义地和纪城楚墓[122]出土的身着彩绘衣服并佩带玉璧、玉璜和料珠的立俑，江陵九店楚墓[123]出土穿绣衣的歌舞木俑（图三八），荆门包山 2 号墓的佩剑假发木俑，江陵溪峨山楚墓[124]的朱书文字木俑、江陵马山 1 号墓的男、女俑等，对于研究楚人的形象、穿着、装饰等方面都有重要价值。

　　楚漆木器中，曾侯乙墓出土的一件案座纺锤形器十分罕见。在一带足的长方木案上平放两个圆形漆皮垫圈，垫圈上平放 20 个身缠弦线和金属弹簧的纺锤形圆木陀，陀上榫接间套着小骨箍和树皮小筒以及小骨帽的圆木棒。全器长 88 厘米，通高 44 厘米。此器作何用？目前尚不得知。

　　楚漆木器的制作成型方法有斫削、凿雕、旋挖、粘卷、榫嵌、编织和捆扎等多种。装饰纹样包括自然景象、动物形象、花草树木、几何纹样和人物活动场面等，其中以卷云纹、云雷纹、龙凤纹、花瓣纹、三角纹、菱形纹等纹饰最为多见。人物活动的图案有狩猎、出行、宴乐、巫术和神话故事。一般在黑漆地上，以红、黄、金等色漆描绘，采用写实和夸张相结合的

图三八　穿衣木俑（九店 M410∶33、30）

手法,图案、画面结构严密匀称,线条精细流畅,色彩和谐鲜艳,形象逼真生动,充分体现了楚文化的艺术风格和水平。

(四)丝麻织物

我国是世界上最早生产丝织品的国家。春秋战国时期是我国丝麻纺织业高速发展的时期,这时期的丝麻织物在北方地区保存下来的不多,而在南方楚墓中则有不少重要发现。

1. 帛画、帛书

1949 年长沙陈家大山一座战国中期的楚墓中出土一幅人物龙凤帛画[125]。此画绘于棕褐色绢上。绢长 31 厘米,宽 22.5 厘米。绢的经纬密度每平方厘米有经线 64~66 根,纬线 37 根[126]。画面内容为一女子和一龙一凤。一个细腰女子在下部,侧身立于弯形舟状物上,着广袖曳地长袍,发髻后梳,合掌作祈祷状。一条双足无角龙在上部左边,扶摇而上。一只飞凤在上部右侧,作长鸣状(图三九)。整幅画的内容含义,高至喜先生综合各家之说认为:"是龙凤在引导站立在龙舟(局部)之上的墓主人在升天,是我国目前最早的铭旌的实物。"[127]

1973 年长沙子弹库 1 号战国中期墓出土一幅人物御龙帛画[128]。出土时平置于椁盖板与外棺中间的隔板上面。画绘于棕色绢上,绢长 37.5 厘米,宽 28 厘米。绢线密度为每平方厘米有经线 66 根,纬线 36 根[129]。画上端缠有系挂的竹条和丝绳。此画用笔墨绘,施金白粉彩,内容为一佩剑男子侧身立于一有华盖的龙舟之上。男子留胡须,头顶切云冠,颈部飘带向后,身着长袍。龙舟前部龙首上扬,尾部立鹤,前下方有游

图三九　人物龙凤帛画（摹本）

鱼。华盖上有两根系带向后飘动。这幅帛画也应是铭旌性质的墓主乘龙舟升天图。

　　长沙楚墓出土的以上两幅帛画，是世界上现存时代最早的帛画，为研究楚人的意识观念和我国先秦绘画艺术提供了极其珍贵的资料。

　　1942年长沙子弹库楚墓（即1973年发掘的1号墓）出土战国中期帛书[130]，被称为长沙帛书。关于此帛书流入美国，以及帛书研究情况和内容，高至喜先生作过简介[131]。帛书长46.2厘米，宽38.5厘米。文字内容分三篇：中间八行为《四时》篇，中间十三行为《天象》篇，周围十二段为《月忌》篇。

《四时》篇258字，外加合文4字，重文4字。据李学勤先生考释，此篇第一章讲"包牺疏通山陵和推步四时"；第二章讲"包牺以后千余年炎帝、祝融的传说"，"颂扬了他们奠定三天、四极，为日月之行的功绩，这个传说正体现了楚人的古史观念"；第三章谈到"共工推步十日"。李学勤先生还认为，"楚帛书是阴阳家的著作，书中蕴含着楚国流行的古史传说和宇宙观。"[132]

《天象》篇409字，另加合文5字，重文3字。据李学勤先生考释，"帛书这一部分所论天象灾异，主要是慧星和侧匿两项，其余均为两者所派生"。并指出《天象》篇的内容，在若干点上接近于《洪范五行传》。《汉书·五行志》说：'朔而月见东方，谓之仄慝'"[133]，古人以为灾异。

《月忌》篇是书写于帛书周围十二个神像旁边的十二段文字，共271字。神像填以红、棕、青三色，每段文字首即神像名，并注明职司和简述该月宜忌。《中国大百科全书·美术卷》对《月忌》图象作了描述和解说："帛书的四周绘有12个神像，每边3个，均头部向内，足部向外，四角各绘有一种植物，神像及植物用墨线勾成。神像为彩绘，有青、棕、朱等颜色。植物的颜色分别为青、朱、白、黑四色。……十二神呈战国时期以楚为中心的南方美术典型的复合造型，即每个形象都由两种或两种以上的不同形象元素复合而成，具有动物合体或人兽合体的特征，如蛙蛇复合、吐舌长角、三首一身等状，为他处罕见。……可认为十二神是楚国泛神观念和崇尚巫术风俗的产物。十二神和4种植物可能与四时（四季）顺序、四方位置的对应，它们表明某一时序相当于某一方位，每个形象可能深刻地蕴藏了广义楚文化的丰富内涵，是迄今所见最早的四时、四方观念的形象体现，显示了先秦美术通过形象位置体现含义与功能的一般特征。"关于此帛书性质，说法不一，有文告说、月会说、历书说、历忌说、阴阳家说、天官书说、数术书说，多数学者倾向于阴阳数术书说。关于长沙帛书，还有第二、三、四帛书之说，指同墓出的其它帛书残件。在楚帛书研究中，以饶宗颐、商承祚、李学勤诸先生建树较多[134]，李零著《长沙子弹库战国楚帛书研究》[135]较全面地总结了有关帛书诸方面情况。

2. 麻织品

《史记·楚世家》："昔我先王熊绎，辟在荆山，荜露蓝蒌，以处草莽。""蓝蒌"当为麻织品。楚国盛产麻，楚国百姓日常穿戴主要为麻织品。麻织品的腐烂遗迹普遍发现于楚遗址与墓葬中。由于这类器物保存情况较差，器物较粗糙简单，因而公布的资料较少。除部分漆器胎骨使用麻织品之外，主要有少量麻布和较多的麻鞋出土。

1951 年长沙五里牌 406 号墓出土白色麻布[136]。经鉴定，属于苎麻纤维制成的平纹苎麻布，经纬密度每平方厘米为 28 根和 24 根，可见楚麻织品是相当精细的。

麻鞋的资料零星见于楚墓发掘报告中。春秋中期的当阳金家山 9 号墓出土麻鞋、麻布、麻布方包、麻绳等[137]。战国早期的长沙浏城桥 1 号就出有麻鞋底[138]。江陵雨台山楚墓出土麻鞋底 2 件[139]。其中 557 号墓的麻鞋底用两股直径为 0.2 厘米的麻绳作经线，由里向外绕七周成鞋底状，再用细麻线作纬线编绞而成。鞋底长 19.2 厘米，前宽 6 厘米，后宽 4 厘米。

该墓还另出一根长约 250 厘米、直径 0.2 厘米的细麻绳。江陵马山 1 号贵族墓也出土麻鞋 3 双[140]。其中一双保存完好，麻鞋的前端近圆形，表层用麻布，髹黑漆，里层用草编成，鞋口与鞋帮均用锦面，鞋底用麻绳编组，从中间向外逐圈缠绕 27 圈。底有许多乳丁状线结。常德德山楚墓[141]、长沙烈士公园 3 号墓[142]、江陵九店 296 号墓[143]、荆门包山 2 号墓等也出有麻鞋。

3. 丝织品

丝织品的发现是楚文化考古的重大收获之一。50 年代，在长沙战国楚墓中不断出土一些丝织物。五里牌 406 号墓[144]、识字岭 345 号墓[145]、仰天湖 25 号墓[146]、左家公山 15 号墓[147]、广济桥 5 号墓[148]、左家塘 44 号墓[149]、烈士公园 3 号墓[150]等均有丝织物或丝织品残件出土，其中较重要的是左家塘 44 号墓的一批。1957 年发掘的信阳长台关楚墓[151]也出一些丝织物残件。60 年代，随着湖北省境内楚文化考古工作的开展，大批丝织品从楚墓中被发掘出来。江陵望山[152]、马山[153]、雨台山[154]、九店[155]、荆门包山[156]、随州擂鼓墩[157]等重要墓地都不断出土丝织品。其中以 1982 年发掘的马山 1 号墓出土的丝织品保存最好，数量最多，被称为"丝绸宝库"。

战国中期晚段的马山 1 号墓出土的丝织品，包括衣物共 35 件，在一些衣物上保留有墨书和朱印文字。这些衣物可分为服饰、衾和其它用品三类。

服饰类有绵袍 8 件、单衣 3 件、夹衣 1 件、单裙 2 件、绵裤 1 件、帽 1 件、绲衣 1 件。其中绵裤为一种开裆裤，它是目前我国发现的年代最早的裤。衣袍均为直裾，这是楚贵族中流行的基本服式。

衾共 3 件。包括蟠龙飞凤纹绣浅黄绢面衾 1 件、凤鸟凫几何纹锦面衾 1 件、对凤对龙纹绣浅黄绢面衾 1 件。分近正方形和长方形两种，上端中部均有凹口，衾里都为灰白色绢。长方形锦衾相当宽大，长 274 厘米，宽 227 厘米，可能专用于裹死者。这些凹口衾在我国考古史上是首次发现。

其它用品有舞人动物纹锦面紟 1 件、握 1 对、幎目 1 件、质（长方形夹层绵巾）1 件、镜衣 1 件、囊 5 件、枕套 1 件，另还有丝织品碎片 452 片。其中紟平面呈"亞"字形，夹层，里为深黄色绢，长 332 厘米，宽 234 厘米，是专用于衣衾包裹的。

马山 1 号墓的大批丝织品据织法和结构，可分纱、绢、绨、组、罗、绮、锦、绦八大类，几乎包括了我国先秦丝织品的全部品种。其中锦有二色锦和三色锦。经线提花锦的结构、纹样均十分复杂，表明当时有了先进的提花织机和熟练的织造技术。绢的使用最为广泛，用量最大，多数是经过煮炼的熟绢，其经、纬线稀密差别甚大，最密的枕套绢面，密度为 164 根×66 根/平方厘米。绦，是用于装饰衣物的丝织窄带，可分纬线起花绦和针织绦两类。针织绦带使用了提花技术，方法巧妙，把我国针织技术起源的历史提前到战国中期。纬线起花绦带也是战国丝织技术史上的新发现。

马山 1 号墓的丝织品衣衾以及其它器物表面和边缘有刺绣花纹的共 21 件。除一件单衣以罗为地之外，其余以绢为地。刺绣针法为锁绣，许多还保留描绘图稿。绣线有棕、红棕、深棕、深红、朱红、橘红、浅黄、金黄、土黄、黄绿、钴蓝等颜色。花纹主题为龙和凤，但其形态各异，格局多变，绝不雷同。蟠龙飞凤纹绣、对龙对凤纹绣、凤鸟花卉纹绣（图四〇）、龙凤虎纹绣等都是上乘佳作。

　　望山 1 号墓出丝织品 32 件。九店 410 号墓等共出丝织品 17 件。包山 2 号墓出丝织品和丝织品残片 73 件，计有绢、纱、绮、锦、组、绦 6 个品种，有 3 件为绣品，绣纹别致，也十分生动流畅。曾侯乙墓出纱、绢、锦、绣残片 217 块，其中纱为丝、麻交织品，是首次发现的我国最早的混纺织物；锦为单层暗花织物，属目前首见的战国早期锦。

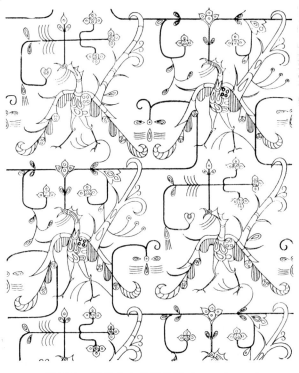

图四〇　凤鸟花卉纹绣纹样（马山 M1 绣品）

（五）竹　简

从 1951 年起，在长沙、信阳、江陵、随州、临澧、常德、荆门、慈利等地不断发现楚竹简，共有 26 批（表三）。

表三　　　　　　　　楚简出土登记表

出土时间	出土地点、墓葬	数量（支）	字数	长、宽（厘米）	内容	参考文献（编号）
1951	长沙五里牌 M406	38	约110	13.2,0.7（残）	遣策	11
1953	长沙仰天湖 M25	43	约320	22，1.2	遣策	105
1954	长沙杨家湾 M6	72	约60	13.7，0.6	54支有字，字迹不清。遣策	106
1957	信阳长台关 M1	甲119乙29	残存1400余	45，0.869.5，0.9	竹书遣策	6
1965	江陵望山 M1	207	1093	39.5，1（残）	卜筮祭祷记录	7
1965	江陵望山 M2	66	927	64，0.6	遣策	7
1973	江陵藤店 M1	24	47	18，0.9（残）	遣策	60
1978	江陵天星观 M1	70	4500	71，0.8	遣策，卜筮祭祷记录	59

表三（续）

出土时间	出土地点、墓葬	数量（支）	字数	长、宽（厘米）	内容	参考文献（编号）
1978	随州曾侯乙墓	240	6696	70～75，1	遣策	4
1980	临澧九里 M1	100 多				13
1981	江陵九店 M56	205	约 2700	48.2，0.8	日书及其它	5
1981	江陵九店 M621	127	可辨 92	22.2，0.7	字迹不清	5
1981	江陵九店 M411	2	若干	68.8，0.6	字迹不清	5
1983	常德夕阳坡 M2	2	54	67.6，1.05	记事	26
1987	荆门包山 M2	448	12472	72.6，0.8 68，0.8	遣策，卜筮祭祷记录，司法文书	10
1987	慈利石板村 M36	约 1000	约 21000	约 45，0.6	记事性古书	97
1987	江陵秦家嘴 M1	7			卜筮祭祷记录	64
1987	江陵秦家嘴 M13	18			卜筮祭祷记录	64
1987	江陵秦家嘴 M99	16			遣策，卜筮祭祷记录	64
1991	江陵鸡公山 M48				遣策	《江汉考古》1992年第 3 期

表三（续）

出土时间	出土地点、墓葬	数量（支）	字数	长、宽（厘米）	内容	参考文献（编号）
1992	老河口市两座墓				遣策	135
1992	江陵砖瓦厂 M370	6			卜筮祭祷记录	31
1993	江陵范家坡 M27	1				31
1993	荆门郭店 M1	804	13000余	15～32.4，0.65	《老子》等竹书	61
1993	黄州市				遣策	135
1994	新蔡葛陵楚墓	较多				86

　　以上楚简均出于楚墓中，除鸡公山48号墓竹简置于填土中、九店56号墓竹简出于壁龛里之外，其余皆置于墓室内。楚简以长沙五里牌的最短，仅长13.2厘米，以曾侯乙墓和包山2号墓的最长，分别为75厘米和72.6厘米。宽度在0.8厘米左右。一般在竹简的黄面右侧上、下或上、中、下刻系带编联的小凹口，文字主要用墨书写于黄面，也有两面书写的。少部分简首、简尾留一、二字的空白，大部分简不留天头地脚。长简有的达90多字，简文往往出自多人之手。简中有分号"＼"，分段号"—""✕"和重文、合文号"＝"。

　　楚简内容可分遣策、卜筮祭祷记录、竹书、日书和司法文书五大类，其中以遣策最多见。

　　遣策是记录墓内随葬器物的清册，一般有年月日、器名、数量，有的还对器物作简要描述，记有馈赠者官职名。天星观1号墓遣策大致分为两部分。一部分记录墓主送丧时所用的车辆、仪仗，有御者的官职、姓名，所乘车辆在车阵上的位置，以及车的名称、所载的仪仗、兵器、甲胄、饰件等。五里牌406号墓遣策有"鼎八"、"几一"、"□车一乘"等。仰天湖25号墓遣策多记载服饰和丝织品，简末书一个"已"或"句"字。简文中有"无阳公"、"右马"、"中君"等官名。曾侯乙墓遣策可分四类。A类记车马和车上的兵器装备，B类记车上配备的人马两种甲胄，C类记驾车的马，D类记马和木俑。

　　卜筮祭祷记录类竹简。一般记录有卜筮的时间、贞人名、卜筮用具名称和贞问人的姓名。祭祷对象主要为神祇、山川、星辰和先人。先人有楚人的远祖、老僮、祝融、熊绎、武王。包山2号墓卜筮祭祷记录简有54支，可分26组，各组简按贞问或祭祷的时间顺序排列，每组记一事，每组1～5简不等。卜筮简一般有前辞、命辞、占辞、祷辞和第二次占辞等部分。祷辞则是为了解除忧患而向鬼神祈祷、请求保佑和赐福之辞，及注明可以解脱忧患之鬼神和办法。简文中尚有部分贞卜的卦画。每个卦画由两个卦组成，左右并列。望山1号墓卜筮祭祷记录简，为几个月内陆续书写，最后统一编联而成。简文记录墓主悼固，患有疾病，历时3月，反复向先王、先君、上下神祇祷祝。并记录了月名、人名、神名、地名、国名、牺牲、占卜用具等，多为不见于史书的内容。天星观1号墓卜筮祭祷记录简，记录墓主邸阳君番勅因病及其它事进行卜筮祭祷，所祷对象有祖先悼公、惠公及神祇司命、司祸、地主、大水、云君、东城夫人等。卜筮祭祷记录类竹简对于研究楚人的宗教信仰、楚人的祖先以及楚历、地名等方面均具有重要价值。

竹书包括古籍和记事简。古籍有长台关1号墓一组竹简、荆门郭店一号楚墓竹简和慈利石板村竹简。长台关一组竹简残损严重，共119支，残存470余字，简长45厘米左右，两端和中部分别用三根黄色丝线编联。具体内容难以复原，文句中反复提到"君子"、"三代"、"先王"等词，也提到周公的言词，富有儒家思想色彩。郭店竹简包含多篇古籍，以道儒两家学说为主，有少数篇目不见于今传古籍，有的虽见于今本，但篇章、次序、内容均不尽相同。其中《老子》与今本相似；有些内容又与今本《礼记》某些篇章相似，而语句次序有差异。石板村竹简较薄，无整简，字数约2万余，内容以记载吴越二国史事为多，如黄池之盟、吴越争霸等，与《国语》、《战国策》、《越绝书》的某些记载相似。夕阳坡2号墓的2支记事竹简共54字，简文大意为：越国的涌君嬴率其众士归附楚国的这一年五月己丑日，楚王在蔵郢的游宫，迅尹吕逯传达楚王的命令，向方途行赏。

日书为选择时日吉凶的书。九店56号墓出的大部分竹简（13号～124号简），记数术方面的内容，与云梦秦简《日书》性质相同。记的内容主要包括（1）建除家言；（2）每季三个月中的吉日与不吉日，吉日与不吉日利于什么或不利于什么；（3）建筑住宅方位与吉凶；（4）巫术活动等方面。简文还涉及楚国历法、社会生活等方面的情况。《日书》楚简说明选择时日吉凶的书籍早流行于战国时期。

文书类竹简见于包山2号墓。计有197支，简长55～69.5厘米。有篇题，多书于简背，字形较大，有《集箸》、《集箸言》、《受期》、《疋狱》，为司法文书。简文涉及不少人名、地名、官名、历史事件，并出现一些新字和异体字，内容十分丰富。据简文，墓主为邵虍，官居左尹。

除竹简以外，还有竹律管、竹签和竹牍。江陵雨台山 21 号墓出土的竹律管 4 件，墨书有乐律方面的文字。第 1 件律管残长 9.1 厘米，一边削出两个平面，二行文字："定新钟之宫为浊穆……坪皇角为定文王商……"第 2 件律管残长 11.4 厘米，削出一平面，一行文字："姑洗之宫为浊文王翏为浊……"第 3 件律管残长 6.2 厘米，一行字："……之宫为浊兽钟翏……"第 4 件仅剩竹片，残长 4.9 厘米，残存 5 字："□为浊穆钟"。这些文字与曾侯乙钟磬铭辞相同，包括 7 个律名、4 个音名及各律旋宫的对应关系。江陵马山 1 号墓出土的竹笥上拴有竹签 1 枚。竹签黄面墨书"緐以一緅衣见于君"8 字。荆门包山 2 号墓出土竹签 29 枚和竹牍 1 枚。竹签文字与器内食品或植物有关。竹牍上有文字 181 字，记葬车及装饰部件名称等内容。

（六）陶　器

在各类楚文化遗物中以陶器的数量最多。楚遗址出土的日用陶器主要为一组以楚式鬲为代表的典型器物，即鬲、盂、豆、盆、罐、瓮等。楚日用陶器火候较高，以夹砂或泥质灰陶为主，主要纹饰有绳纹、弦纹、附加堆纹，基本器类可分为炊器、盛器和储器。

鬲是楚人的主要炊器，鬲的特点是高足，足窝浅，与当地传统的罐形鼎和盆形鼎近似，被称为鼎式鬲或楚式鬲。楚式鬲的口有大小之分，腹有深浅之别，档有上弧和下圜两种。因而又有大口鬲、盆形鬲、小口鬲、罐形鬲之称。其中又以小口鬲或罐形鬲最具特色。楚式鬲在鄂西出现于西周，沿用至战国晚期。它的基本形态、制作方法和发展变化均与中原商式鬲、周式鬲不同[158]，有自身的系统。学术界十分重视楚式鬲的研究[159]。楚式鬲普遍存在于楚遗址和楚墓中，它是追溯楚文化渊源、探讨楚文化发展变化的最重要器物。鄂西商周遗址的发掘证明，楚式鬲是当地的鼎与中原的鬲相结合的一种器物。长江中游地区自新石器时代以来一直以陶鼎为日用基本炊器。在鄂西商周遗存中可以看到陶鼎逐渐演变为楚式鬲的情况。沙市周梁玉桥商代后期遗存的日用基本炊器仍是一种罐形高足陶鼎[160]。而宜昌上磨垴西周中期的遗存情况发生了明显变化，大量的形态近似的罐形高足鼎和鬲共存[161]，并列为日用基本炊器。进入春秋之后，陶鼎普遍消失，罐形高足鬲（即楚式鬲）普遍代替了陶鼎。鄂西发现的以罐形高足鬲为代表的文化即是本书第二部分所讲的早期楚民族文化。

盂、豆、盆是楚遗址与楚式鬲伴出的主要盛器。盂和盆的造型特点相似，宽扁形，束颈，内凹底，素面或腹部饰绳纹。一般盆的口径30～50厘米，盂的口径15～20厘米。豆分细柄豆和盖豆。细柄豆，盘壁呈弧形，柄较细高。盖豆，口为子母型，盖纽呈凸棱圈形。细柄豆和盖豆往往有精致的暗纹装饰。

储器中普遍发现的有罐、瓮两种。罐的型别、用途比较复杂。大体又可分为长颈罐、高领罐、矮领罐和小罐等型，前三型罐均为内凹底，长颈或高领具有特色。长颈罐又分绳纹长颈罐和弦纹长颈罐。弦纹长颈罐腹较小，颈显得粗长，口呈喇叭形。弦纹长颈罐常出现在江陵楚墓的日用陶器组合中，又被称作长颈壶。高领罐一般为直口鼓肩，肩、腹饰绳纹。这种罐集中出土于水井和一些墓葬内。出于水井的被称为汲水罐，有一些颈部保留系绳痕迹，井中往往同出与罐配套的小型器座。出于荆门包山 2 号墓的陶罐共 12 件[162]，其中高领罐或长颈罐 7 件，小罐 5 件。所出陶罐的腹部经草绳缠绕包裹，口部用纱、绢、草饼或菜叶相叠封闭捆扎，并加封泥，多数罐内保存一些植物遗存，一件罐内有鲫鱼骨。可见高领罐和矮领罐一样，也是储藏食品的重要器皿。陶瓮也有多型，主要有矮领瓮和斜肩瓮两型。常见的矮领瓮，为广肩、尖圜底，腹部饰间断绳纹，是置于室内凹坑内的一种瓮。江陵纪南城的窖穴井内出土的陶瓮[163]，为宽圜底，可能是一种冷藏食品的专用大瓮。

楚遗址出土的其它日用陶器还有鼎、釜、瓿、甑、盂形豆、缸等。日用陶鼎主要发现于三峡地区的东周遗址中。宜昌白狮湾遗址Ⅰ区出土有高锥足罐形鼎[164]。釜在三峡地区东周遗址中多见，在当阳季家湖楚城中也有较多的釜[165]。瓿为春秋楚文化常见的日用器物，较普遍发现于鄂西春秋楚遗址中。甑一般为盆形，内凹底，长方形箅孔，呈放射状排列。盂形豆豆盘呈盂形，是春秋楚文化的一种特有器物。陶缸在楚文化遗物中只发现少量碎片。

楚陶质建筑材料，出土于城址和大型建筑基址中，主要有瓦、砖和排水管、井圈。瓦类有筒瓦、板瓦和瓦当，一般模制，器表不平整，显得较粗糙。内面带钩的筒瓦已在潜江放鹰台大型建筑基址中见到[166]。与中原相比，尺寸较小，长短大小不统一。瓦当有半瓦当和圆瓦当两种，极少数瓦当有纹饰。砖分空心砖、槽形砖、素面砖和吊线砖，这些砖均非砌墙用砖。空心砖和槽形砖分别发现于楚都纪南城和寿春城，可能为同一种砖，一般尺寸较大，表面有精致的浮雕花纹，是重要建筑物的装饰砖。素面砖发现于楚国晚期的寿春城，被铺设在建筑基址边沿地面上，作用与槽形砖近似。吊线砖为四棱形锥状体，仅见于潜江放鹰台大型建筑基址中。陶排水管目前也只在纪南城较大型的建筑基址中出土，表面饰绳纹，口径较小，为17～20厘米。纪南城出土的陶井圈质地坚硬厚实，较高大，有的高度超过80厘米。

楚遗址常见的陶质生产器具主要为陶拍、陶垫和纺轮。陶拍有纽，圆形弧面。纺轮较厚，周围有突棱。另纪南城新桥遗址还出土过罕见的陶鞋[167]。

楚墓出土的陶器比较复杂，除有日用陶器外，大量的是陶明器。陶明器主要为仿铜陶礼器，也有一部分是专门为随葬而制作的日用陶明器。陶明器一般为泥质，火候较低。

春秋时期的平民墓流行随葬日用陶器，基本组合为鬲、盂、罐或鬲、盂、豆、罐。一些贵族墓也随葬暗纹磨光日用陶器。例如春秋中期的当阳金家山 7 号贵族墓出有暗纹磨光黑陶盂、豆、罐和鬲[168]。纪南城东岳庙 4 号小贵族墓也出暗纹磨光黑陶鬲、盂、罐[169]。随葬日用陶器的葬俗一直延续至战国中晚期。仿铜陶礼器大约出现于春秋中期。襄阳山湾春秋中期晚段的 24 号墓出土有仿铜陶礼器鼎、簠、敦、缶[170]。约从春秋战国之交开始，由于社会的变化，一部分平民身份地位的提高，随葬仿铜陶礼器的墓葬迅速增加。已发掘的战国小型楚墓中，随葬仿铜陶礼器的占了大部分。仿铜陶礼器在楚墓中的组合，主要有两种，第一种完整组合为鼎、簠、缶、盘、匜、斗（或加豆、盂、小口鼎），基本组合为鼎、簠、缶；第二种完整组合为鼎、敦、壶、盘、匜、斗（或加豆、盂、小口鼎、勺），基本组合为鼎、敦、壶。盂，又称镰壶。这两种组合在楚墓中是并列的发展关系，使用哪一种组合是与族系有关。第一种组合的鼎、缶与第二种组合的鼎、壶近似，但实际有区别。例如第一种组合的鼎为束颈鼎[171]，是为尊鼎，第二种组合的鼎为食鼎。第一种组合的缶，过去称壶，是为尊缶，腹部有四耳，饰圆圈纹。第一种组合流行于郢都江陵纪南城四周的楚墓中，其它地区较少见。这种组合的铜礼器已在春秋中期之前的楚墓中流行，应为楚墓的传统礼器组合。第二种组合较早流行于鄂北地区。襄阳山湾墓地出土较多的春秋中晚期的陶敦和铜敦[172]。这种组合流行区域比较广泛，是楚墓中新出现的礼器组合，为楚墓特有组合。陶敦最早见于春秋中期晚段的襄阳山湾24号墓，器形早晚变化具有一定规律，器体从椭圆形变为球形，器足从蹄形变为纽形。至战国晚期，楚墓中又流行鼎、盒、钫、盘、匜、勺的仿铜陶礼器组合。由于楚墓类别、等级的差异，无论哪种组合，都存在组合不全或互相混杂或用数不同的情况。特别是等级较高的贵族墓，不但可能同时存在多种器物组合，而且依据身份高低配以不等的镬鼎、升鼎（图四一）、鬲、簋、鉴、炉、高足壶、三足盂等种器物。仿铜陶礼器盛行彩绘纹饰（图四二、四三），并以菱形纹最具特色。

有些楚墓还出土髹漆陶器、陶鼓和陶虎座鸟架。云梦珍珠坡1号墓出土的盖豆、豆、壶、敦、缶、钫等为髹漆彩绘陶器[173]。荆门响岭岗94号墓和鄂城钢铁厂48号墓各出1件陶虎座鸟架[174]。江陵武昌义地2号墓则出1件陶鼓[175]。

楚陶器普遍存在于遗址与墓葬中，是楚文化考古研究最为基本的部分，是楚文化性质判断和年代分期的重要依据。已获得的楚陶器资料极其丰富，为楚文化进一步深入研究创造了良好条件。

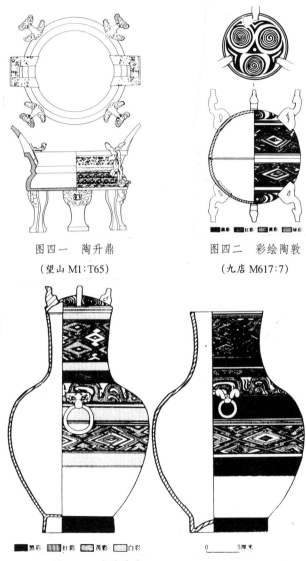

图四一　陶升鼎

（望山 M1：T65）

图四二　彩绘陶敦

（九店 M617：7）

■黑彩　▨红彩　▦黄彩　▨白彩

0 ____ 5厘米

图四三　彩绘陶壶（九店 M537：2，M546：3）

（七）玉石器、琉璃器及其它

楚文化重要遗物还有玉石器、琉璃器和其它器物。

1. 玉石器

《韩非子·和氏》："楚人和氏得玉璞楚山中。"千古流传的"和氏璧"故事来自楚人楚地。楚地——长江中游地区早在新石器时代大溪文化阶段就有了玉器。至新石器时代石家河文化后段，玉雕工艺技术已发展到相当高的水平，并已形成自己的艺术风格[176]。进入商周之后，楚地只在鄂东黄陂盘龙城等地点出现商文化的一些玉器[177]。而楚玉雕工艺的兴起时代较晚，出土的楚玉器时代最早的为春秋中期后段。在一些楚国贵族墓中，如淅川下寺春秋楚墓[178]，襄阳山湾 2 号、6 号、11 号、33 号墓[179]，当阳赵巷 4 号墓[180]，当阳曹家岗 5 号墓[181]，均出土有春秋中晚期的玉器。春秋时期楚玉器的种类以下寺 1 号、2 号墓和山湾 11 号墓出土的最多，主要有玉璧、瑗、玦、璜、环，弧形、象牙形、管形、条形、虎形、鱼形、贝形、珠形的玉饰，还有玉牌、笄、梳、觿等。春秋楚玉琮仅见于赵巷 4 号墓。下寺 8 号墓则出有小玉人和玉蚕。春秋楚玉器一般小巧玲珑，以小型的装饰品较多，玉觿、玉牌和各种动物形象的玉饰常见。出土的玉璧、璜、玦等礼器，尺寸一般也较小。玉梳和玉笄只在较高级的贵族墓中出现。

进入战国之后，楚国玉器工艺发展速度很快。出土的战国楚玉器，数量和种类猛然增加，雕造工艺达到了当时的先进水平。除大墓普遍出土玉器外，许多规模不大的墓也有玉器出土。

战国早期的玉器，以曾侯乙墓[182]、长沙浏城桥 1 号墓[183]、襄阳蔡坡 4 号墓[184]、固始侯古堆 1 号墓[185]出土的玉器为代表。种类主要有璧、璜、环、玦、琮、佩、挂饰、镯、带钩、梳、镖、剑，以及各种葬玉和饰件。其中曾侯乙墓出土的品种最多，工艺水平较高，并以各种玉佩、挂饰和玉剑最为精致。十六节龙凤玉挂饰，长 48 厘米，宽 8.3 厘米，厚 0.5 厘米。以 5 块玉料琢成 16 节，三个活环与一根玉销钉成一串，可自由卷折。全器为一条龙，龙身上又琢出 37 条小龙、7 只凤、10 条蛇，集分雕、透雕、平雕、阴刻于一体，可谓古代玉雕之一绝。

战国中期的玉器，出土地点的分布较广，但发现的玉器种类减少。信阳长台关 1 号墓[186]，江陵望山 1 号、2 号墓[187]，江陵天星观 1 号墓[188]，荆门包山 2 号墓[189]和江陵九店东周墓[190]出土的玉器，种类主要有璧、瑗、璜、佩和带钩。其中以玉璧较多，尺寸较大，工艺水平相当高。最近发表的江陵秦家山 2 号墓出土的人面形玉覆面[191]，为研究我国古代"玉殓葬"的珍贵文物。值得注意的是江陵楚墓，目前规模最大的天星观 1 号和包山 2 号墓所出的玉器主要以璧为主，其它玉器甚少；江南楚墓出土的玉器也较少。

出土的战国晚期玉器，品种又有所增加。淮阳平粮台 16 号墓[192]，澧县新洲 1 号墓[193]，长丰杨公 2 号、8 号、9 号墓[194]出土的玉器数量和品种均较多，工艺精细。种类主要有璧、璜、佩、环、管、镜架、带钩、觿、圭，还有瓶形、三角形、条形玉饰。其中各种形状的玉佩、透雕玉龙觿和平粮台 16 号墓的玉镜架等都具有较高工艺水平和研究价值。

楚玉器品种除传统的礼器和装饰品之外，新出现许多实用器具、装饰附件和佩饰新品种。例如多种玉佩、玉梳、玉笄、玉带钩、玉镜架和珌、璲、剑首等，这些新产品大多十分精致美观，充分反映了楚玉器的制作水平和工艺风格。另外，玉石还被用作镶嵌材料，楚器花纹已有嵌入玉石的情况，楚国将玉雕工艺和镶嵌工艺结合起来，开辟了古代玉石工艺新领域。

楚国编磬主要有淅川下寺春秋墓的3套，均为13件；曾侯乙墓的1套，32件；江陵纪南城南郊夯筑台基的1套，25件[195]。曾侯乙墓石编磬，与青铜磬架同出，分上下两层共4组，自东向西由大至小依次悬挂，除1件为素面外，其他31件均刻有以音律为主要内容的铭文，其音域达三个八度以上。纪南城南郊的石编磬最为精致，尺寸也较大，最大一件高32厘米，长97厘米，最小的一件高14厘米，长36厘米。磬体表面均饰有以凤鸟为主体的彩绘图案，有的图案为凹凸花纹，类似浅雕。据测定，音域宽广、音质悦耳，现在仍能演奏多种乐曲。

楚墓随葬品中往往出磨刀石（砺石），例如襄阳山湾2号墓和11号墓都出磨刀石各1件[196]。根据江陵望山1号墓出土的文具盒内也放磨刀石2件的情况，楚墓中的磨刀石是专为修竹简的削刀磨刃而配置的。

2. 琉璃器

所谓"琉璃"是我国早期的玻璃，有些发掘报告又统称为料器。琉璃器是楚墓中的常见器物，尤以湖南境内的楚墓出土数量和品种最多。湖南楚墓出土的琉璃器主要品种有璧、瑗、珠、管、环、剑饰（剑首、剑珥、剑珌）和印章。仅长沙楚墓出土的琉璃璧就有80余件。有的琉璃璧直径14.1厘米，重225克[197]，最大的直径达18厘米[198]。其它地区楚墓出土的琉璃器主要有珠、管两种。曾侯乙墓出土的琉璃器只有珠一种，共 174 颗，其中 1 颗为半透明体。江陵九店楚墓共出土琉璃器 246 件，其中珠 102 件，管 144 件。许多琉璃器色泽和纹饰均仿玉。如琉璃璧有乳白色、浅绿色、米黄色、深绿色，纹饰有谷纹、云纹等。琉璃珠多为所谓"蜻蜓眼"式，有圆圈形着色花纹，色彩艳丽。关于琉璃珠和管的装饰法，江陵马山 1 号墓保存了两种完整的装饰实件：棺饰，用黄色纱束串连琉璃珠、琉璃管各 1 件；服饰，在腰带的黄色组带上串连玉管和琉璃珠各 1 件[199]。由此可知，最多见的琉璃珠和管是束系飘带上的装饰物。根据化学分析，楚琉璃器主要成份有铅钡、钠钙、钾钙和钾等种[200]，而以铅钡为多。楚琉璃主要属铅钡玻璃系统，而钠钙玻璃是西方玻璃系统。楚琉璃中，时代较早的固始侯古堆 1 号墓出土的一颗琉璃珠和江陵望山 1 号墓出土的越王勾践铜剑格上镶嵌的琉璃是钠钙玻璃，成份与西亚一带的钠钙玻璃相同。因此认为，楚玻璃最初可能由西亚一带输入，后来楚国大量仿制。湖南境内的大量琉璃器一般属铅钡玻璃，当为楚国自制产品。

3. 其它器物

其它器物包括皮、骨角、毛发及动植物遗存。

江陵藤店 1 号墓出土一件我国目前为止最早的皮手套[201]。五指分开用丝线缝合，质地柔软，全长 28.5 厘米。江陵望山楚墓、九店楚墓和长沙五里牌 406 号墓[202]均出土有皮带或其它皮件。

楚墓出土的骨角器主要有骨镞、骨贝、骨牒、骨珠、骨管、骨簪和饰件。曾侯乙墓除出土较多的骨镞、骨角饰、骨角珠之外，还出 1 件骨镰。襄阳蔡坡 4 号墓出土彩绘骨镞 24

件[203]。荆门包山 2 号墓还出土角雕动物 1 件。

长沙左家公山 15 号墓[204]、信阳长台关 1 号墓、包山 2 号墓都出土有毛笔。笔杆有竹、苇两种。包山 2 号墓还出假发 1 束。

江陵望山 2 号墓出土的植物遗存包括枣、芸豆、姜、李、梅、南瓜子、小茴香、板栗、樱桃等。望山 1 号墓还出土有橙、毛桃、花椒的遗存。随州曾侯乙墓还出土有杏、山茶、苍耳的遗存。信阳长台关 2 号墓则出有葫芦子。动物骨骼、骨块或其腐烂痕迹在楚墓和遗址中常见，但一般保存较差。荆门包山 2 号墓保存的动物遗骸包括鲫鱼、家鸡、家猪、水牛、山羊等。在一般楚文化遗址中最常见的动物遗骸有鹿、猪和鱼、蚌、螺，鹿角尖常被用作钻挖工具。

另外，信阳长台关 1 号墓出土的苇席，荆门包山 2 号墓出土的笋叶袋和草席，大冶铜绿山古矿冶遗址出土的藤篓和葫芦瓢都是难得的古代文物珍品。

注　释

[1] 高至喜主编：《楚文物图典》，湖北教育出版社 1999 年版。

[2] 刘彬徽：《楚系青铜器研究》，湖北教育出版社 1995 年版。

[3] 楚文化研究会编：《楚文化考古大事记》附录一，文物出版社 1984 年版。

[4] 刘彬徽：《楚系青铜器研究》第 6 页，湖北教育出版社 1995 年版。

[5] 杨权喜：《试谈鄂西地区古代文化的发展与楚文化的形成问题》，《中国考古学会第二次年会论文集》，文物出版社 1980 年版。

[6] 彭浩：《我国两周时期的越式鼎》，《湖南考古辑刊》第 2 辑，岳麓书社 1984 年版。

[7] 杨权喜：《荆楚地区巴蜀文化因素的初步分析》，《三星堆与巴蜀文化》第 236～238 页，巴蜀书社 1993 年版。

[8] 山西省考古研究所等：《天马－曲村遗址北赵晋侯墓地第四次发掘》，《文物》1994 年第 8 期。

[9] 俞伟超：《先秦两汉考古学论集》第 65 页，文物出版社 1985 年版；高崇文：《东周楚式鼎形态分析》，《江汉考古》1983 年第 1 期；刘彬徽：《楚系青铜器研究》第 110～139 页，湖北教育出版社 1995 年版；李零：《楚国铜器类说》，《江汉考古》1987 年第 4 期。

[10]《十三经注疏》第 1149 页，中华书局 1980 年版。

[11] 郭沫若：信阳墓的年代与国别》，顾铁符：《信阳墓的几个问题》，《文物》1958 年第 1 期。

[12] 黄翔鹏：《先秦编钟音阶结构的断代研究》，《江汉考古》1982 年第 2 期；刘彬徽：《楚系青铜器研究》第 225～246 页，湖北教育出版社 1995 年版。

[13] 高至喜：《记长沙、常德出土弩机的战国墓——兼谈有关弩机、弓矢的几个问题》，《文物》1964 年第 6 期。

[14] 荆沙铁路考古队：《江陵秦家嘴楚墓发掘简报》，《江汉考古》1988 年第 2 期。

[15] 熊建华：《湖南发现的春秋时期青铜饰件及相关问题》，《文物》1995 年第 5 期。

[16] 湖北省博物馆江陵纪南城工作站：《一九七九年纪南城古井发掘简报》，《文物》1980 年第 10 期。

[17] 杨鸿勋：《凤翔出土春秋秦宫铜构——金缸》，《考古》1976 年第 2 期。

[18] 殷涤非等：《寿县出土的"鄂君启金节"》，《文物参考资料》，1958 年第 4 期。

[19] 高至喜：《从长沙楚墓看春秋战国时期当地经济文化的发展》，《中国考古学会第二次年会论文集》，文物出版社，1982 年版。

[20] 高至喜：《论楚镜》，《文物》1991 年第 5 期。

[21] 高至喜：《楚文化的南渐》第 182～186 页，湖北教育出版社 1996 年版。

[22] 陕西省博物馆、文管会勘查小组：《秦都咸阳故城遗址发现的窑址和铜器》，《考古》1974 年第 1 期。

[23] 程欣人：《孝感县发现的楚贝整理完毕》，《文物》1965 年第 12 期。

[24] 孔繁银：《曲阜董大城村发现一批蚁鼻钱》，《文物》1982 年第 3 期。

[25] 大冶县博物馆：《大冶县出土战国窖藏青铜器》，《江汉考古》1989 年第 3 期。

[26] 高至喜：《湖南楚墓中出土的天平与砝码》，《考古》1972 年第 4 期。

[27] 丘光明:《试论战国衡制》,《考古》1982 年第 5 期。

[28] 胡悦谦:《试谈安徽出土的楚国铜量》,《中国考古学会第二次年会论文集》,文物出版社 1982 年版。安徽阜阳地区展览馆文博组:《安徽凤台发现楚国"郢大府"铜量》,《文物》1978 年第 5 期。

[29] 周世荣:《楚邘客铜量铭文试释》,《江汉考古》1987 年第 2 期。

[30] 张正明主编:《楚文化志》第 195 页,湖北人民出版社 1988 年版。

[31] 顾铁符:《有关信阳楚墓铜器的几个问题》,《文物参考资料》1958 年第 1 期。

[32] 楚文化研究会编:《楚文化考古大事记》第 31、32 页,文物出版社 1984 年版。

[33] 刘彬徽:《楚系青铜器研究》第 23~34 页,湖北教育出版社 1995 年版。

[34] 黄展岳:《试论楚国铁器》,《湖南考古辑刊》第 2 辑,岳麓书社 1984 年版。

[35] 高至喜:《楚文化的南渐》第 279~284、288 页,湖北教育出版社 1996 年版。

[36] 长沙铁路车站建设工程指挥部文物发掘队:《长沙新发现春秋晚期的钢剑和铁器》,《文物》1978 年第 10 期。

[37] 湖北省博物馆江陵纪南城工作站:《一九七九年纪南城古井发掘简报》,《文物》1980 年第 10 期。

[38] 长沙铁路车站建设工程指挥部文物发掘队:《长沙新发现春秋晚期的钢剑和铁器》,《文物》1978 年第 10 期。

[39] 湖南益阳地区文物工作队:《益阳楚墓》,《考古学报》1985 年第 1 期。

[40] 高至喜:《从长沙楚墓看春秋战国时期当地经济文化的发展》,《中国考古学会第二次年会论文集》,文物出版社 1982 年版。

[41] 楚文化研究会编:《楚文化考古大事记》第 19 页,文物出版社 1984 年版。

[42] 华觉明等:《战国两汉铁器的金相学考查初步报告》,《考古学报》1960 年第 1 期。

[43] 大冶钢厂冶军:《铜绿山古矿井遗址出土铁制及铜制工具的初步鉴定》,《文物》1975 年第 2 期。

[44] 阜阳地区展览馆:《安徽阜阳地区出土楚金币》,《考古》1973 年第 3 期;楚文化研究会编:《楚文化考古大事记》第 58、59 页,文物出版社 1984 年版。

[45] 河南省博物馆等:《河南省扶沟古城村出土的金银币》,《文物》1980 年第 10 期。

[46] 涂书田:《安徽省寿县出土一大批楚金币》,《文物》1980 年第 10 期。

[47] 南京博物院：《江苏盱眙南窑庄楚汉文物窖藏》，《文物》1982 年第 11 期。

[48] 黄德馨：《楚爰金研究》，光明日报出版社 1991 年版。

[49] 咸阳市博物馆：《咸阳市近年发现的一批秦汉遗物》，《考古》1973 年第 3 期。

[50] 黄德馨：《楚爰金研究》，光明日报出版社 1991 年版。

[51] 湖北省博物馆：《楚都纪南城的勘查与发掘》，《考古学报》1982 年第 4 期。

[52] 湖北省宜昌地区博物馆等：《当阳赵家湖楚墓》，文物出版社 1992 年版。

[53] 华觉明等：《曾侯乙墓青铜器群铸焊技术和失蜡法》，《文物》1979 年第 7 期。

[54] 宜昌地区博物馆：《湖北当阳赵巷 4 号春秋楚墓发掘简报》，《文物》1990 年第 10 期。

[55] 宜昌地区博物馆：《当阳赵巷楚墓第二次发掘简报》，《江汉考古》1991 年第 1 期。

[56] 湖北省宜昌地区博物馆：《当阳曹家岗 5 号楚墓》，《考古学报》1988 年第 4 期。

[57] 湖北省荆州地区博物馆：《江陵天星观 1 号楚墓》，《考古学报》1982 年第 1 期。

[58] 湖北省文物考古研究所：《湖北荆州纪城一、二号楚墓发掘简报》，《文物》1999 年第 4 期。

[59] 湖北省荆州地区博物馆：《江陵雨台山楚墓》，文物出版社 1984 年版。

[60] 湖北省荆沙铁路考古队：《包山楚墓》，文物出版社 1991 年版。

[61] 安徽省文物工作队：《安徽文物考古工作新收获》，《文物考古工作三十年》，文物出版社 1981 年版。

[62] 湖南省文物管理委员会：《长沙左家公山的战国木椁墓》，《文物参考资料》1954 年第 12 期。

[63] 湖南省文物管理委员会：《长沙杨家湾 M006 号墓清理简报》，《文物参考资料》1954 年第 12 期。

[64] 湖南省博物馆：《湖南省文物图录》图三九，湖南人民出版社 1964 年版。

[65] 常德地区文物工作队：《桃源三元村 1 号楚墓》，《湖南考古辑刊》第 4 辑，岳麓书社 1982 年版。

[66] 李正光等：《长沙沙湖桥一带古墓发掘报告》，《考古学报》1957 年第 4 期。

[67] 湖南省博物馆：《湖南长沙黄土岭魏家大堆战国墓》，《文物资料丛刊》第 3 辑，文物出版社 1980 版。

［68］湖北省博物馆等：《湖北江陵拍马山楚墓发掘简报》，《考古》1973 年第 3 期。

［69］湖北省荆州地区博物馆：《江陵马山一号楚墓》，文物出版社 1985 年版。

［70］河南省文物研究所：《信阳楚墓》，文物出版社 1986 年版。

［71］湖北省鄂城县博物馆：《鄂城楚墓》，《考古学报》1983 年第 2 期。

［72］湖北省博物馆等：《湖北江陵拍马山楚墓发掘简报》，《考古》1973 年第 3 期。

［73］湖北省荆沙铁路考古队：《包山楚墓》，文物出版社 1991 年版。

［74］湖北省文物考古研究所：《江陵雨台山楚墓发掘简报》，《江汉考古》1990 年第 3 期。

［75］湖南省博物馆：《长沙浏城桥 1 号墓》，《考古学报》1972 年第 1 期。

［76］河南省文物研究所：《信阳楚墓》，文物出版社 1986 年版。

［77］湖北省文物考古研究所：《江陵望山沙冢楚墓》，文物出版社 1996 年版。

［78］湖北省荆州地区博物馆：《江陵雨台山楚墓》，文物出版社 1991 年版。

［79］湖北省荆沙铁路考古队：《包山楚墓》，文物出版社 1991 年版。

［80］湖南省博物馆：《湖南湘乡牛形山 1、2 号大型战国木椁墓》，《文物资料丛刊》第 3 辑，文物出版社 1980 年版。

［81］湖北省荆州地区博物馆：《江陵马山一号楚墓》，文物出版社 1985 年版。

［82］黄纲正：《长沙出土的战国虎子及有关问题》，《文物》1986 年第 9 期。

［83］湖北省荆州地区博物馆：《江陵雨台山楚墓》，文物出版社 1984 年版。

［84］陈振裕：《楚国的竹编织物》，《考古》1983 年第 8 期。

［85］湖北省文物考古研究所：《江陵望山沙冢楚墓》，文物出版社 1996 年版。

［86］湖北省荆州地区博物馆：《江陵马山一号楚墓》，文物出版社 1985 年版。

［87］湖北省荆州地区博物馆：《江陵天星观 1 号楚墓》，《考古学报》1982 年第 1 期。

［88］荆州地区博物馆：《湖北江陵藤店一号墓发掘简报》，《文物》1973 年第 9 期。

［89］湖北省博物馆江陵工作站：《江陵溪峨山楚墓》，《考古》1984 年第 6 期。

［90］长沙市文物工作队：《长沙市五里牌战国木椁墓》，《湖南考古辑刊》第 1 辑，岳麓书社 1982 年版。

［91］湖北省荆州地区博物馆：《江陵雨台山楚墓》第 105、107 页，文物出版社 1984 年版。

［92］湖北省鄂城县博物馆：《鄂城楚墓》，《考古学报》1983 年第 2 期。

[93] 湖北省博物馆江陵工作站：《江陵溪峨山楚墓》，《考古》1984 年第 6 期。

[94] 荆州地区博物馆：《湖北江陵藤店一号墓发掘简报》，《文物》1973 年第 9 期。

[95] 湖南省文物管理委员会：《长沙左家公山的战国木椁墓》，《文物参考资料》1954 年第 12 期。

[96] 湖北省荆州地区博物馆：《江陵李家台 4 号墓发掘简报》，《江汉考古》1985 年第 3 期。

[97] 中国科学院考古研究所：《长沙发掘报告》第 57、58 页，科学出版社 1957 年版。

[98] 河南省文物研究所等：《淅川下寺春秋楚墓》，文物出版社 1991 年版。

[99] 湖南省文物管理委员会：《长沙仰天湖 25 号木椁墓》，《考古学报》1957 年第 2 期。

[100] 中国科学院考古研究所：《长沙发掘报告》第 63 页，科学出版社 1957 年版。

[101] 河南省文物研究所等：《淅川下寺春秋楚墓》，文物出版社 1991 年版。

[102] 河南省文物研究所等：《河南淮阳马鞍冢楚墓发掘简报》，《文物》1984 年第 10 期。

[103] 湖北省文物考古研究所等：《湖北宜城罗岗车马坑》，《文物》1993 年第 12 期。

[104] 裴明相：《谈楚车》，《楚文化研究论集》第一集，荆楚书社 1987 年版。

[105] 湖北省文物考古研究所：《江陵望山沙冢楚墓》，文物出版社 1996 年版。

[106] 湖南省文物管理委员会：《长沙出土的三座大型木椁墓》，《考古学报》1957 年第 1 期。

[107] 湖南省文物管理委员会：《长沙杨家湾 M006 号墓清理简报》，《文物参考资料》1954 年第 12 期。

[108] 湖北省博物馆：《襄阳山湾东周墓葬发掘报告》，《江汉考古》1983 年 2 期。

[109] 中国科学院考古研究所：《新中国的考古收获》图版陆陆，文物出版社 1961 年版。

[110] 湖北省荆州地区博物馆：《江陵雨台山楚墓》，文物出版社 1984 年版。

[111] 湖北省荆州地区博物馆：《江陵马山一号楚墓》，文物出版社 1985 年版。

[112] 彭德：《楚墓"兵主"考》，《楚文艺论集》，湖北美术出版社 1991 年版。

[113] 湖北省荆沙铁路考古队：《包山楚墓》，文物出版社 1991 年版。

[114] 湖北省荆州地区博物馆：《江陵李家台 4 号墓发掘简报》，《江汉考古》1985

年第 3 期。

[115] 益阳地区文物工作队：《益阳羊舞岭战国东汉墓清理简报》，《湖南考古辑刊》第 2 辑，岳麓书社 1984 年版。

[116] 荆州地区博物馆：《湖北江陵藤店一号墓发掘简报》，《文物》1973 年第 9 期。

[117] 湖北省博物馆等：《湖北江陵拍马山楚墓发掘简报》，《考古》1973 年第 3 期。

[118] 云梦县文化馆：《湖北云梦县珍珠坡一号楚墓》，《考古学集刊》第 1 辑，中国社会科学出版社 1981 年版。

[119] 中国科学院考古研究所：《长沙发掘报告》第 59～61 页，科学出版社 1957 年版。

[120] 湖南文物管理委员会：《长沙杨家湾 M006 号墓清理简报》，《文物参考资料》1954 年第 12 期。

[121] 湖南省博物馆：《湖南湘乡牛形山 1、2 号大型战国木椁墓》，《文物资料丛刊》第 3 辑，文物出版社 1980 年版。

[122] 江陵县文物局：《湖北江陵武昌义地楚墓》，《文物》1989 年第 3 期；湖北省文物考古研究所：《湖北荆州纪城一、二号楚墓发掘简报》，《文物》1999 年第 4 期。

[123] 湖北省文物考古研究所：《江陵九店东周墓》，科学出版社 1995 年版。

[124] 湖北省博物馆江陵工作站：《江陵溪峨山楚墓》，《考古》1984 年第 6 期。

[125] 楚文化研究会编：《楚文化考古大事记》第 15、16 页，文物出版社 1984 年版。

[126] 高至喜：《楚文化的南渐》第 186、187 页，湖北教育出版社 1996 年版。

[127] 高至喜：《楚文化的南渐》第 186、187 页，湖北教育出版社 1996 年版。

[128] 湖南省博物馆：《长沙子弹库战国木椁墓》，《文物》1974 年第 2 期。

[129] 高至喜：《楚文化的南渐》第 186、187 页，湖北教育出版社 1996 年版。

[130] 楚文化研究会编：《楚文化考古大事记》第 13、14 页，文物出版社 1984 年版。

[131] 高至喜：《楚文化的南渐》第 188～190 页，湖北教育出版社 1996 年版。

[132] 李学勤：《楚帛书中的古史与宇宙观》，《楚史论丛》初集，湖北人民出版社 1984 年版。

[133] 李学勤：《论楚帛书中的天象》，《湖南考古辑刊》第 1 辑，岳麓书社 1982 年版。

[134] 饶宗颐等:《楚帛书》,香港中华书局1985年版;商承祚:《战国楚帛书述略》,《文物》1964年第9期;李学勤:《战国题铭概述》(下)、《补论战国题铭的一些问题》,《文物》1959年第9期,1960年第7期;李学勤:《论楚帛书中的天象》,《湖南考古辑刊》第1辑,岳麓书社1982年版。

[135] 李零:《长沙子弹库战国楚帛书研究》,中华书局1985年版。

[136] 中国科学院考古研究所:《长沙发掘报告》第64页,科学出版社1957年版。

[137] 湖北省宜昌地区博物馆等:《当阳赵家湖楚墓》,文物出版社1992年版。

[138] 湖南省博物馆:《长沙浏城桥1号墓》,《考古学报》1972年第1期。

[139] 湖北省荆州地区博物馆:《江陵雨台山楚墓》,文物出版社1984年版。

[140] 湖北省荆州地区博物馆:《江陵马山1号楚墓》,文物出版社1985年版。

[141] 湖南省博物馆:《湖南常德德山楚墓发掘报告》,《考古》1963年第9期。

[142] 高至喜:《长沙烈士公园3号木椁墓清理简报》、《文物》1959年第10期。

[143] 湖北省文物考古研究所:《江陵九店东周墓》,文物出版社1995年版。

[144] 中国科学院考古研究所:《长沙发掘报告》,科学出版社1957年版。

[145] 中国科学院考古研究所:《长沙发掘报告》,科学出版社1957年版。

[146] 湖南省文物管理委员会:《长沙仰天湖25号木椁墓》,《考古学报》1957年第2期。

[147] 湖南省文物管理委员会:《长沙左家公山的战国木椁墓》,《文物参考资料》1954年第12期。

[148] 湖南省文管会:《长沙广济桥5号战国木椁墓清理简报》,《文物参考资料》1957年第2期。

[149] 熊传新:《长沙新发现的战国丝织物》,《文物》1975年第2期。

[150] 周世荣:《长沙烈士公园清理的战国墓》,《考古通讯》1958年第6期。

[151] 河南省文物研究所:《信阳楚墓》,文物出版社1986年版。

[152] 湖北省文物考古研究所:《江陵望山沙冢楚墓》,文物出版社1996年版。

[153] 湖北省荆州地区博物馆:《江陵马山一号墓》,文物出版社1985年版。

[154] 湖北省荆州地区博物馆:《江陵雨台山楚墓》,文物出版社1984年版。

[155] 湖北省文物考古研究所:《江陵九店东周墓》,科学出版社1995年版。

[156] 湖北省荆沙铁路考古队:《包山楚墓》,文物出版社1991年版。

[157] 湖北省博物馆:《曾侯乙墓》,文物出版社1989年版。

[158] 杨权喜:《江汉地区楚式鬲的初步分析》,《楚文化研究论集》第一集,荆楚书社1987年版。

[159] 苏秉琦：《从楚文化探索中提出的问题》，《江汉考古》1982 年第 1 期。

[160] 沙市市博物馆：《湖北沙市周粱玉桥遗址试掘简报》，《文物资料丛刊》第
10 辑，文物出版社，1987 年版。

[161] 上磨垴遗址在三峡库区北岸，东距三峡大坝约 3 公里。1999 年上半年湖北
省文物考古研究所对该遗址进行了发掘，发现了目前时代最早的楚民族文
化遗存，发掘资料待刊。

[162] 湖北省荆沙铁路考古队：《包山楚墓》，文物出版社 1991 年版。

[163] 湖北省博物馆江陵纪南城工作站：《一九七九年纪南城古井发掘简报》，《文
物》1980 年第 10 期。

[164] 湖北省文物考古研究所：《长江三峡工程坝区白狮湾遗址发掘简报》，《江汉
考古》1999 年第 1 期。

[165] 湖北省博物馆：《当阳季家湖楚城址》，《文物》1980 年第 10 期。

[166] 陈跃钧：《潜江龙湾章华台遗址的调查与试掘》，《楚章华台学术讨论会论文
集》，武汉大学出版社 1988 年版。

[167] 湖北省文物考古研究所：《纪南城新桥遗址》，《考古学报》1995 年第 4 期。

[168] 湖北省宜昌地区博物馆等：《当阳赵家湖楚墓》，文物出版社 1992 年版。

[169] 湖北省博物馆：《楚都纪南城的勘查与发掘》（下），《考古学报》1982 年第
4 期。

[170] 湖北省博物馆：《襄阳山湾东周墓葬发掘报告》，《江汉考古》1983 年第 2
期。

[171] 高崇文：《东周楚式鼎形态分析》一文中的 B 型鼎，《江汉考古》1983 年第
1 期。

[172] 湖北省博物馆：《襄阳山湾东周墓葬发掘报告》，《江汉考古》1983 年第 2
期。

[173] 云梦县文化馆：《湖北云梦县珍珠坡一号楚墓》，《考古学集刊》第 1 辑，中
国社会科学出版社 1981 年版。

[174] 湖北省鄂城县博物馆：《鄂城楚墓》，《考古学报》1983 年第 2 期。

[175] 江陵县文物局：《湖北江陵武昌义地楚墓》，《文物》1989 年第 3 期。

[176] 张绪球：《长江中游新石器时代文化概论》第 293～306 页，湖北科学技术
出版社 1992 年版。

[177] 湖北省博物馆、北京大学考古专业盘龙城发掘队：《盘龙城一九七四年度田
野考古纪要》，《文物》1976 年第 2 期。

[178] 河南省文物研究所：《淅川下寺春秋楚墓》，文物出版社 1991 年版。

［179］湖北省博物馆：《襄阳山湾东周墓葬发掘报告》，《江汉考古》1983 年第 2期。

［180］宜昌地区博物馆：《湖北当阳赵巷 4 号春秋墓发掘简报》，《文物》1990 年第 10 期。

［181］湖北省宜昌地区博物馆：《当阳曹家岗 5 号楚墓》，《考古学报》1988 年第 4期。

［182］湖北省博物馆：《曾侯乙墓》，文物出版社 1989 年版。

［183］湖南省博物馆：《长沙浏城桥一号墓》，《考古学报》1972 年第 1 期。

［184］湖北省博物馆：《襄阳蔡坡战国墓发掘报告》，《江汉考古》1985 年第 1 期。

［185］固始侯古堆一号墓发掘组：《河南固始侯古堆一号墓发掘简报》，《文物》1981 年第 1 期。

［186］河南省文物研究所：《信阳楚墓》，文物出版社 1986 年版。

［187］湖北省文物考古研究所：《江陵望山沙冢楚墓》，文物出版社 1996 年版。

［188］湖北省荆州地区博物馆：《江陵天星观 1 号楚墓》，《考古学报》1982 年第 1期。

［189］湖北省荆沙铁路考古队：《包山楚墓》，文物出版社 1991 年版。

［190］湖北省文物考古研究所：《江陵九店东周墓》，科学出版社 1995 年版。

［191］湖北省荆州博物馆：《湖北荆州秦家山二号墓清理简报》，《文物》1999 年第 4 期。

［192］河南省文物研究所等：《河南淮阳平粮台 16 号楚墓发掘简报》，《文物》1984 年第 10 期。

［193］湖南省博物馆等：《湖南澧县新洲 1 号墓发掘简报》，《考古》1988 年第 5期。

［194］安徽省文物工作队：《安徽长丰杨公发掘九座战国墓》，《考古学集刊》第 2辑，科学出版社 1982 年版。

［195］湖北省博物馆：《湖北江陵发现的楚国彩绘石编磬及其相关问题》，《考古》1972 年第 3 期。

［196］湖北省博物馆：《襄阳山湾东周墓葬发掘报告》，《江汉考古》1983 年第 2期。

［197］高至喜：《楚文化的南渐》第 180、313 页，湖北教育出版社 1996 年版。

［198］高至喜：《从长沙楚墓看春秋战国时期当地经济文化的发展》，《中国考古学会第二次年会论文集》第 64 页，文物出版社 1982 年版。

［199］湖北省荆州地区博物馆：《江陵马山一号楚墓》，文物出版社 1985 年版。

［200］后德俊：《谈我国古代玻璃的几个问题》，《江汉考古》1995 年第 1 期。

［201］荆州地区博物馆：《湖北藤店一号墓发掘简报》，《文物》1973 年第 9 期。

［202］中国科学院考古研究所：《长沙发掘报告》，科学出版社 1957 年版。

［203］湖北省博物馆：《襄阳蔡坡战国墓发掘报告》，《江汉考古》1985 年第 1 期。

［204］湖南省文物管理委员会：《长沙左家公山的战国木椁墓》，《文物参考资料》1954 年第 12 期。

五

结束语

　　中国为世界四大文明古国之一。传统史观认为中国文明起源于黄河流域。《左传·昭公十二年》载楚右尹子革的一段话："昔我先王熊绎，辟在荆山，筚路蓝缕，以处草莽。"《史记·货殖列传》："楚越之地，地广人希，饭稻羹鱼，或火耕而水耨。"古代文献记载往往也反映了我国南方古代文化比较落后，即使在楚国统治时期，也还是地广人稀的状况。随着20世纪我国考古学的深入发展，长江流域不断出现重大考古发现。特别是楚文化考古所获得的许多重要成果，一次又一次地使人们叹为观止，逐渐改变了人们对我国古代文化重北轻南的传统观念，长江流域也和黄河流域一样是中国文明摇篮的观点已基本得到共识。

　　长江中游地区发展起来的楚文化是中国古代文明的重要组成部分。俞伟超先生说："要比较准确、全面地理解我国古代文明的发展，自然应深入探讨楚文化的发生和发展过程。"[1]楚文化博大精深，它与黄河流域的中原文化互相映照，形成中国古代文化繁花似锦、光辉灿烂的局面。顾铁符先生说："至于楚国的文化，除了道家的思想、屈宋的文采、丰富的神话传说是自古以来公认的翘楚之外，在近代考古发掘中所出现的绘画、竹简、雕塑、铜器……等等，从它艺术的高超，技巧的精湛，在当时也同样是名列前茅的。从此以秦代为过渡，到楚国人取得了天下之后，经汉代的发扬光大，使楚文化成为我国文化史上最重要的源泉之一，这是无庸怀疑的事实。"[2]张正明先生在他主编的《楚文化志》的序中写道："最早用失蜡法或漏铅法铸造的青铜器，是近十年前发现的楚器。最早的铁器，包括农器、匠器、兵器乃至杂件，除去个别的例外，都是近三十年间出土的楚器。先秦的金币和银币，无一不是楚币。最早的一批精美逾常、完好如新的丝织、丝绣的衣衾，竟出自一座小型的楚墓。先秦的漆器，就数量之大、类型之多、图案之美而论，无过于楚器。先秦的木雕工艺品和竹编工艺品，凡已面世的，几乎全数出自楚墓。相传秦代蒙恬始造毛笔，但从楚墓中已有毛笔多支出土，可见旧说不确。先秦的竹简，几乎全是楚简。先秦帛书已见一幅，帛画已见两幅，也都出自楚墓。洋洋大观的曾侯乙编钟，是从位于楚国腹地的随州擂鼓墩 1 号墓发掘出来的。……总之，说东周文化的精华大半集中在楚文化里，是不算过分的。"由于自然条件和人为的因素，我国中原地区商至东周时期的文化遗存大多保存较差，而荆楚地区如江陵、长沙一带的楚文化遗存则往往保存较好。特别是土坑墓、井穴、矿道和漆木竹器、丝绸、竹简、动植物遗存之类的易腐物品均比中原地区保存完整。楚文化遗存不但内涵丰富，文物精美，而且往往保存良好，为研究楚国的历史、文化和阐明我国东周时期的社会变化、经济发展、文化进步提供了许多新的实物资料。楚文化遗存反映的楚国城市建设、土木工程、采矿冶炼、交通运输以及金属铸造、丝麻纺织、漆木竹器制造、陶器制造、玉石器加工、琉璃生产等手工业均代表了我国东周时代的发展水平。楚文化各种遗迹遗物从多方面多角度展示了我国先秦文化发展的面貌。

楚文化考古在中国考古学中占有重要地位。从 50 年代以来，无论考古发掘，还是学术研究，都取得了突破性的成果，填补了不少楚文化考古空白。特别是 80 年代之后各区域开展的楚遗址、楚墓葬的大量调查发掘工作，获得了十分丰富而宝贵的资料，为楚文化的进一步深入研究创造了良好条件。

1979 年夏，在俞伟超先生亲自带领下，笔者和北京大学考古教研室的高崇文同志、武汉大学考古专业的王光镐同志，从武汉出发，到云梦、襄樊、宜城、荆门等地进行一次重要的楚文化考古实地调查。调查结束后，俞伟超先生在武汉作了题为《关于楚文化发展的新探索》的重要讲话[3]，从此迅速形成楚文化的考古调查、发掘与研究的热潮。不久前俞先生公布了王光镐同志的一段话："近几年来，常听一些同事和学生说，自进入 90 年代，楚文化的研究日渐萧条，几乎到了无话可说的地步。毋庸讳言，受着大大小小社会因素的制约，任何一个学科的发展都会有波折，也会有谷底。"[4]楚文化研究目前是否已"无话可说"可不必讨论，但楚文化考古应如何向更深层次发展，倒是从事该项工作的同仁必须面对的重大问题。

80 年代初，俞伟超先生曾提出当时楚文化考古亟待进行的五项工作：一是搞清楚西周楚文化面貌，进而解决楚文化渊源问题。二是开展划分楚文化区域类型的工作。三是进一步开展楚文化的分期研究。四是进行楚墓的分类研究。五是选择典型楚器，按器别研究其形态演化过程[5]。进入 90 年代之后，杨宝成先生提出楚文化研究最重要的五个问题：一是楚都丹阳问题，二是楚文化渊源问题，三是楚文化的典型特征问题，四是楚文化的分期问题，五是楚郢都问题[6]。近二十多年来，楚文化考古虽硕果累累，但楚文化研究的重大课题，如楚文化渊源、特征和分期问题，楚都丹阳与郢都问题等的讨论，至今都仍未得到圆满结果或存在完全不同的看法。实践证明，俞先生 80 年代所提的五项工作，是解决楚文化考古重大问题的工作，这些工作仅在 80 年代开了个头而未深入下法。例如俞先生当时指出"经过这几年的工作，楚文化的摇篮在鄂西地区是比从前清楚了"。他的主要根据是鄂西已发现了早期楚民族文化遗存。但后来由于一些老同志工作变动等原因，鄂西楚文化早期遗存的追溯工作几乎中止了，而淅川一带春秋楚墓的发掘工作则接连取得重要成果，人们的视线从鄂西转到了豫西南，这使楚文化渊源和丹阳问题的探讨有些迷茫了。80 年代在鄂西的调查、发掘，已获得了丰富而性质复杂的商周文化资料，最近我们又返回鄂西对峡区的重要商周遗址进行了发掘，俞先生当年所讲的西周楚文化的"一小段"空白现在已经在三峡地区填补起来了[7]，楚文化"是综合了多种文化才形成的"[8]的观点已找到了确凿证据。鄂西的这些重要资料现正待我们去整理、分析和研究。

楚文化形成和发展的历程，情况复杂多变。楚文化考古不但要从时间上解决楚文化的发展序列，而且要从空间方面搞清楚不同阶段的楚文化分布范围。这里需要再次强调的是不同阶段的楚文化，它不但文化面貌有所差异，而且分布范围也不尽相同。例如在楚国统一南方之前的诸侯并立时期，楚文化分布的范围肯定较小。

为今后楚文化考古的开展，提出如下四点建议：

首先，做好楚文化区域类型的工作。每一个楚文化分布区都要搞清楚本区域商周特别是自周初以来的文化发展序列，然后以本区明确的楚文化向早期阶段追溯，不断寻找本区楚文化与本区早期文化之间的关系，进而达到了解楚文化渊源和它向各地不断扩展的状况。显然，楚文化的分期和楚墓的分类也首先以区域为单位做起。同时还必须将本区遗址与墓葬的研究有机地统一起来。只有严格比较各区域同时期的遗存，分析其文化因素的异同，并与历史文献有关楚国扩展变化的记载相互印证，这样才能真正达到解决楚文化源流问题的目的。目前，楚文化的区域划分尚不明确，多数区域不但存在文化缺环，而且缺乏遗址方面的资料，楚城和楚墓的讨论往往分开进行。鄂西沮漳河之西的当阳赵家湖楚墓分为七期十二段，第一、二期属于早期楚民族文化。这个分期，不但比鄂西楚遗址的文化分期详细得多，而且与本区沮漳河之东的江陵楚墓分期也存在差异。而其它区域的楚墓中更难建立如此详尽的分期标尺。至今，不同区域类型的楚文化相类比的条件还未完全成熟。"如果把不同时期楚文化区域类型的变化过程基本寻找出来，对楚文化发展过程的认识，将是何等深入啊！"[9]

第二，做好判明楚文化的典型特征，确定典型楚器的工作。无论是楚文化渊源，还是楚国兼并、发展过程都反映了楚文化的复杂性和多元性。楚文化遗存最为丰富的鄂西地区，在商、西周阶段存在多种文化并列或交替发展，这对后来的楚文化不能不产生深刻影响。在楚国不断兼并周边许多诸侯国过程中，楚文化得到了迅速的扩展。而被兼并的诸侯国的原有文化得到不同程度的保留，或融于楚文化之中。尤其是较为强大的曾、蔡、徐、吴、越等国文化对楚文化的影响是相当深刻的。因此判明楚文化的主体——典型楚文化的特征，寻找出典型楚器的工作显得尤为重要。夏鼐先生在《关于考古学上文化的定名问题》一文中指出："一种'文化'必须有一群的特征。象英国的进步的考古学家柴尔德所说的：一种文化必须是有一群具有明确的特征的类型品。这些类型品是经常地、独有地共同伴出。一种文化如果没有特征，便无法与另一种文化区分开来。"[10]楚文化的一群特征究竟是些什么？看来还必须认真讨论。我们认为楚文化陶器中的一群特征最为重要。楚文化陶器，不但普遍存在于遗址与墓葬中，而且它可以贯穿楚文化发展的始终。楚文化陶器当以江陵楚郢都纪南城及其周围出土的为典型，其总的造型特点，为小口、长颈（高领）、内凹底或圜底、高足，例如小口高足的鬲、鼎，长颈的罐、壶，高足的豆、壶，内凹底的盂、盆、甑、罐，圜底的鬲（圜裆鬲）、鼎、釜、瓮等。以这样一群陶器往上追溯，同时找出每一阶段共出陶器的独有特征，只有鄂西地区可追溯至西周，也只有这群陶器才是楚民族使用的陶器。西周时期楚还比较落后，鄂西一带发现的所有西周文化遗存都可以反映这一点。鬲本来就是来自中原的一种炊器，它传播到江汉地区之后逐渐演变成"楚式鬲"。楚式鬲的早期形态[11]首先出现于中原商周文化统治的鄂东地区，也就是说楚式鬲并非楚民族首先创造的器物。早期楚民族僻处荆山，由于当地自然条件和经济活动所提供的食物结构等原因，所使用的基本炊器是釜和鼎。大约楚被封于丹阳之后，才逐渐接受鬲、甗这些中原的炊器。楚民族开始使用的鬲为大口鬲，制法与当地的鼎相同，而形态与中原同期的鬲相似。小口鬲是西周晚期从甗的下部分离出来的，它是与甑组合成甗的器物，为楚民族的一种特有陶器。鄂东和豫西南等区域主要流行大口的楚式鬲，也有人叫柱足鬲。这种鬲在江汉地区普遍存在，鄂西也同样存在，它是整个江汉地区土著因素共性的具体反映。如果只以这一种器物特征向前追溯[12]，不但可以追溯至这些地区在中原文化统治的商、西周时代，甚至可以直接与周文化相连。而鄂东、豫西南等区域的商、西周文化面貌特征主要属中原系统，这些区域显然不能解决楚文化的渊源问题。

第三，应用考古学文化因素分析法，对楚地各区域发现的各种文化遗存的不同性质的文化因素进行量和质的分析，以便判明各遗存的文化性质。这个工作要从每处遗址发掘的整理阶段做起。整个长江中游地区自进入夏、商、周三代以来，本地的和东、西、南、北的各种文化发展、融合，这种情况不同程度地反映在这一地区的各处商周文化遗址和墓葬中。如果在发掘的整理阶段忽视了这种情况，就可能出现资料上的误差，例如鄂西的荆南寺、周梁玉桥、上磨垴等遗址，都有土著、巴、中原文化和新的文化共存的情况，但它们反映在器物上，不但数量不同，而且在源流方面也有区别。前三种文化因素的器物均逐渐减少，只有新的文化因素的器物在逐渐增加。这新的文化，我们认为就是楚民族文化，它与后来的楚文化相接，它就是流，其它为源。在周梁玉桥遗址的陶器中，炊器不但有鼎、釜，而且有商式鬲和楚式鬲，假如缺少数量上的对比，便难以判断其文化性质和主体文化。

第四，积极完成楚文化发掘成果的整理工作，并继续深入开展各类楚文化遗存的探讨与研究。现在尚未整理公布的楚遗址、楚墓的发掘资料还很多，希望这些资料能早日面世。"随着各种条件的进步，今后必将发现更多的楚文化遗存，也必将不断扩大研究领域，从建筑、矿冶、金属工艺、制漆工艺、玉石工艺、音乐、舞蹈、美术史、服装史、风俗史，乃至运用体质人类学、动植物学、生态学等方法来研究这些遗存。"[13]张正明先生主编了《楚学文库》18部[14]，为扩大楚文化研究领域作出了重要贡献。随着 21 世纪现代科学技术的发展，楚文化考古将会跨入一个更加辉煌的新阶段。

注　释

[1]　俞伟超：《关于楚文化发展的新探索》，《江汉考古》1980 年第 1 期。

[2]　顾铁符：《楚文化研究论集·序》，《楚文化研究论集》第一集，荆楚书社 1987 年版。

[3]　俞伟超：《关于楚文化发展的新探索》，《江汉考古》1980 年第 1 期。

[4]　俞伟超：《江陵九店东周墓·序》，科学出版社 1995 年版。

[5]　俞伟超：《楚文化考古大事记·序言》，文物出版社 1984 年版。

[6]　杨宝成：《当前楚文化研究中的几个问题》，《湖北省考古学会论文选集》(三)，《江汉考古》增刊，1998 年。

[7]　湖北省文物考古研究所 1998～1999 年在鄂西三峡大坝坝区上侧发掘了大沙坝、上磨垴两处商周遗址，发现了从商末周初至春秋战国的文化遗存，其间没有文化缺环。在相当于西周早、中期的遗存中明显看得到巴、周、楚三种文化因素共存的情况。这对于楚文化渊源探索，无疑具有重要意义。

[8]　俞伟超：《楚文化考古大事记·序言》，文物出版社 1984 年版。

[9]　俞伟超：《楚文化考古大事记·序言》，文物出版社 1984 年版。

[10]　夏鼐：《关于考古学上文化的定名问题》，《考古》1959 年第 4 期。

[11]　杨权喜：《江汉地区楚式鬲的初步分析》，《楚文化研究论集》第一集，荆楚书社 1987 年版。

[12]　杨宝成：《当前楚文化研究中的几个问题》，《湖北省考古学会论文选集》(三)，《江汉考古》增刊，1998 年。

[13]　俞伟超：《楚文化考古大事记·序言》，文物出版社 1984 年版。

[14]　张正明主编：《楚学文库》18 部，湖北教育出版社 1995～1997 年版。

参 考 文 献

专著与论集

1. 楚文化研究会编：《楚文化考古大事记》，文物出版社 1984 年版。

2. 湖北省宜昌地区博物馆等：《当阳赵家湖楚墓》，文物出版社 1992 年版。

3. 河南省文物研究所等：《淅川下寺春秋楚墓》，文物出版社 1991 年版。

4. 湖北省博物馆：《曾侯乙墓》（上、下），文物出版社 1989 年版。

5. 湖北省文物考古研究所：《江陵九店东周墓》，科学出版社 1995 年版。

6. 河南省文物研究所：《信阳楚墓》，文物出版社 1986 年版。

7. 湖北省文物考古研究所：《江陵望山沙冢楚墓》，文物出版社 1996 年版。

8. 湖北省荆州地区博物馆：《江陵雨台山楚墓》，文物出版社 1984 年版。

9. 湖北省荆州地区博物馆：《江陵马山一号楚墓》，文物出版社 1985 年版。

10. 湖北省荆沙铁路考古队：《包山楚墓》（上、下），文物出版社 1991 年版。

11. 中国科学院考古研究所：《长沙发掘报告》，科学出版社 1957 年版。

12. 安徽省文物管理委员会等：《寿县蔡侯墓出土遗物》，科学出版社 1956 年版。

13. 石泉主编：《楚国历史文化辞典》，武汉大学出版社 1996 年版。

14. 高至喜主编：《楚文物图典》，湖北教育出版社 1999 年版。

15. 楚文化研究会：《楚文化研究论集》第一集，荆楚书社 1987 年版。

16. 楚文化研究会：《楚文化研究论集》第二集，湖北人民出版社 1991 年版。

17. 楚文化研究会：《楚文化研究论集》第三集，湖北人民出版社 1994 年版。

18. 楚文化研究会：《楚文化研究论集》第四集，河南人民出版社 1994 年版。

19. 湖北省社会科学院历史研究所：《楚文化新探》，湖北人民出版社 1981 年版。

20. 湖北省考古学会：《楚章华台学术讨论会论文集》，武汉大学出版社 1988 年版。

21. 河南省考古学会等：《楚文化觅踪》，中州古籍出版社 1986 年版。

22. 河南省考古学会：《楚文化研究论文集》，中州书画社 1983 年版。

23. 湖南省楚史研究会：《楚史与楚文化研究》，求索书社 1987 年版。

24. 张正明主编：《楚文化志》，湖北人民出版社 1988 年版。

25. 王光镐：《楚文化源流新证》，武汉大学出版社 1988 年版。

26. 高至喜：《楚文化的南渐》，湖北教育出版社 1996 年版。

27. 刘和惠：《楚文化的东渐》，湖北教育出版社 1995 年版。

28. 马世之：《中原楚文化研究》，湖北教育出版社 1995 年版。

29. 郭德维：《楚系墓葬研究》，湖北教育出版社 1995 年版。

30. 刘彬徽：《楚系青铜器研究》，湖北教育出版社 1995 年版。

31. 滕壬生：《楚系简帛文字编》，湖北教育出版社 1995 年版。

32. 彭浩：《楚人的纺织与服饰》，湖北教育出版社 1995 年版。

33. 饶宗颐等：《楚帛书》，香港中华书局 1985 年版。

考古报告与简报

34. 荆州地区博物馆等：《湖北江陵荆南寺遗址第一、二次发掘简报》，《考古》1989 年第 8 期。

35. 沙市市博物馆：《湖北沙市周梁玉桥遗址试掘简报》，《文物资料丛刊》第 10 辑，文物出版社 1987 年版。

36. 杨权喜等：《秭归鲢鱼山与楚丹阳》，《江汉考古》1987 年第 3 期。

37. 湖北省博物馆江陵考古工作站：《1981 年湖北省秭归县柳林溪遗址的发掘》，《考古与文物》1986 年第 6 期。

38. 武汉大学历史系考古教研室等：《湖北宜城郭家岗遗址发掘》，《考古学报》1997 年第 4 期。

39. 湖北省博物馆：《楚都纪南城的勘查与发掘》，《考古学报》1982 年第 3、4 期。

40. 湖北省文物考古研究所：《纪南城新桥遗址》，《考古学报》1995 年第 4 期。

41. 湖北省博物馆：《湖北江陵发现的楚国彩绘石编磬及其相关问题》，《考古》1972 年第 3 期。

42. 湖北省博物馆：《当阳季家湖楚城址》，《文物》1980 年第 10 期。

43. 楚皇城考古发掘队：《湖北宜城楚皇城勘查简报》，《考古》1980 年第 2 期。

44. 草店坊城联合考古勘探队：《孝感市草店坊城的调查与勘探》，《江汉考古》1990 年第 2 期。

45. 铜绿山考古发掘队：《湖北铜绿山春秋战国古矿井遗址发掘简报》，《文物》1975 年第 2 期。

46. 中国社会科学院考古研究所铜绿山工作队：《湖北铜绿山东周铜矿遗址发掘》，《考古》1981 年第 1 期。

47. 黄石市博物馆：《湖北铜绿山春秋时期炼铜遗址发掘简报》，《文物》1981 年第 8 期。

48. 中国社会科学院考古研究所铜绿山工作队：《湖北铜绿山古铜矿再次发掘》，《考古》1982 年第 1 期。

49. 湖南省博物馆等：《湖南麻阳战国时期古铜矿清理简报》，《考古》1985 年第 2 期。

50. 李景聃：《寿县楚墓调查报告》，《田野考古报告》第一册，1936 年。

51. 宜昌地区博物馆：《湖北当阳赵巷 4 号春秋楚墓发掘简报》，《文物》1990 年第 10 期。

52. 湖北省宜昌地区博物馆：《当阳曹家岗 5 号楚墓》，《考古学报》1988 年第 4 期。

53. 湖北省博物馆：《湖北枝江百里洲发现春秋铜器》，《文物》1972 年第 3 期。

54. 湖北省宜昌地区博物馆：《湖北枝江县姚家港楚墓发掘报告》，《考古》1988 年第 2 期。

55. 湖北省宜昌地区博物馆：《湖北枝江姚家港高山庙两座春秋楚墓》，《文物》1989 年第 3 期。

56. 宜昌地区博物馆：《湖北枝江姚家港楚墓第四次发掘简报》，《文物》1990 年第 10 期。

57. 荆州地区博物馆：《江陵岳山大队出土一批春秋铜器》，《文物》，1982 年第 10 期。

58. 江陵县文物工作组：《湖北江陵楚冢调查》，《考古学集刊》第 4 辑，中国社会科学出版社 1984 年版。

59. 湖北省荆州地区博物馆：《江陵天星观 1 号楚墓》，《考古学报》1982 年第 1 期。

60. 荆州地区博物馆：《湖北江陵藤店一号墓发掘简报》，《文物》1973 年第 9 期。

61. 湖北省荆门市博物馆：《荆门郭店一号楚墓》，《文物》1997 年第 7 期。

　　62．湖北省博物馆：《湖北江陵太晖观楚墓清理简报》，《考古》1973年第 6 期。

　　63．湖北省博物馆等（发掘小组）：《湖北江陵拍马山楚墓发掘简报》，《考古》1973 年第 3 期。

　　64．荆沙铁路考古队：《江陵秦家嘴楚墓发掘简报》，《江汉考古》1988 年第 2 期。

　　65．湖北省博物馆：《宜昌前坪战国两汉墓葬》，《考古学报》1976年第 2 期。

　　66．楚皇城考古发掘队：《湖北宜城楚皇城战国秦汉墓》，《考古》1980 年第 2 期。

　　67．湖北省文物考古研究所等：《湖北宜城罗岗车马坑》，《文物》1993 年第 12 期。

　　68．湖北省博物馆：《襄阳山湾东周墓葬发掘报告》，《江汉考古》1983 年第 2 期。

　　69．襄樊市博物馆：《湖北襄阳团山东周墓》，《考古》1991 年第 9期。

　　70．湖北省博物馆：《襄阳蔡坡战国墓发掘报告》，《江汉考古》1985年第 1 期。

　　71．襄阳首届亦工亦农考古训练班：《襄阳蔡坡 12 号墓出土吴王夫差剑等文物》，《文物》1976 年第 11 期。

　　72．襄樊市博物馆：《湖北谷城、枣阳出土周代青铜器》，《考古》1987 年第 5 期。

　　73．河南省文物研究所等：《淅川县和尚岭春秋楚墓的发掘》，《华夏考古》1992 年第 3 期。

　　74．淅川县博物馆等：《淅川县毛坪楚墓发掘简报》，《中原文物》1982 年第 1 期。

　　75．中国社会科学院考古研究所长江工作队：《湖北郧县东周西汉墓》，《考古学集刊》第 6 辑，中国社会科学出版社 1989 年版。

76．湖北省博物馆等：《湖北随州擂鼓墩二号墓发掘简报》，《文物》1985年第1期。

77．随州市博物馆：《随州擂鼓墩砖瓦厂十三号墓发掘简报》，《江汉考古》1984年第3期。

78．云梦县文化馆：《湖北云梦县珍珠坡一号楚墓》，《考古学集刊》第1辑，中国社会科学出版社1981年版。

79．程欣人：《孝感县发现的楚贝整理完毕》，《文物》1965年第12期。

80．黄陂县文化馆等：《湖北黄陂鲁台山两周遗址与墓葬》，《江汉考古》1982年第2期。

81．武汉市考古队等：《武汉市汉阳县熊家岭东周墓发掘》，《文物》1993年第6期。

82．湖北省博物馆江陵工作站等：《麻城楚墓》，《江汉考古》1986年第2期。

83．黄州古墓发掘队：《湖北黄州国儿冲楚墓发掘简报》，《江汉考古》1983年第3期。

84．固始侯古堆一号墓发掘组：《河南固始侯古堆一号墓发掘简报》，《文物》1981年第4期。

85．信阳地区文管会等：《固始白狮子地一号和二号墓清理简报》，《中原文物》1981年第4期。

86．宋国定等：《新蔡发掘一座大型楚墓》，《中国文物报》1994年10月23日。

87．驻马店地区文化局等：《河南正阳苏庄楚墓发掘报告》，《华夏考古》1988年第2期。

88．河南省信阳地区文管会等：《罗山天湖商周墓地》，《考古学报》1986年第2期。

89．河南省文物研究所等：《河南省叶县旧县1号墓的清理》，《华夏考古》1988年第3期。

90．河南省文物研究所：《上蔡砖瓦厂战国楚墓清理简报》，《中原文物》1986 年第 1 期。

91．河南省文物研究所：《上蔡砖瓦厂四号战国楚墓清理简报》，《华夏考古》1992 年第 2 期。

92．河南省文物研究所等：《河南淮阳马鞍冢楚墓发掘简报》，《文物》1984 年第 10 期。

93．河南省文物研究所等：《河南淮阳平粮台十六号楚墓发掘简报》，《文物》1984 年第 10 期。

94．荆州地区博物馆：《湖北公安石子滩春秋遗址及墓葬》，《文物》1993 年第 3 期。

95．湖南省博物馆等：《临澧九里楚墓》，《湖南考古辑刊》第 3 辑，岳麓书社 1986 年版。

96．湖南省博物馆：《湖南常德德山楚墓发掘报告》，《考古》1963 年第 9 期。

97．湖南省文物考古研究所等：《湖南慈利县石板村战国墓》，《考古学报》1995 年第 2 期。

98．湖南省博物馆等：《古丈白鹤湾楚墓》，《考古学报》1986 年第 3 期。

99．湖南省博物馆：《湖南溆浦马田坪战国、西汉墓》，《文物资料丛刊》第 10 辑，文物出版社，1987 年。

100．怀化地区文物工作队等：《1990 年湖南溆浦大江口战国西汉墓发掘简报》，《考古》1994 年第 1 期。

101．岳阳市文物工作队：《湖南省岳阳县凤形嘴山一号墓发掘简报》，《文物》1993 年第 1 期。

102．湘乡县博物馆：《湘乡县五里桥、何家湾古墓葬发掘简报》，《湖南考古辑刊》第 3 辑，岳麓书社 1986 年版。

103．湖南省博物馆：《长沙浏城桥一号墓》，《考古学报》1972 年第 1 期。

104．湖南省博物馆：《长沙子弹库战国木椁墓》，《文物》1974 年第 2 期。

105．湖南省文物管理委员会：《长沙仰天湖 25 号木椁墓》，《考古学报》1957 年第 2 期。

106．湖南省文物管理委员会：《长沙杨家湾 M006 号墓清理简报》，《文物参考资料》1954 年第 12 期。

107．湖南省文物管理委员会：《长沙左家公山的战国木椁墓》，《文物参考资料》1954 年第 12 期。

108．长沙市文物工作队：《长沙市荷花池 1 号战国木椁墓发掘报告》，《湖南考古辑刊》第 5 辑，《求索》增刊，1989 年。

109．湖南省博物馆等：《湖南益阳战国两汉墓》，《考古学报》1981 年第 4 期。

110．湖南省益阳地区文物工作队：《益阳楚墓》，《考古学报》1985 年第 1 期。

111．湖南省博物馆：《湖南韶山灌区湘乡东周墓清理简报》，《文物》1977 年第 3 期。

112．湖北省鄂城县博物馆：《鄂城楚墓》，《考古学报》1983 年第 2 期。

113．大冶县博物馆：《鄂王城遗址调查简报》，《江汉考古》1983 年第 3 期。

114．唐昌朴：《新建昌邑战国墓》，《江西历史文物》1978 年第 6 期。

115．衡阳市博物馆：《湖南衡阳县赤石春秋墓发掘简报》，《考古》1998 年第 6 期。

116．衡阳市文物管理处：《湖南衡阳市苗圃涂家山战国墓》，《考古》1997 年第 12 期。

117．湖南省博物馆：《湖南资兴旧市战国墓》，《考古学报》1983 年第 1 期。

118．郴州地区文物工作队：《湖南郴州东周墓发掘简报》，《文物》1990 年第 10 期。

119．湖南省博物馆等：《耒阳春秋、战国墓》，《文物》1985 年第 6 期。

120. 安徽省文物工作队：《安徽长丰杨公发掘九座战国墓》，《考古学集刊》第 2 辑，中国社会科学出版社 1982 年版。

121. 马人权：《安徽寿县双桥发现战国墓》，《考古通讯》，1956 年第 3 期。

122. 褚金华：《安徽省六安县城北楚墓》，《文物》1993 年第 1 期。

123. 安徽省六安县文物管理所：《安徽六安县城西窑厂 2 号楚墓》，《考古》1995 年第 2 期。

124. 舒城县文物管理所：《舒城县秦家桥战国楚墓清理简报》，《文物研究》第 6 辑，黄山书社 1990 年版。

125. 安徽省文物考古研究所：《舒城凤凰嘴发现二座战国西汉墓》，《考古》1987 年第 8 期。

126. 安徽省文物考古研究所等：《安徽舒城河口春秋墓》，《文物》1990 年第 6 期。

127. 苏州博物馆考古组：《苏州虎丘东周墓》，《文物》1981 年第 11 期。

128. 绍兴县文物管理委员会：《绍兴凤凰山木椁墓》，《考古》1976 年第 6 期。

129. 广西壮族自治区文物工作队：《平乐银山岭战国墓》，《考古学报》1978 年第 2 期。

130. 广东省博物馆：《广东罗定出土一批战国青铜器》，《考古》1983 年第 1 期。

131. 四川省博物馆等：《四川新都战国木椁墓》，《文物》1981 年第 6 期。

论文

132. 苏秉琦：《楚文化探索中提出的问题》，《苏秉琦考古学论述选集》，文物出版社 1984 年版。

133. 俞伟超：《关于楚文化发展的新探索》，《江汉考古》1980 年第 1 期。

134．俞伟超：《先楚与三苗文化的考古学推测》，《文物》1980 年第 10 期。

135．陈振裕：《湖北楚简概述》，《简帛研究》第 1 辑，法律出版社 1993 年版。

图书在版编目（CIP）数据

楚文化/杨权喜著 . --北京：文物出版社，2000.10
（2023.6 重印）

（20 世纪中国文物考古发现与研究丛书）

ISBN 978-7-5010-1216-9

Ⅰ. 楚… Ⅱ. 杨… Ⅲ. 楚文化-研究 Ⅳ. K871.41

中国版本图书馆 CIP 数据核字（2000）第 28724 号

20 世纪中国文物考古发现与研究丛书

楚文化

著　者：杨权喜

封面设计：张希广
责任印制：王　芳
责任编辑：窦旭耀
出版发行：文物出版社
社　　址：北京市东城区东直门内北小街 2 号楼
邮　　编：100007
网　　址：http：//www.wenwu.com
经　　销：新华书店
印　　刷：河北鹏润印刷有限公司
开　　本：850mm×1168mm　　1/32
印　　张：8.5
版　　次：2000 年 10 月第 1 版
印　　次：2023 年 6 月第 5 次印刷
书　　号：ISBN 978-7-5010-1216-9
定　　价：40.00 元